上海金融学院"十二五"内涵建设项目

上海国际金融中心发展环境专项研究

（一）

吴大器 张学森 等著

上海财经大学出版社

图书在版编目(CIP)数据

上海国际金融中心发展环境专项研究(一)/吴大器、张学森等著.—上海：上海财经大学出版社,2014.7
ISBN 978-7-5642-1846-1/F•1846

Ⅰ.①上… Ⅱ.①吴… Ⅲ.①国际金融中心-发展环境-研究-上海市 Ⅳ.①F832.751

中国版本图书馆 CIP 数据核字(2014)第 037308 号

□ 责任编辑　顾晨溪
□ 封面设计　张克瑶
□ 责任校对　卓　妍　赵　伟

SHANGHAI GUOJI JINRONG ZHONGXIN FAZHAN HUANJING ZHUANXIANG YANJIU(YI)
上海国际金融中心发展环境专项研究（一）
吴大器　张学森　等著
上海财经大学出版社出版发行
（上海市武东路 321 号乙　邮编 200434）
网　　址：http://www.sufep.com
电子邮箱：webmaster@sufep.com
全国新华书店经销
同济大学印刷厂印刷
上海景条印务有限公司装订
2014 年 7 月第 1 版　2014 年 7 月第 1 次印刷

710mm×1000mm　1/16　13 印张　269 千字
定价：42.00 元

编委会

主　编　吴大器　张学森
编　委　张毅强　郭湖滨　邵丽丽
　　　　郁佳敏　殷林森　储　峥

前　言

按照国家战略,上海将在2020年基本建成与中国经济实力以及人民币国际地位相适应的国际金融中心。离这个目标的实现,我们只有不到6年的时间了。时间如此紧迫,而任务如此艰巨。同时,必须加快推进金融中心创新发展,才能发挥其在上海"四个中心"建设进程中的带动和引领作用。为促进上海国际金融中心建设的发展环境优化,上海金融学院在"十二五"内涵建设项目中专门设立了"卓越金融人才培养的产学研合作教育研究"的系列课题,以期调动更多专家学者参与其中,通过系列研究成果,为优化和完善上海国际金融中心发展环境提供理论指导和决策咨询意见。本书即为该系列课题研究的阶段性成果,是为《上海国际金融中心发展环境专项研究(一)》。

本书从发展环境的基本体系、法制环境优化、上海金融服务供求关系与现代服务业发展、金融监管会计准则的差异与协同的实证研究、中小企业融资性担保业规范发展比较研究等方面,对上海国际金融中心发展环境的相关方面进行了专项研究。同时,作为本书第六章以"上海'四个中心'融合发展中坚实前行　金融中心的核心引领作用日益凸显"为题,对上海"四个中心"的由来、目标、内涵和国际金融中心的核心地位进行了系统研究,对如何发挥金融中心在"四个中心"建设中的核心功能和上海"四个中心"的融合发展,进行了理论思考,提出了政策建议。本系列课题的研究,既重视理论探讨,更重视实际需要,形成的研究成果在理论和实践上都具有积极意义。本书的部分研究成果,曾形成决策咨询专报呈报了上海市相关部门,受到市委、市人大、市政府主要领导的重视和肯定。

关于上海国际金融中心发展环境的基本体系,本书第一章进行了全面而系统的理论综述与整合,在对其基本概念、分类、产生模式及形成要素进行界定和梳理的基础上,指出众多新兴学科和理论在国际金融中心建设历程中不断与国际金融中心发展环境研究靠拢,形成了"路径依赖是基础—功能观是延伸—金融生态学是趋势"的理论研究发展脉络。在此基础上,运用路径依赖理论考察了上海国际金融中心的形成和发展的历史变迁机理,运用金融功能观深入考察了国际金融中心发展的目标和环境体系及其金融中心功能建设的环境载体和发展路径,引入金融生态学的方法和成果从宏观的外部金融生态环境、中观的区域金融发展环境和微观的城市金融市场环境三个层面考察上海国际金融中心的生态环境体系。最后,对优化和完善上海国际金融中心发展环境的基本体系提出了相应的政策建议。

关于上海国际金融中心法制环境的优化与完善,本书第二章认为:我国作为新兴的市场经济国家,虽然有中国特色的社会主义法律体系的基本框架已经形成,但适应市场经济发展要求,特别是满足上海国际金融中心建设需要的法制环境尤其是金融法制环境,还远没有形成,需要不断优化和完善。作者认为,金融法制环境是国际金融中心建设成败的关键因素,而优化法制环境的核心就是要进行金融法制改革;为适应上海国际金融中心建设对法制环境的需要,我国应该采取在浦东陆家嘴设立"金融法律特区"的模式。本章在探讨金融法制环境优化的基本理论问题基础上,对法制环境优化从国际和国内两个方面进行了比较和借鉴研究,分析了上海国际金融中心建设中法制环境优化的过程、现状、成绩和不足,提出了优化上海国际金融中心法制环境的思考和建议,包括发展方向、模式和途径,战略阶段、目标与措施。

关于上海金融服务供求关系与现代服务业发展问题,本书第三章认为:现代服务业健康、快速发展又面临着金融服务供给的约束,离不开现代金融服务业的发展和壮大。在当前宏观经济背景下,大力发展现代服务业是我国"创新驱动、转型发展"的重要战略举措,而现代服务业的健康发展离不开商业银行强有力的金融服务支持。如何发挥商业银行金融资本的配置作用,促进现代服务业迅速发展已经成为亟待研究的重要课题。本章首先描述了上海现代服务业的发展现状,然后选择现代服务业的若干典型行业,具体分析其快速发展面临的金融服务约束和挑战,在此基础上提出了金融机构支持上海现代服务业转型发展的对策建议。

关于会计生态系统助力上海国际金融中心建设问题,本书第四章认为:第一,从国际金融中心的发展历程看,会计是其在整个社会各个方面"融合协同,循序渐进"中的不可或缺的基础组成部分,金融越发展,也越会对会计的变革和创新提出要求;第二,国际金融中心的发展轨迹与会计发展轨迹存在不断重复的规律,即国际金融中心的路径和发展时期与会计中心转移的路径和发展时期高度吻合,而会计理论创新或制定准则话语权大多与该地区在金融中心中的地位高度相关;第三,上海建设国际金融中心的进程和会计作用、地位均处于我国国家战略执行期,两者的关系存在关联并基本匹配的特征;第四,构建上海金融中心建设需要的"会计生态系统"要从经济主体、内部环境、阶段性发展目标上齐头并进,并在多个方面形成与国际金融中心建设"相互磨合到相辅相成良性互动"的进程。

关于中小企业融资性担保业的规范发展问题,本书第五章认为:我国融资性担保行业监管仍然停留在粗放阶段,尤其是担保机构的风险监控指标体系尚未建立,离科学、审慎、长效的专业性发展目标存在较大的差距。2012年2月发生的"中担事件",银行与担保业的合作面临断裂风险,融资性担保行业的系统性风险可能会面临"连锁反应"。因此,亟需建立起"防火墙"式风险评价指标体系,以防范融资性担保行业可能出现的业务萎缩系统性风险。本章着重建立融资性担保机构的风险评价指标体系,以监测和预防担保机构的风险,优化中小企业融资环境,特别是要引导和支扶融资性担保行业为科技型、创新型企业服务和"三农"融资。

关于国际金融中心与上海"四个中心"建设的关系问题,本书第六章从历史、现实以及统计规律角度,论述了上海"四个中心"目标意义及其内在关系。认为:(1)上海"四个中心"目标确立有一个循序深化确立的"3+1"的过程,即20世纪90年代的"四个中心"目标提出→2001年为标志的"四个中心"目标确立为国家战略→"十一五"至"十二五"时期的上海"四个中心"目标的深化→"十二五"至2020年为止的基本建成的"四个中心"社会主义大都市目标的上海实现阶段。(2)上海"四个中心"的内涵相互间是促进支持转化的辩证关系,需要予以动态发展诠释。就上海国际经济中心建设内涵来看,上海在具备强大的经济总量、很高的国际影响力的基础上,着力调整产业结构,打造真正的先进制造业,发展现代服务业,并推动经济中心与服务实体经济建设的金融中心、航运中心和贸易中心的协同发展,是上海国际经济中心建设的本质属性。(3)融合发展的上海"四个中心"建设更需要金融担当起引领责任。以经济中心建设为目标,推动国际金融中心、航运中心和贸易中心的建设;以国际金融中心、航运中心和贸易中心的建设为手段和措施,服务并推动经济中心建设。在"十二五"时期到2020年,全面推动"四个中心"的融合发展,真正实现把上海建设成为现代化国际大都市和国际经济、金融、贸易、航运中心的目标。在这场史无前例的未来八年国家战略实施阶段,融合发展中的上海"四个中心"建设更需要金融担当好引领责任。

基于系列课题研究成果的特点,本书的编辑委员会是:主编吴大器、张学森;委员包括张毅强、郭湖滨、邵丽丽、郁佳敏、殷林森、储峥。对于研究团体成员的积极努力和贡献,在此表示衷心感谢。同时,希望在本书基础上,有更多更好的相关研究成果涌现,以形成《上海国际金融中心发展环境专项研究》的续篇。

吴大器　张学森
2014年7月

目 录

前 言 ………………………………………………………………………… 1

第一章 国际金融中心发展环境的基本体系研究……………………… 1
 一、核心概念界定与文献综述 ……………………………………… 1
 二、国际金融中心发展环境研究的基础理论 ……………………… 5
 三、基于路径依赖的国际金融中心发展环境分析 ………………… 9
 四、基于功能观的国际金融中心发展环境分析…………………… 14
 五、基于金融生态观的国际金融中心发展环境分析……………… 18
 六、完善优化上海国际金融中心发展环境的对策建议…………… 23

第二章 上海国际金融中心法制环境优化研究………………………… 29
 一、优化金融法制环境的基本理论………………………………… 29
 二、优化金融法制环境的国际比较与借鉴………………………… 35
 三、优化金融法制环境的国内比较与借鉴………………………… 43
 四、上海国际金融中心法制环境的发展过程及现状、成绩与不足 … 49
 五、优化上海国际金融中心法制环境的思考与建议……………… 57

第三章 上海金融服务供求与现代服务业发展研究…………………… 65
 一、上海现代服务业的空间布局与发展趋势……………………… 65
 二、上海现代服务业典型行业金融服务需求分析………………… 72

三、银行业金融机构支持上海现代服务业转型发展的对策建议 …………… 88

第四章 推进会计生态系统建设 助力上海国际金融中心 …………… 96
一、引言 …………………………………………………………………… 96
二、会计生态系统服务国际金融中心建设的理论依据 ………………… 97
三、会计生态系统服务国际金融中心建设的实务依据
　　——基于会计准则与金融监管差异和协调的视角 ………………… 99
四、会计生态系统服务国际金融中心建设的实证依据
　　——基于会计信息在金融系统中解读的经验证据 ………………… 114
五、提升会计生态系统基础效应与发展效应的构想框架
　　——基于助力上海国际金融中心建设的视野 ……………………… 120

第五章 中小企业融资性担保业规范发展比较研究 …………………… 126
一、绪论 …………………………………………………………………… 126
二、融资性担保机构行业发展状况和监管问题分析 …………………… 130
三、融资性担保机构的风险分析和风险管控 …………………………… 137
四、融资性担保机构风险评价方法 ……………………………………… 140
五、融资性担保机构风险评价指标体系的构建 ………………………… 143
六、总结 …………………………………………………………………… 152

第六章 上海"四个中心"在融合发展中坚实前行 金融中心的核心引领作用日益凸显 …………………………………………………………… 154
一、上海"四个中心"目标的确立与由来 ……………………………… 154
二、上海"四个中心"的内涵及国际金融中心的核心地位分析 ……… 155
三、发挥金融中心在"四个中心"中的核心地位尚需努力的地方 …… 181
四、融合发展的上海"四个中心"建设 ………………………………… 187

参考文献 …………………………………………………………………… 192

后记 ………………………………………………………………………… 197

第一章

国际金融中心发展环境的基本体系研究

金融是现代经济的核心,金融中心是一个国家或地区金融活动的集中地,是一国经济发展的制高点和参与全球资源分配的控制中心。国际金融竞争在很大程度上是国际金融中心之间的竞争。国际金融中心已成为国家竞争力的一个标尺,许多国家都把建设、发展或保持国际金融中心的主导地位作为重要战略。中国要在21世纪实现和平崛起的发展目标,确立经济全球化过程中的主导地位,成为国际金融活动规则的制定者和市场的参与者,就必须尽快建成具有国际影响力的国际金融中心。

上海曾在60多年前作为亚洲领先的国际金融中心享誉全球。1992年,党的"十四大"正式把上海国际金融中心建设确立为国家战略。温家宝前总理在2008年视察上海时明确指出,上海建立国际金融中心要在提供良好的法制环境、健全领导体制和机制、完善政策支持体系、全面提升服务功能、提升发展的软环境、培养和吸引人才六个方面全力营造良好的金融发展环境。2009年,国务院原则通过2020年上海基本建成国际金融中心意见,要求基本形成具有国际竞争力的金融发展环境。根据《上海市人民政府贯彻国务院关于推进上海加快发展现代服务业和先进制造业建设国际金融中心和国际航运中心意见的实施意见》(沪府发[2009]25号),优化金融发展环境成为加快推进上海国际金融中心建设的六大任务之一。

一、核心概念界定与文献综述

从目前的研究现状来看,国际金融中心发展环境的基本体系研究涉及经济学、金融学、政治学、管理学和法学等相关学科的多元理论,其基本概念和理论的使用需要在自身独特的研究框架中重新进行界定和整合。

(一)国际金融中心的内涵、分类与产生模式

1. 国际金融中心的内涵

由于研究视角不同,国际金融中心的内涵尚未完全统一。西方金融地理学多从功能和地理范畴两个方面定义金融中心,如 Kinderberg(1974)从功能角度将金融中心定义为聚集银行、证券发行者和交易商,承担资金交易中介和跨区域价值贮藏功能的中心区,而 Thomas Gehrig(1998)则更偏重从"地理"意义上界定金融中心。David

J. Porteous(1993)将提供高端金融功能和服务的特殊金融部门的空间集聚作为国际金融中心的本质特征。国内学者饶余庆(1997)则将国际金融中心视为银行与其他金融机构高度集中,各类金融市场能自由生存和发展,金融活动与交易较其他地方更为高效的都市;吴念鲁和杨海平(2008)则将国际金融中心界定为基于低交易成本、高交易效率以及城市的强积聚能力而形成的金融人才、金融机构、金融信息、金融资本和金融交易的集聚地,其业务覆盖面跨越国界。

综上所述,国际金融中心至少具有四大特征:(1)具有较好的金融广度。成熟的国际金融中心通常依托于某个经济发达的国际性大都市,具有健全的市场经济基础。(2)具有很强的区域辐射力。国际金融中心一般实现了生产要素和劳动力的理想配置,金融业务辐射国际市场。(3)具有很高的开放度和优良的地理位置。国际金融中心的进出口贸易和资本流动量巨大,汇集全球一流的金融机构,交通便利,基础设施发达。(4)具有强大的信息交流能力。国际金融中心的信息网络基础设施发达,极大地降低了信息收集、交换、重组和解译的成本。

2. 国际金融中心的分类

金融中心可从地区角度划分为国内金融中心、区域性国际金融中心和全球性国际金融中心。国内金融中心仅为国内特定地区的居民提供金融服务并承担国内资源配置功能。区域性国际金融中心至少跨越两个以上司法区域,但未覆盖全球;有很高程度的国际资金、机构与人才的参与,但市场规模稍逊,种类不全;具有一定的金融创新及产品定价能力,但限于特定区域而非全球市场领导者。目前,这类金融中心包括中国香港、东京、巴黎等。全球性国际金融中心的层次最高,金融市场规模大、种类齐全,人才集中,服务覆盖全球,是金融产品与服务的创新和定价中心,主导金融全球市场发展。伦敦和纽约是目前市场普遍公认的全球性国际金融中心。

国际金融中心也可依据运作模式分为实力功能型、代收集资型和簿记服务型。实力功能型金融中心(如纽约、东京)以国内强大的经济实力为后盾,资金源自全球而主要服务于国内,开放程度不如代收集资型。代收集资型金融中心(如伦敦、新加坡、中国香港)资金来源广泛但流向全球,因而国际化程度比较高。簿记服务型金融中心则纯粹为国际金融活动提供记账服务,一般不发生实际的金融活动。前两种国际金融中心的灵魂都是强大而成熟的资本市场。

3. 国际金融中心的产生模式

国际金融中心的产生有两种不同的模式:自然渐进模式和国家(地区)建设模式。

自然渐进模式以伦敦、纽约、东京为代表,往往基于国家经济实力发展起来,其形成和变迁过程折射了国际经济格局的整体变动。自然渐进模式发展的一般轨迹是:随着贸易经济的发展,特定城市或地区形成了区域性的经济中心,进而发展成为区域性的金融中心,再逐步成长为全国性金融中心;随着对外经济贸易联系的广泛发展,这些区域性的金融中心形成了能够在国际层面上为各种金融业务活动提供最大便利的国内金融市场,从而最终发展成为国际金融中心。

国家(地区)建设模式的特征则是：一国政府在经济发展水平尚不充分的情形下，抓住国内或国际金融市场的特定契机，利用国内特定城市或地区的地理区位或经济环境等优势，经由政府推动和政策支持而在短时间内超前发展形成金融中心。这类国际金融中心以新加坡、法兰克福为典范，多产生于第二次世界大战后新兴的工业化国家(地区)。新加坡本不具备形成国际金融中心的条件，但其政府利用有利的经济地理与时区条件，有意识地扶植国际金融业务的发展。法兰克福则得益于欧洲一体化、欧洲央行的建立和统一货币，虽然欧洲一体化是经济增长的内在需要，但法兰克福从德国走向欧洲确实是在欧洲央行成立之后。

(二)国际金融中心发展环境的研究综述

就应用型研究而言，亚太和中东地区新兴金融中心城市的出现，扩展了国际金融中心研究的理论视角。然而，很难预期是哪个具体的环境因子会对国际金融中心的发展产生决定性的影响，这不但取决于不同城市的静态环境比较优势，而且取决于城市政府政策的动态竞争环境优势。由此，国内外学者从不同角度探讨各环境要素的内在联系及其整体合力机制对国际金融中心建设的实际影响。

1. 国外研究综述

第一次世界大战前后，经济学家显示出对金融中心发展环境研究的兴趣，如Fanno(1933)重视区位环境优势，提出了地理中心化理论；Powell(1915)在讨论伦敦银行集聚过程中采用了自然选择理论；早期城市经济学家如Gras(1922)、Jean Labasse(1955)、Duncan(1960)和Vernon(1960)等人则从城市功能分化、银行网络联系、都市等级划分、交通地理位置和金融机构集中等方面讨论国际金融中心发展环境问题。

20世纪50年代之后，金融发展理论的兴起对国际金融中心的研究也产生了重要影响，约翰·格力、R.戈德史密斯、爱德华·肖、麦金农等从多方面论证了金融发展与经济增长之间的强相关关系。

Kinderberg(1974)以上海和贝鲁特这两个国际金融中心在第二次世界大战之后的衰落为例讨论政治(包括战争)和意识形态因素对国际金融中心的兴衰发展的重要作用，并将规模经济理论和集聚经济理论应用于国际金融中心研究，得到了Park(1982)后续研究的支持。

新制度经济学派则从制度约束、路径依赖、外部性、信息不对称等角度分析了国际金融中心发展环境的基本体系问题，如Goldberg(1988)对经济发展水平、国际贸易水平、金融活动的广度、金融制度的健全等环境因素的强调；Thrift(1994)以"路径依赖"理论解释金融产业向金融中心聚集及一个城市长久维持区域内优势的原因；Zhao、Smith&Sit(2002)则以信息外部性及不对称信息作为塑造金融中心及影响其地区等级和全球层次的重要因素；Gehrig(1998)重点分析了信息对金融中心的决定性影响因素。

现代学者还努力将文化、历史等非经济因素引入现今的国际金融中心发展环境研究。Choietal等人(1996,2002)对全球14个金融中心进行实证分析，研究非经济因素对世界金融服务和金融中心格局的动态影响；Risto Laulajainen(1998)通过比较研究指出，政治地位、经济实力、监管环境与税收制度、时区优势、信息优势、人才优势是决定金融中心形成及其国际地位的关键环境因素。

2. 国内研究综述

国内学者潘英丽(2003)、李扬(2003)、张志元(2006)、黄解宇和杨再斌(2006)尝试将金融地理学、空间经济学与金融集聚论融入国际金融中心发展环境研究。胡坚(2003)、中国人民银行洛阳市中心支行课题组(2006)则结合经济、金融、政治和法律等多种影响因素分别构建了国际金融中心以及区域金融生态环境的评估指标体系。

部分国内学者从历史的角度探讨国际金融中心发展环境问题，如游碧蓉(2001)回溯了国际金融中心的百年变迁过程，洪葭管(1985,1989,1996)、杜恂诚(1999,2003)、吴景平(2002,2003,2005)对上海在20世纪二三十年代的远东金融中心地位和发展环境进行了卓有成效的研究。但由于中国历史经历中国际金融中心数量少且历史短，所以这类研究不够系统和全面。

冯德连、葛文静(2004)构建了"轮式模型"来解释国际金融中心成长的动力机制，包括两种拉力(科学技术、经济发展)，三种推力(供给因素、历史因素和城市因素)以及地方政府公共政策的作用力。该研究较为全面地揭示了金融中心形成的外部动因。

国内对国际金融中心发展环境研究最具有创新和中国特色的理论贡献是周小川将生态学概念引入到金融领域而提出的金融生态系统理论。在此基础上，李扬(2005)、徐诺金(2005)对金融生态系统的概念和理论进行了扩充完善，杜朝运(2007)、赵立平和邵挺(2008)、陈华(2009)等学者则实际运用金融生态系统理论分别研究了厦门、温州和我国农村地区金融的发展问题。

上海金融学院对国际金融中心发展环境的研究也形成了一个独特的理论集群。该校从2006年起发布《上海国际金融中心建设蓝皮书》，逐年比较上海与纽约、伦敦、东京、新加坡、中国香港等国际金融中心，从不同纬度探讨上海国际金融中心建设过程中的各种环境制约因素，寻求可能的解决路径。该校的学者李豫(2010)、朱文生(2010)、李雪静(2010)、肖本华(2011)等人也分别从领导体制、社会信用体系、政策支持体系等角度对国际金融中心发展环境进行了研究。

(三)国际金融中心发展环境的基本要素

国内外相关研究表明，尽管国际金融中心的初期形成往往具有历史偶然性，但如下要素在其发展和成长过程中起到了关键作用：

第一，便利的交通与发达的基础设施，优越的地理与时区位置。便利的交通和发达的基础设施是跨国公司、金融机构选址的基本因素，为金融积聚提供了生活便利这一最基本的外部条件。例如，中国香港、新加坡、纽约、伦敦都是重要港口与商品集散地。优越的地理与时区位置保证世界金融市场24小时连续交易，提升了该城市的竞争优势。例如，中国香港和新加坡恰处于纽约与欧洲金融中心交易时间的连接处。

第二,国内或区域内稳定的政治局面,发达的经济水平及广阔的市场前景。政局稳定是国际金融中心形成的最基本条件,政局动荡、变革经常发生、国内经济和金融不稳定,国际金融中心的建立便无从谈起。高度发展的经济水平、广阔的市场前景意味着不断增长的产品和资金需求,日益频繁的资金输出或输入是金融积聚的重要因素,深刻影响着外国金融机构的选址。

第三,货币的可兑换程度。一个城市想建成国际金融中心,首先要求该国的货币必须在一定程度上自由兑换,否则以该国货币计价的金融产品交易、资本输出、结算,以及产品和服务创新等都将受到限制;反之,如果一国或地区的货币是世界本位币,则该国或地区就具备了成为国际金融中心的必要条件。

第四,完善的市场结构,开发、自由的市场体系。多层次的金融市场包括资本市场、货币市场、保险市场、票据市场、期货市场、外汇市场、黄金市场和衍生金融工具市场,可充分发挥金融中心的规模经济与积聚效应,扩大其辐射深度与广度。开放、自由的市场体系意味着国外金融机构较低的进入成本,可保障国际资金在全球范围内的充分流动与积聚,增强金融中心的吸引力。

第五,规范而有利于创新的监管体系。从发展历史而言,政府既要对国际金融中心进行严格的监管以防范金融风险,又要提供相对宽松的金融环境。前者是国际金融中心持续发展的前提,后者是国际金融中心动态发展的基础。

第六,良好的金融基础设施。金融业作为管理风险的行业,直接与信息不确定性相关。金融中心通过高质量的金融基础设施,如征信系统、清算系统及高效率的会计师事务所、律师事务所、评估机构等,可以充分获取实时、客观反映市场、机构、工具和产品变化和发展的各种信息。

第七,专业的国际金融人才。人才,尤其是金融人才的数量和质量在一定程度上决定了国际金融中心的活力和发展潜力。拥有一支兼具国际金融理论和实务经验的专业人才队伍,是向市场参与者提供优质、高效服务的"软件"保障。作为一种生产要素,人才要流向边际产出最多的城市,人才机制直接影响着人才这一要素的成本与收益,因而是影响人才流向的首要因素。

二、国际金融中心发展环境研究的基础理论

完善优化国际金融中心发展环境的丰富实践,推动着学者们运用不同的金融学理论与方法来研究这一问题。除了主流的经济金融理论,其他众多的新兴学科和理论也不断向国际金融中心发展环境的研究靠拢,最终形成了"路径依赖是基础—功能观是延伸—金融生态学是趋势"的理论发展脉络。有鉴于此,本书对路径依赖、金融功能观以及金融生态理论进行重点研究。

(一)路径依赖理论

国际金融中心的选择虽具偶然性却非完全随机,其发展轨迹反映了历史对现在和将来的影响,因而体现了路径依赖的作用。路径依赖思想最早见于 P. A. David

(1975)的《技术选择、创新和经济增长》一书。David 提出的路径依赖重在比较历史制度分析,认为当时细微的、偶发的(而非系统力量支配的)意外事件可能对最终结果施加了重要影响。Arthur 将之应用到技术变迁的路径分析上,集中讨论递增报酬与路径依赖的关系。由此,存在两种路径依赖的序列:自我强化型和应激型。前者表明,在一个相对较长的时间序列中,特定的制度模式会不断得以复制;后者则提出,应激反应过程会产生一种因果链并且始终维系在前后相继发生的事件之间。

从 20 世纪 90 年代开始,新制度经济学的重要代表人物,如 North(1990,1994,1997)、Stark(1992)、David(1994)等人逐渐把路径依赖研究转向制度变迁,提出了制度上的路径依赖理论。North 基于经济史的总体分析框架,试图解释世界不同地区之间发展程度的差别或绩效差距,并指出所谓的路径依赖是制度变迁中存在着报酬递增和自我强化机制。他提出路径依赖的"锁定"(Lock-in)效应以解释前东欧社会主义国家向市场经济转型的困境,即传统制度框架通过选择定型可能形成"锁定"而制约了新的制度路径。只有外力的干预和冲击改变其结构和行动者的基本关系,才能使一个经济体系解除"锁定"状态。当报酬递增和不完全市场时,制度的自我强化机制就会发挥作用而产生四种表现:一是成本效应,即设计一项制度的高初始设置成本会随着制度的推行而降低其单位成本和追加成本。二是学习效应,即制度变迁的速度是学习速度的函数,适应制度而产生的组织会抓住制度框架提供的获利机会,但制度变迁方向取决于不同知识的预期回报率。三是协调效应,即通过适应制度而产生的组织与其他组织缔约以及具有互利性的组织产生与对制度的进一步投资,实现协调效应。例如,正式规则之间、正式规则与非正式规则之间的相互补充和协调作用。四是适应性预期。随着以特定制度为基础的契约盛行,将减少这项制度持续运行的不确定性。

路径依赖理论表明,历史上的小概率偶发事件可能主导长期选择和制度演化的基本原因在于,开放的复杂系统受正反馈机制影响而存在的多重均衡。偶然选择主导未来的关键是规模效应、学习效应、技术(制度)生态效应和预期增强效应等自我强化机制,其共同作用不仅有效地降低了单位成本,完善了该选择的支撑体系,也日益强化了人们的心理预期。由此,即使有更好的选择,在个体意义上的转换成本也很高,人们的选择还是锁定于既定的制度之中。锁定的更深层原因在于基于心智的、历史的和文化以及意识形态的人类认知所导致的有限理性,以及制度集、行为集和技术集之间交互所生成的嵌入性系统障碍。在市场效率方面,路径依赖所形成的是一种适应性效应而非资源配置效率,即往往直接意味着资源配置的效率损失或无效率。这一方面是因为初始选择的制度是无效或低效的;另一方面,即便初始选择的制度有效,在历时性的变化中也得不到及时的制度更新。

路径依赖还可按其强度分为软性路径依赖和刚性路径依赖。在软性路径依赖下,集聚效应与规模经济效应等复合产生出能代表未来的新制度范式,却得不到集聚整体和市场的响应,不能成为集群发展的主流。刚性的路径依赖则完全扼杀了新制度范式产生的可能性。这也就说明了为什么某些国际金融中心会因为历史偶发性事件(如战争和金融危机)而衰落,而另一些则可能借机进行自我调整,从而摆脱旧有路径的锁定效应,走上新的发展道路。

(二)金融功能观理论

近几十年来,国内外学者对金融功能问题展开了新的探索。Bodie & Merton(1993,1995,2000)系统论述了金融功能观的六类核心功能:(1)便利资源在不同时空和不同主体之间的转移;(2)提供清算和结算支付的途径以完成交易;(3)为储备资源和在不同的企业中分割所有权提供有关机制;(4)提供管理风险的方法;(5)提供价格信息,帮助协调不同经济部门的决策;(6)解决信息不对称带来的激励问题。林毅夫(2003)提出了三大金融功能:资金动员、资金配置和分散风险。白钦先、谭庆华(2004)将金融功能划分为基础功能、核心功能、扩展功能、衍生功能等,认为金融功能扩展和提升的演进过程就是金融发展。王佳菲(2006)指出,金融功能是指金融相对实体经济所起的功效和作用,是金融与经济关系的实质。姚耀军(2006)认为,金融功能观的重点有二:其一,金融功能比金融机构更稳定;其二,金融功能优于组织机构。总之,金融功能观首先要确认金融体系需要行使的经济功能,然后去寻找一种最好的组织机构,而一种组织机构是否最好,则又进一步取决于时机和现有的技术。金融功能观依赖于一定的社会历史环境条件,如果不顾一个国家的实际情况,而盲目运用金融功能观指导金融体系改革,则是不实际的。

从广义上理解,金融功能不仅仅局限于传统意义上货币的功能、金融机构的功能等,还包括金融市场的功能、金融产业的功能、金融信息的功能、金融信用的功能等一切与货币流通、货币信用创造相关的经济功能。纵观金融发展的历史进程,经济发展形态的变迁不断对金融发展状况提出客观要求,引起了金融规模的扩大和结构的调整,金融功能随之演进。在这一过程中,金融日益呈现独立化、多样化倾向,从而逐渐成为独立于实体经济的产业领域。然而,无论是在经济发展的哪个阶段,金融与实体经济之间的内在依存性都是天然存在而无法割裂的,这已经为20世纪后期以来全球范围内愈演愈烈的金融危机所充分证明。

上述研究表明,学术界对金融功能的认识并不统一。白钦先、谭庆华(2004)对此提出了颇有借鉴意义的观点,即虽然金融功能是多方面的,但却可以通过各种功能在发展进程中的递进关系而划分为不同的层次。沿此思路,金融功能的结构与层次性大体如表1—1所示。

表1—1　　　　　　　　　　金融功能的结构与层次性

金融功能的层次性	不同层次金融功能的构成
基础功能	支付与清算功能、服务功能、中介功能
核心功能	资源集聚与配置功能
扩展功能	信用创造、风险管理与规避
衍生功能	信息服务、衍生品投资功能、资金监督与激励、金融中心功能

金融功能观首先确认金融体系需要提供的经济功能,然后根据这些功能设计一种或多种最好的金融组织机构。金融功能观依赖两个基本假设:一是金融功能比金融机构更稳定,因为功能很少随时间和地域的变化而变化;二是金融机构的功能比其组织结构更重要,只有金融机构不断创新和竞争才能具有更强的功能和更高的效率。

金融功能观是研究金融体系的一种很有价值的研究方法,对一个国家建立最佳的金融体系实现某些目标具有重大的指导意义。功能观从分析金融系统的目标和外部环境出发,从中演绎出外部环境对金融的功能需求,然后探究需要何种载体来承担和实现其功能需求。随着经济增长阶段变化导致金融面临外部环境的改变,对金融的功能需求与原有金融机构所能履行功能间的差距也随之变化,这就要求对金融制度安排、组织形式和市场形态进行相应的调整以适应变化了的外部环境。金融功能观将研究的重点从之前对具体金融机构的研究转移到对金融功能本身的研究,抓住了金融发展的核心,意味着对金融经济关系的研究迈出了实质性的一大步。因为金融机构的发展只不过是金融发展的具体外在表现形式,这些金融机构发展所体现出来的功能才是应该关注的焦点。

(三)金融生态理论

金融生态学是金融生存状态学和金融环境学的综合,重在研究金融资产、金融产品、市场和金融体系等要素的运动背景和环境并从中找出相应的规律和特点。它是现有金融体系内部的所有成员按照一定规律所组成的综合体,是对金融的生态规律和特征的系统的、抽象性的概括。该理论扩展了金融理论研究的视野,提升了金融理论对现实金融活动的解释力。金融的发展在很大程度上取决于金融生态的发展,一个国家良好的金融生态环境是该地区金融业发展最为坚实的基础和后盾。例如,2008年全球金融危机的面上诱因是美国的次贷风险,但是更为深层次的原因则是金融生态环境的恶化和破坏。也就是说,如果金融生态环境遭到破坏且得不到及时调整和应对,那么反映在经济领域就是金融系统的破坏。

金融生态理论始于20世纪60~80年代,并随着生态经济学和演化经济学的发展而发展,原因是此时越来越多的生态学观念和理论进入经济领域,而金融也是经济系统的一个有机组成部分。于是,国外的学者首先将金融发展理论与经济联系起来,分析其中存在的规律和金融的核心地位和作用,并在促进金融本身发展的同时,也促进了以金融为核心的相关理论框架的构建。如金融结构理论就指出,良好的金融生态系统的构建与金融结构的产生和发展相互促进、彼此借鉴。尽管从时间上来考察金融生态学的理论有着十分清晰的脉络可循,但时至今日,金融生态理论也没有一个统一的定义和界定。客观而言,这在一定程度上阻碍了金融生态学的发展。

国内学者提出或是研究金融生态学的理论始于周小川,他认为,金融生态环境是微观层面的金融环境,其作用是通过间接地促进整个金融系统的改革和完善来推动我国金融行业的运行。与学者的诸多定义相比,该定义立足点虽然更高,但却并不符合学术规范。所以笔者进一步回顾了众多学者对一概念的认知。例如,有学者认为,所谓金融生态学就是用生态学的观念来考察研究金融的相关问题,因此金融生态就是金融与其周围环境关系的总和,是各种金融机构金融组织处理好其内部及其自身与周围经济环境之间的关系,形成一种动态平衡、良好发展的系统。有学者认为,金融生态是指金融业与其存在的外部环境之间,通过自身的调节机制相互影响、相互作用的动态平衡系统。有学者从最为广阔的角度来研究金融生态学,认为金融生态是指影响金融业生产和发展的各种因素的总和,它的外延十分广阔,包括政治经济文化和法律、自身所存在的金融市场、金融机构和金融工具等金融产品。有学者从金融产品的生产和消费环境来界定金融生态环境,主要是企业和居民、政府和单位等消费群体,同时也指消费的宏观制度和体制传统等宏大的概念。

尽管不同学者从不同的角度和方面对这一概念进行了界定,但是也不能因此而否定相同之处的存在。那就是学者们都将这一概念看成是一个系统的概念,是一个宏大的概念,包括系统的构成以及众多的影响因素,不能否定金融发展的经济基础和内外部环境,也即金融发展的环境,或者说与金融发展有关的影响因子。由此,笔者认为金融生态是一个综合的、动态的概念,应该综合考虑相关的影响因素,既可以从微观加以考察,更需要从宏观加以整合。实际上,也许这正是该概念难以界定的关键所在。

三、基于路径依赖的国际金融中心发展环境分析

路径依赖理论表明,国际金融中心的形成不仅与生产体系、自然地理条件和基础设施建设等硬环境因素有关,还与根植于金融中心城市社会结构中的历史、文化、制度等软环境因素有关,并与外生于国际金融中心发展进程中的特定历史时期世界格局的重大变化紧密相连。

(一)国际金融中心发展环境的路径依赖机制分析

对于国际金融中心发展而言,路径依赖是一个内生的、持续的历史进程,但也往往会因其地域属性而在特定时期受到外生的、突发性的事件冲击,从而导致静态的环境要素演化出动态的体系后果:一是内生的环境要素经由偶发事件卷入路径依赖之中,从而促使国际金融中心的建设按照一定的轨迹进入快速发展的惯性;二是原有国际金融中心发展环境的路径依赖效应经受不住偶发事件的冲击而崩溃,从而导致国际金融中心的衰落或转移。

在图1-1中,点A左端是国际金融中心发展的偶然性初始阶段,由于内外部环境因素尚不成熟,因而进展迟缓,而特定的历史偶发事件(即图中的蝴蝶效应Ⅰ)则激发了国际金融中心建设进程的加速。此后,各环境要素在集聚效应、规模经济效应、网络效应、创新效应、加速技术进步效应、技术学习效应和预期强化效应的综合作用下,不断推动国际金融中心沿着特定的路径以递增的速率发展。当然,这种递增的方式会达到一个极限,在B点转向传统的递减性增长,当市场饱和时,国际金融中心的发展将维持零增长,并一直持续下去,即遵循由路径AB、路径Ⅰ到路径CD所刻画的路径。

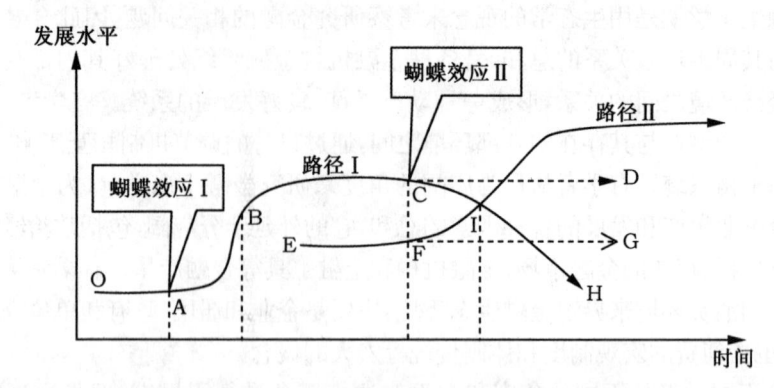

图1-1 基于路径依赖与蝴蝶效应的金融中心变迁机理

当然,在软性路径依赖下,在路径Ⅰ未进入饱和状态之前,如时点E,国际金融中心内部的某些环境要素也可能在集聚与规模经济效应等的复合下孕育出在效率上要优于主流的新制度范式。但由于发展环境要素在总体上陷入路径Ⅰ的锁定效应,这种新的金融制度范式并不能自主地成为金融中心发展的新主流,而只能延续EFG的惯性路径在低位徘徊。

就现实而言,由于国际和国内其他城市的激烈竞争,国际金融中心面临着经济和政治的双重危险,其发展轨迹不会完全依照路径依赖"平缓增长—加速增长—增长趋缓—零增长"的S形曲线。经济危险主要表现为更具有竞争力的国际大都市的崛起,一如伦敦遇上纽约。激烈的经济竞争必然最终体现在政治层面上,极端情况下甚至引发战争,从而导致原有国际金融中心的衰落,如日本侵华战争对上海远东国际金融中心地位的影响。在图1-1中,我们假定在时点C爆发了这一偶发事件诱发国际金融中心的蝴蝶效应Ⅱ,其国际、国内发展环境迅速恶化,致使路径Ⅰ无法维系,从平稳的运行通道CD逆转为急剧下行的CH。

如果国际金融中心的发展路径Ⅰ是刚性依赖的,那么,这种偶发事件(危机)不仅会导致原有环境体系路径依赖效应的崩溃,甚至可能会摧毁整个国际金融中心发展过程;反之,如果路径Ⅰ的依赖性是软性的,在危机爆发之前,国际金融中心的内部环境体系已经培育出创新的金融制度安排,那么偶发事件(如金融危机)将会破除路径依赖Ⅰ的锁定效应,经由金融创新和制度变迁缓和和克服危机,推动国际金融中心发展环境要素的升级与转换。从长期看,这有助于受抑的新范式在新的发展环境中迅速成长,金融中介行为快速转型,从而加速走向了以新范式为主导的新路径。一旦环境约束得以解除,国际金融中心就会经过新、旧路径交汇的Ⅰ点而转换发展路径,走向以路径依赖Ⅱ为代表的崭新发展阶段。

(二)路径依赖在国际金融中心发展环境变迁中的体现

国际金融中心作为国际金融活动发生的中心地,既是各国金融机构高度集中的地方,也是国际金融资本的来源地和落脚点。然而,这一落脚点的选择虽然具有偶然性,但却不是随机的。从国际金融中心的发展与变迁历史来看,其轨迹无不体现着路径依赖效应的作用。

追溯历史,国际金融中心的演变大致经历了以下五个阶段:

1. 第一阶段:第一次世界大战之前

当时一国的国际金融中心同时也是国际经济中心和国际贸易中心。例如,17世纪荷兰的阿姆斯特丹是世界上最早的国际金融中心,但"郁金香泡沫"等偶发事件导致其金融环境恶化,转而将世界金融中心的地位拱手让给了伦敦。第一次工业革命给19世纪的英国带来了成熟的市场环境、遍布全球的殖民版图和完善的贸易体系,其质高价廉的工业品向世界各国渗透,英镑充当了当时全球四成以上国际贸易的结算货币,并推动了伦敦银行体系的迅猛发展;在投资需求下,伦敦的国际金融业务取得了绝对性的统治地位,各类金融市场逐步健全,伦敦毫无争议地成为当时世界性的国际金融中心。

2. 第二阶段:第一次世界大战至第二次世界大战后初期

两次世界大战改变了世界经济格局,导致各国金融中心发展环境的变迁,进而在路径依赖效应影响下推动国际金融中心的转移。第一次世界大战以及之后1929~1933年的全球经济危机恶化了英国的国际贸易和国际金融市场的发展环境,伦敦的国际金融中心地位由此衰落。与此同时,美国一跃成为世界头号经济强国。第二次世界大战后以美元为核心的"布雷顿森林体系"的建立导致美元迅速取代英镑成为最主要的国际结算和储备货币,纽约也取代伦敦成为全球最重要的国际金融中心。然而,由于第二次世界大战后美国严格的资本管制,欧洲美元这一新金融范式应运而生。借助"马歇尔计划",境外美元的流通市场在欧洲发展起来,改变了国际金融中心原有的发展路径,重新确立了伦敦的国际金融中心地位,并为金融中心的国际化扩散创造了重要的环境条件。

3. 第三阶段:20世纪60~70年代

欧洲美元的产生标志着资本跨国流动的全球化,国际金融中心开始与经济中心和贸易中心分离,导致"离岸金融中心"的产生。在新的发展路径下,适应金融中心分散化的要求,巴黎、法兰克福、东京等地相继凭借其在金融市场中的特殊环境要素而成为独具个性的国际金融中心。巴哈马、开曼群岛、新加坡、中国香港等地也凭借其独特的发展环境而符合了国际金融中心分散化、专业化的趋势,迅速成长为新型的国际金融中心。20世纪70年代,美国开始实行金融自由化,以克服资本管制的弊端,积极推动金融创新,资本流动性迅速增强,迫使原有的离岸金融中心转换发展路径,并为20世纪80年代的金融中心发展奠定新基调。

4. 第四阶段:20世纪80年代至2007年美国次贷危机

以信息技术为代表的知识经济改变了原有全球经济"依附—中心"的格局,金融产品、金融技术和金融市场的创新日新月异。美国自里根政府以来市场化、自由化的"新经济"在克林顿政府时期达到最高潮,并在亚洲、拉美和俄罗斯的金融危机之后重新巩固了纽约国际金融中心的霸主地位。在新的环境体系中,全球化、信息化、一体化的金融市场与国际金融中心分散化的路径相结合,形成21世纪以来国际金融中心发展百花齐放的新格局。虽然这些国际金融中心的绝对规模和成熟度很难与纽约、伦敦相媲美,但在发展速度及金融产品和服务的独特性上各具竞争优势。

5. 第五阶段:2008年至今

在全球金融危机的大背景之下,美国、英国、欧盟等国家和地区深入改革现有的金融监管体系,重塑金融发展环境。此次全球金融监管改革力求建立宏观审慎的监管框架,防范系统性风险。危机要求推进全球金融监管协调与合作,以G20为国际协商平台,促进金融信息交流,加强对金融投资者和消费者利益的保护。经由改革,目前各国际金融中心对经济发展开放程度、发展水平、规模结构等微观市场环境要素的依赖程度降低,转而更依赖于更为宏观的发展环境体系。应该说,此次金融危机在一定程度上打破了原有国际金融中心发展的路径依赖,为上海的国际金融中心建设提供了重大的发展契机。

(三)上海国际金融中心发展环境的路径依赖效应

著名经济学家薛暮桥(1984)、Jones(1992)等人指出,上海在20世纪30年代是亚太地区的金融中心和贸易中心,中国香港和新加坡落后于上海。遗憾的是,上海由于多种历史原因而逐渐走下了国际金融中心的舞台,但多年的积淀依然为现阶段上海国际金融中心的发展打下了基础并带来了机遇。

1. 上海国际金融中心发展环境的历史路径

作为20世纪30年代远东最大的国际金融中心,上海的金融发展环境体系曾经非常健全和完善。首先,上海地理环境优越,资本工业全国领先。1895~1911年,外资在中国开办91家10万元以上企业,其中41家在上海;资本总额4 855.4万元,其中上海为2 090.3万元,占42.8%;上海的民族资本工厂及其资本总额都占全国的1/4强。产业资本越大,对信用的利用范围就越广,就越要求新式金融机构融通资金,从而为上海银行资本的产生创造了经济条件。

其次,上海的经贸与经济总量全国领先。鸦片战争后,上海开埠并于1850年取代广州成为内外贸易的第一大港和对外贸易中心,到1937年前始终占据进出口贸易总额的半壁江山。1931年,上海港的吞吐量位居世界第7。口岸贸易的繁盛和商业的兴旺离不开金融业的发展。鼎盛时,上海从事国际进出口贸易的洋行多达100余家,其中70%~80%是外资企业,业务量约占全国的1/3。

再次,上海的总部聚集经济效应明显。到1936年,上海汇聚了国民党政府的四行(中国、中央、交通、农业)、二局(中央信托局、邮政储金汇业局)、一库(中央合作金库),聚集了164家中资银行的59家总部,外地银行分支机构182个,另有11家信托公司、48家汇划钱庄和3个储蓄会。同时,上海也成为远东地区外资银行的聚集中心,27家外国在华银行的数目远超东京、孟买和中国香港,并有9家侨资银行。

最后,上海的金融市场体系完备。就资本市场而言,上海是仅次于纽约和伦敦的全球第三大股票和债券市场。就货币市场而言，上海开创了银行业承兑贴现业务的先河，票据交易市场颇具规模。上海还是当时全国标金、大银条和外汇市场的中心，黄金市场交易量也仅次于伦敦和纽约。上海还具有当时国际上最先进和发达的标金期货市场，直接影响英国、日本、美国等国的汇率。就外汇市场而言，上海与俄国、法国、英国、德国等国资金汇兑业务的成交量也远超中国香港和孟买。

当然，上海的国际金融中心发展环境也包括当时国民党南京政府的政策支持和促进。南京政府实行政治和经济中心分离，支持上海发展成为最大和最重要的金融中心，如推行"四行二局一库"的金融体制。此外，南京政府发行的各种公债也主要由上海的大银行承销，进一步推动了上海证券市场的发展。

2. 现阶段上海国际金融发展环境的路径延伸

抗日战争中断了上海国际金融中心的发展进程，但直到1949年上海还拥有最主要亚洲金融中心的殊荣。令人扼腕的是，之后的计划经济体制取消了金融市场，一时改变了上海国际金融中心的发展路径。但从改革开放以来，上海的国际金融中心建设又在一定程度上延续了原有的历史路径。

首先，上海的综合经济实力一直领跑全国。上海是中国的工业基地和财政支柱，经济实力居全国经济之首，并带动了江浙两省的经济腾飞，推动了整个长三角地区的经济发展。

其次，政府的政策引领、支持与促进依然是上海国际金融中心建设的关键环境因素。1991年年初，邓小平视察上海并首倡恢复上海的国际金融中心地位。1992年，党的"十四大"正式将之定为国家发展战略。江泽民、胡锦涛、温家宝等党和国家领导人也对此寄予厚望。2009年以来，国务院、国家发改委和上海市政府又先后出台了重要文件，进一步明确了上海国际金融中心建设的目标、路径和发展思路。

再次，上海的金融市场体系也进一步完善。目前，上海已建成包括资本市场、货币市场、外汇市场、保险市场、商品期货市场等在内的全国性金融市场体系，涵盖了现货、回购、远期、掉期、期货与权证等重要交易机制，是国内最大的证券、保险和外汇交易市场，并拥有全国性的外汇市场、银行同业拆借市场、银行间机构投资者债券市场、上海证券交易所、期货交易所、黄金市场和钻石市场。上海各金融市场还分别与国际著名交易所实现了国际化联动，相继推出铅期货、人民币对外汇期权、非金融企业非公开定向债务融资工具等新品种。此外，上海还引入国际通行的解决争端机制，建立了上海金融仲裁院。

最后，上海的金融机构尤其是外资金融机构聚集度为全国最高。以陆家嘴金融城为例，截至2011年年底，该区域内共有各类金融企业2.5万家，其中持牌金融机构数量达到692家，"十一五"期间增加了288家，增幅达79.8%：(1)总部经济聚集度为全国之最。截至2011年年底，陆家嘴金融城共有跨国公司地区总部71家，占浦东新区的41.8%，占上海市的20.3%。(2)要素市场聚集。陆家嘴金融城共有证券、期货、钻石、石油等11家国家级和市级要素市场。(3)金融人才聚集。区域内人才总量41.25万人,占新区的42%,金融从业人员近16万人。

四、基于功能观的国际金融中心发展环境分析

功能观是对路径依赖理论的进一步发展,强调经济增长阶段的变化导致金融发展环境的系统变迁,进而引发金融功能需求以及金融机构履行功能方式、方法和路径的变化。该理论深入考察了国际金融中心发展的目标和环境体系,尤其重视环境要素对金融发展的功能需求,进而探究金融中心功能建设的环境载体及其发展路径,因而对于上海建立最佳的金融发展环境体系从而实现国际金融中心建设目标具有现实的指导意义。

(一)金融功能观的时代背景及基本环境要素分析

金融功能观本身就是金融发展环境历史变迁的结果。首先,自20世纪60年代以来,计算机、网络和通信技术所引发的信息革命昭示着知识经济时代的来临,新的金融形态如电子货币、网络银行以及网上证券交易也在高新技术的支撑下应运而生,由此推动了金融机构内外部形态及其交易、运营方式的深刻变革,从而为国际金融中心的扩散化提供了技术可能。

其次,自20世纪90年代以来,西方私有化改革及其推动的金融自由化和全球化浪潮放松了金融市场管制,形成金融混业经营格局,催生了以金融创新为主题的金融革命。传统的金融功能如支付中介、资源配置等基础功能得以提升,经济调节、风险配置等衍生功能得以扩展。新的金融产品、金融工具和标准化的金融服务又在消除着不同金融机构之间的功能差异。

最后,随着各种不同类型金融机构背后金融功能的趋同性和金融机构服务的标准化,金融功能观提出"功能性监管",即一个特定的金融活动或一类金融业务应由同一个监管者进行监管。因此,金融功能是现代混业经营模式的理论依据,并将金融监管的重心由金融市场的活动主体转向金融业务活动及其功能本身,从而为混业经营环境下金融监管体制的改革指明了发展方向。

综上所述,在金融功能观指引下的国际金融中心建设进程需特别着重探索和考量金融发展的适用性环境条件,从方法论的角度回答路径依赖理论所不能解释的问题,即国际金融中心为何具有某些功能、怎样才能具备这些功能,以及应当如何实现这些功能。

第一,金融功能观理论降低了国际金融中心发展对经济环境要素的依赖程度,强调"金融引导经济"。传统的国际金融中心建设强调一个城市和地区经济实力及其环境在其发展初期的基础性作用。但是,知识经济改变了金融与经济环境要素之间的关系,金融业逐渐摆脱对经济的依附而产生独立的运行规律。例如,巴哈马、开曼群岛、中国香港等新兴国际金融中心的实体经济虽极其薄弱,但由于承担了特定金融功能而顺应了金融中心离散化发展趋势。虽然就经济环境的一般要素而言,一个成熟而完善的市场经济体系依旧是金融中心发展的必备条件,但制度、法律与政策等环境

因素更具关键性。

第二,金融功能观进一步提升了制度环境要素的基础作用,强调金融功能的演化必须借助于金融形态的制度变迁。国际金融中心的发展包含着金融功能的扩展和提升,因而对金融制度环境要素有很高的要求。在金融发展的初级阶段,金融功能主要是中介服务功能。随着金融功能的衍生发展,金融中心的规制体系、法规政策不断完善,从而在降低信息成本和减少交易风险的同时,逐渐模糊了金融机构和金融市场提供各项产品和服务的边界,实现了金融服务的标准化,为国际金融中心的持续发展提供了内在的制度驱动力。

第三,金融功能观要求减少政府的直接干预,但强化了政府监管这一环境要素的现实作用。为改革美国自20世纪30年代以来分业经营的金融体制,金融功能观主张以"功能性监管"减少政府干预,从本质上偏向于国际金融中心发展的自然演进路径。但新兴国际金融中心的发展进程表明,政府必要的政策引导与支持依然是这些城市和地区培育金融机构创新能力、稳定金融市场秩序以及规避外部金融风险的重要手段。次级贷危机的爆发从客观上进一步强化了政府作为宏观经济干预者和微观金融秩序监管者的重要地位。

第四,金融功能观既注重培育微观经济主体,又综合考虑区域统筹等宏观环境要素。无论是货币的金融服务功能、金融市场的资源配置功能还是中央银行的货币政策调控功能,都取决于企业、居民等微观经济主体的接受和使用程度。与此同时,区域统筹是上海国际金融中心建设的有效动力与实现途径,国际金融中心发展所必需的金融机构、金融体系改革无法局限于微观经济活动。只有区域间、城市间的广泛合作才能形成区域金融中心,只有国家统筹才能形成国家金融中心,只有国际间的分工合作才能形成国际金融中心。

(二)上海国际金融中心功能演化的环境体系分析

就上海的国际金融中心发展进程而言,其金融功能的演化深刻体现了诸多环境因素的作用。当然,在不同发展阶段,上海国际金融中心功能演化的路径与特点也不同。本文将按照时间逻辑,以功能观为指导,对改革开放前后上海国际金融中心发展进程中的各种环境要素及其演化路径进行分析。

1. 金融体制环境与金融功能的多元化

结构决定功能,金融功能的发展也是与金融体制的改革紧密相连、同步演进的。上海的金融功能从改革开放前较为单一的以基础功能与核心功能为主的结构逐渐向改革开放后的多元化、系统化、国际化的状态转变。在此过程中,既发生了金融体制由计划经济向市场经济的转型,也发生了金融机构由单一结构向多样化结构的转变,而金融市场规模也在改革开放后呈现出快速扩大的态势。表1—2反映了改革开放前后上海金融功能的对比:随着时间的演进,上海的金融功能在类别、强度上都有很大的进展;越是高层次的金融功能,差异越显著。

表1-2　　　　　　　　改革开放前后上海金融功能的对比

各层次金融功能		改革开放前后上海金融功能对比
基础功能	改革开放前	支付与清算功能、服务功能(不强)、中介功能
	改革开放后	支付与清算功能、服务功能、中介功能
核心功能	改革开放前	资源集聚与配置功能(计划手段)
	改革开放后	资源集聚与配置功能(市场手段为主)
扩展功能	改革开放前	信用创造(较弱)、风险管理与规避(较弱)
	改革开放后	信用创造、风险管理与规避
衍生功能	改革开放前	资金监督(较弱)
	改革开放后	信息服务、衍生品投资功能、资金监督与激励、金融中心功能

2. 金融市场环境与金融功能的脱媒化

金融脱媒化主要是指随着经济金融化、金融市场化进程的加快,商业银行主要金融中介的重要地位相对降低,储蓄资产在社会金融资产中所占的比重持续下降及由此引发社会融资方式由间接融资为主向直接、间接融资并重的转换过程。在上海金融业发展过程中,以改革开放为界限,也可以清晰地看出金融脱媒化的显著趋势,只是时间界限略往后推移几年,即直到20世纪90年代后,金融脱媒化趋势才显著加强。就与直接融资相对应的金融市场体系建设而言看,以改革开放为契机,上海相继组建了货币市场、外汇市场、期货市场、证券市场、保险市场、融资租赁市场、企业并购市场等金融市场。这使得传统以直接融资为绝对主导的计划金融体制快速向直接、间接融资并重的格局转变。在此过程中,上海的银行业资产在金融业总资产中的比重不断下降,金融脱媒化特点显著增强。

3. 金融空间环境与金融功能的聚集化

为提升区域空间承载服务能力,为金融机构提供总量充足、结构合理的高能级办公空间,上海在陆家嘴金融城科学规划了前后台联动的金融产业布局,以世纪大道为轴线,依次展开小陆家嘴核心区、竹园商贸区和花木行政文化中心区三个核心区;确定了"十二五"期间十大重点工程,加快了商办楼宇的建设步伐,推动金融城空间持续扩容。至2011年年末,已建成商办楼宇201幢,地上建筑面积1 196万平方米。空间拓展为金融行业的加快聚集准备了条件。上海在对外开放水平、机构能级提升、资产管理优势和新型专业化金融机构发展等方面处于全国领先地位,金融机构尤其是外资金融机构聚集度为全国最高,总部经济聚集度为全国之最,要素市场和金融人才高度聚集。以陆家嘴金融城为例,区域内共有证券、期货、钻石、石油等11家国家级和市级要素市场,人才总量41.25万人,占新区的42%,金融从业人员近16万人。

4. 金融创新环境与金融功能的联动化

在国际金融中心建设进程中，上海积极整合地方资源，争取国家把重大金融改革创新和对外开放举措放在浦东先行先试。在市场创新方面，上海股权托管交易中心、全国银行间市场贷款转让系统和上海信托登记中心先后落户，并参加国家层面的信托登记试点立法。在产品和业务创新方面，开展消费金融公司试点，筹建中银消费金融公司，开展单船单机 SPV 融资租赁试点、QFLP 试点和洋山港保税区期货保税交割业务试点。在管理体制创新方面，计划组建陆家嘴金融城理事会和执行委员会。各项金融创新有力地促进了金融和其他产业功能的联动发展。通过开展新型银证合作探索各种类型的企业集合债权融资，以破解中小企业融资难题；浦东新区金融局组建上市工作办公室，在区政府层面建立上市工作联席会议制度；率先开展外汇管理体制改革创新，在保税区开展新型国际贸易结算中心试点，探索货单分离型的贸易结算；优化整合涉农金融资源，鼓励商业银行和小额贷款公司在新区发放涉农贷款，推动安信农业保险公司开展产品创新。

（三）上海金融功能拓展的环境制约因素及应对措施

虽经多年发展、演变，上海的各项金融功能显著增强，但在经济转型、金融发展的过程中还存在市场体制、市场环境、市场规模、开放程度、政策支持力度、人力资源、资本项目管制等诸多约束。

首先，金融发展环境亟待改善。会计准则、法律法规体系尚未与国际接轨；不同所有制金融企业公平、有序竞争的市场环境尚不规范；金融基础设施尚未达到国际标准；金融监管的制度、手段和体系尚不健全；市场诚信体系尚未建立；金融中介市场尚不成熟。

其次，金融创新能力匮乏。虽然上海在很多领域领先国内其他城市，但上海的金融机构不重视个性化金融产品的研发，知识产权保护制度不健全，严重损害了创新者的利益和积极性。这导致上海缺乏高利润、高回报的创新产品和服务，金融创新绩效低下。

再次，国际化、高层次的金融人才稀缺。虽然初步形成了金融人才集聚的态势，但由于人才基础薄弱、教育和培训力量不强，再加上国外金融机构对我国高端人才的挖掘，上海高端、复合型人才的数量还较为缺乏。

最后，政府引导金融功能发展的政策能力不足。受计划经济体制影响，上海"强政府—弱市场"特征显著，行政过度干预、金融功能错位的现象依然突出。在税收利益驱动下，政府依然有金融"财政化"的冲动。同时，受制于现行的政府运行体制，上海市政府缺乏"先行先试"的政治勇气和政策空间，亟待中央政府进一步放权。

随着改革开放的推进和政治、经济体制的不断完善，面临着国际与国内金融市场的进一步接轨，上海在国际金融中心建设进程中必然发展出更加多元化、国际化的金融功能，为此在发展环境的体系建设方面也需要采取进一步的对策。

第一，营造公平、有序的市场环境。一是健全和完善金融市场制度，规范政府行为，杜绝行政干预与金融抑制现象，营造公平竞争、公开透明、合理引导的市场环境；二是出台合理的税收制度和政策，参照国际、国内有关金融中心城市的做法，通过营业税减免、提高所得税税基、增加所得税抵扣项目等措施，吸引企业和人才；三是改革现有人才政策，通过户籍制度、引进人才子女就学制度、高端人才补贴制度、住房补贴制度等措施来提高城市对金融人才的吸引力；四是加强城市基础设施和配套设施建设，为金融企业运营创造良好的硬件环境。

第二，营造适宜金融创新的市场氛围。通过不断开展金融创新，有助于强化金融市场的功能、抑制金融越位现象。开展金融创新包括多方面、多层次的内容，如从创新主体来看，包括金融企业创新、监管部门创新等；从创新标的来看，包括金融功能创新、金融产品创新、交易机制创新、设立新种类的金融机构等。在具体的措施方面，主要应当通过加强知识产权保护、鼓励金融企业加大R&D投入、积极引进高端的金融人才等方面来着手。

第三，强化金融监管的制度环境。金融功能的发挥必须匹配以相应的金融监管，以使不合理的金融行为得到有效约束：一是强化功能性监管。针对层出不穷的金融创新，逐步向统一的功能性监管制度过渡，以从根本上消除监管盲点。二是与国际化监管接轨。随着金融市场开放程度的提高，上海金融体系日益深受国际金融主体的影响。这要求金融监管既要接轨国际规则，还要加强国际化合作。三是招聘国际化、高层次监管人才。金融监管属于人才密集的领域，只有拥有大量高素质的监管人才，才能有效应对与防范各种潜在的金融风险。

第四，打造布局优化，配套齐整的空间环境。金融业在空间布局上往往体现为对产业集聚的需求。上海金融中心功能的发挥，必须考虑通过合理的空间布局和规划，形成若干个功能互补、形态各异的产业集聚区，以符合金融业发展的行业特点，降低交易成本，打造类似美国华尔街、伦敦金城的金融业区域品牌。上海可考虑围绕资本市场、货币市场、期货市场、产权市场等，进一步加强陆家嘴金融区和外滩金融区的功能，尽快打造成为具有国际影响力的品牌区域，使上海逐渐向国际金融中心的能级过渡，并在更大范围内发挥其金融功能。

五、基于金融生态观的国际金融中心发展环境分析

金融生态是在一定时空范围内，金融市场、金融机构、金融产品要素之间及其与环境要素之间通过分工、合作等相互作用过程中所形成的具有一定结构特征、执行一定功能作用的动态平衡系统。运用生态学的方法和成果来分析和考察国际金融中心的发展环境，是中国金融理论的一大创新。

（一）金融生态观的本土化和上海金融生态环境的系统分析

2004年，中国人民银行行长周小川首次将金融生态的概念引入到金融研究领域，强调用生态学的方法来考察金融发展问题。此后，大批专家学者加入到金融生态研究的行列，并在区域金融生态的评价方面形成了大量的研究成果，其中最具代表性的是李扬领衔的中国社会科学院金融研究所课题组和徐诺金领衔的中国人民银行广州分行课题组。

然而,此类研究也存在一定局限性:一是评价指标的普适性不足。评价指标可以说明沪、京、深等大城市金融生态的共性,但不能反映不同城市金融生态的个性。二是评价指标缺乏典型性。现有指标体系重银行资产、轻金融资产,难以反映沪、京、深这些典型的区域金融中心城市的金融生态状况。三是评价指标的数据获取性与可信度较差。除了公开的统计年鉴、信息咨询系统和专业网站,相当一部分数据源于调查问卷,成本高,偶然性大,影响研究结论的可信度。四是评价指标的可比性较差。定性分析的数量化指标和其他量化指标简单合并处理的办法,导致最终的指标难以对不同地区的金融生态进行客观的分析,也无法对特定地区的金融生态进行纵向比较,评估结果较为主观。

由此,上海国际金融中心金融生态的评估指标体系至少要从三个层面加以设计:宏观的外部金融生态环境,中观的区域金融发展环境,以及微观的城市金融市场环境。从总体来看,上海在这三个层面都存在一定的问题。

第一,从宏观的国家层面而言,上海国际金融中心发展的外部生态环境体系失衡。就法律制度环境而言,我国至今尚无金融机构的破产法,无法处置经营失败的金融机构而积累大量系统风险。就信用制度环境而言,我国缺乏健全的信用登记、评估、制裁、公示以及风险预警和管理制度,金融体系的授信风险持续增加。就企业制度环境而言,企业破产、经营管理和上市公司制度都存在缺陷,企业负债率高,对银行的依赖性大。最后,就金融生态的自我调节机制而言,我国对金融业过度保护和管制,极大地削弱了竞争机制对金融机构功能的强化和创新的推动,金融机构竞争力和发展后劲不足。

第二,从中观的区域层面而言,上海国际金融中心发展的长三角金融生态体系亟待优化整合。就长三角区域的金融合作而言,目前两省一市的地方政府缺乏统一的领导、明确的指导思想和多层次的制度保障,往往以短期的金融合作或金融联动为主,没有取得实质性成果。就长三角区域的信用体系建设而言,各大中心城市没有建立统一的企业综合信用监控信息网络,央行的个人信用信息数据库和上海的联合征信系统也是割裂的。就长三角区域的金融监管体制而言,由行政区划、"一行三会"体制和金融机构内部垂直管理所造成的"银政壁垒"引发监管信息不对称,增加了两省一市金融合作协调的难度。

第三,从微观的城市层面而言,上海国际金融中心发展的市场体系运营效率有待提高。就政府与市场之间的关系而言,上海市政府对经济和金融的主导性较强,在一定程度上削弱了金融的独立性和企业的自主创新性,导致金融组织体系和功能不健全,金融市场的融资结构不合理,风险过于集中。就金融市场与金融机构之间的关系而言,在资金流动、产品转换、信息传递等方面都存在不同程度的制度性壁垒,导致金融市场的发展程度不能满足金融机构的融资需要,而金融机构常以不理性行为增加金融市场风险。就金融市场与其外部环境之间的关系而言,金融及相关法律体系不健全、执法不严现象比较普遍,缺乏遵纪守法、诚实守信的金融文化环境。

(二)上海国际金融中心金融生态系统的现实状况

金融生态观要求加强对金融生态环境的调查研究,并结合上海实际,在政府、金融部门、企业、个人及社会各界的协同创新下,共同推进上海国际金融中心发展环境的生态体系建设。

1. 长三角金融信用环境建设日益完善

上海是全国金融信用建设最早和最完善的城市之一,信贷征信和个人联合征信系统建设均走在全国前列,已发展成为国内重要的信用服务市场和信用服务机构集聚地。上海于1999年率先开展诚信体系建设,2008年,中国人民银行征信中心落户上海。截至2011年年底,上海个人信用联合征信系统入库人数已达1 400万,收录企业21万户,采集包括银行借贷、手机缴费、公用事业缴费、法院执行案件等有关个人的信用信息。上海还不断推进信用政策法规体系,加强政府自身诚信体系建设,促进信用行业健康快速发展。从区域合作层面而言,上海加速推进信用长三角建设,于2011年召开了长三角地区合作与发展座谈会联席会议办公室第一次会议,提出实施《长三角区域社会信用体系合作与发展规划纲要(2010~2020)》,建立健全信用服务机构备案互认机制,提升"信用长三角"网络共享平台信用信息整合功能。

2. 国际金融中心人才高地逐渐形成

上海积极引进海外高端金融人才,先后实施"万名海外人才集聚工程"、"千人计划"、"浦江计划"及"领军人才计划",开展海外金融人才组团招聘及网络视频招聘等活动。同时,上海避免单纯的金融人才政策竞争模式,在上海金融领域"十二五"人才发展规划中提出以《上海市金融领域紧缺人才开发目录》为导向,实施金融领域紧缺人才开发培养计划。上海还全面创新高端金融人才教育和培训模式,如上海市政府与上海交通大学合作设立上海高级金融学院,浦东国际金融研究交流中心与哈佛商学院、宾夕法尼亚大学沃顿商学院、哥伦比亚大学商学院和教育学院等国际知名教育机构合作开设高端金融课程,并发挥金融企业的主导作用,不断创新金融人才服务模式,通过陆家嘴人才金港等模式持续构建和完善金融人才产业链。2010年,上海金融从业人员达23.19万,年均增长率超过10%;其中,本科及以上文化程度占61.2%,比两年前提高了5.9个百分点。

3. 地方金融管理体制在改革中优化

一是深化地方金融机构的市场化改革,建立健全现代企业制度,把市属金融企业建设成为资本充足、内控严密、创新能力强、服务和效益良好的现代金融企业,并完善市属金融企业领导人员契约化管理机制。二是设立上海市金融服务办公室,与上海市工作委员会合署办公,完善地方金融机构管理制度,建立了三大金融监管机构与央行上海分行以及金融服务办的"3+2"联席会议制度。三是积极对上海金融办内部机构设置进行调整,除党委办公室继续行使原有职能外,市金融办把原有的6个处室改组为8个,以更好地履行地方金融机构管理职能。此外,上海市金融办还将承担起地方担保公司、小额贷款公司等新型机构的监管职责,促进中小企业发展,引导金融机构进行金融创新。

4. 金融风险防范机制逐步建立

2011年为防止房地产泡沫而实行偏紧的信贷政策后,上海在国际金融中心建设进程中针对钢贸、非法集资民间借贷以及融资担保等行业领域建立了一体化的金融风险防范体制。为防范钢贸行业风险,2011年,上海银监局先后发布了《关于开展钢贸企业授信情况调查的通知》、《关于钢贸行业授信风险提示的通知》等文件,并连发三份预警。为防范非法集资民间借贷风险,上海集中开展为期3个月的整治非法集资问题专项行动。为防范融资担保行业风险,上海市金融办制定了《上海市融资性担保公司管理试行办法》,成立上海市融资性担保行业规范发展和业务监管联席会议,实行担保公司经营月报制度。上海市还加大商贸企业融资担保费用补助力度,建立了10亿元专项资金,通过投资平台以参股方式注资商业性融资担保机构。上海资信公司还在上海市担保协会的协调下,为担保行业共建一个接入系统,统一格式,系统对接人民银行征信系统。

(三)上海金融生态体系改进与优化的路径选择

改善上海国际金融中心发展的金融生态,需要从根本上解决上述所分析的上海在宏观的外部金融生态环境、中观的区域金融发展环境以及微观的城市金融市场环境这三个层面所存在的突出问题。

1. 不断改善宏观的外部金融生态环境

第一,从国家层面完善金融法制环境,健全执行机制。完善《企业破产法》,实行有序破产,保护银行债权,健全社会保障体系以解决债务人基本生活保障问题。出台建立在市场原则基础上的《金融机构破产法》,破产成本由破产金融机构的股东及其相关利益人来承担。建立存款保险制度,切实保护中小储户的利益,在正常破产的同时抑制金融恐慌。加大执法力度,完善相关法律法规,理顺相关法律关系,抑制相关利益人的侥幸心理。

第二,加快征信体系建设,营造良好的社会信用环境。构建征信数据共享平台及信息共享机制,建立全国统一的企业、个人基础信用信息数据库。确定统一的征信技术标准和有偿征信原则,确保征信系统的有效运转,发挥风险防范作用。加大社会诚信意识的宣传,建设社会信用文化,营造"人人讲诚信"的社会氛围。

第三,推行审慎的会计审计制度,营造金融业审慎经营的会计生态环境。参照国际标准制定金融机构和企业的会计核算标准和审计准则,抑制金融风险。根据审慎经营的规则,制定金融机构从事金融市场业务的会计核算标准,使用"市值法"进行资产负债表或损益表的核算。

第四,完善绩效评估和考核机制,健全金融监管环境。及时、全面、准确地评估金融机构的风险,确定金融机构风险的临界水平,实施有效的矫正措施。对金融机构的资产要进行及时的风险量度,对金融机构的风险情况进行及时预警。经营中的风险损失要从资本金中扣除,一旦资本充足率出现明显下降就立刻启动矫正措施。

第五，促进多层次金融组织结构的发展，形成良好的金融生态调节体系。加快银行业对外开放步伐，建立完善的市场竞争机制。积极引导金融机构多元化、多层次发展，形成国有和非国有、全国性和地方性、大银行和中小银行、银行和非银行机构等多元金融市场主体共同竞争的格局。支持和鼓励那些前景较好、经营能力强的中小金融机构发展，促进银行体系整体竞争水平的提高。

2. 统筹优化中观的区域金融发展环境

第一，建立正式的制度安排来统筹长三角金融生态区的环境建设。建立"长三角金融生态环境建设协调小组"，加强政府间协调。在地方政府领导下，由人民银行牵头，加强与银监局、证监局、保监局的协调，建立"长三角金融同业公会联席会议制度"。

第二，加快长三角区域金融市场的基础环境建设。完善区内的基础设施建设，保证金融生态环境中能量的流动以维护长三角金融生态系统的正常运转。完善长三角区域信息网络环境，加强区域层次的社会信用体系建设，建立长三角企业征信评估体系，实现长三角中心城市的企业与个人信用信息联网，建立长三角企业逃废债监测网络和企业贷款证管理联席会议制度。

第三，健全区域性的金融市场环境，加速资金在区域内的集聚与流转。加快发展区域货币市场，建立长三角货币与外汇拆借市场和票据市场。完善长三角资本市场的功能与结构，建设满足不同类型企业融资需求的多层次资本市场体系。加快发展长三角保险市场，开发多样化、有特色的保险产品。建立"长三角中心城市电子化支付与结算网络"，实现同城票据清算系统的城际间统一清算对接。

3. 改善提升微观的城市金融市场环境

第一，提高商业银行机构的经营管理效率。商业银行应重塑总、分行之间的责、权、利关系，调整全行的资源配置格局，强化总行业务部门的管理职能和管理权威，逐步构建起与国际先进银行接轨的组织架构和经营管理体制，建立健全专业化、垂直化的风险管理体系。

第二，加快上海金融的市场化改革，强化市场约束，提高信息披露力度。金融业的发展要特别体现"市场化"，鼓励金融机构进行业务、服务对象差别化定位，鼓励金融创新，支持金融工具多元化、金融产品多样化、金融服务个性化，形成包括银团贷款中心、资金清算中心、征信管理中心等在内的金融业务中心。

第三，大力改善直接融资环境。积极发展包括债券市场和股票市场在内的资本市场，建立多层次的以资本市场为主体的直接融资体系，不断推出实质性的适合各类企业的融资工具。从企业来看，也要善于利用和借助投资银行和其他中介机构提供的咨询和信息服务，积极创造并满足直接融资的市场准入条件。

第四，扩大对外开放，营造中外资金融机构竞争合作的和谐发展环境。要立足当前金融国际化、一体化的形势，稳步推进资本项目的有序开放，由此促进上海金融市场的发育和完善、金融机构的经营、金融市场的运行等更加体现国际化、市场化的特征。

六、完善优化上海国际金融中心发展环境的对策建议

邓小平早在1991年就指出:"中国在金融方面取得国际地位,首先要靠上海。这个要好多年以后,但现在就要做起来。"这清楚地表明,上海国际金融中心的建设进程既具有长期性和紧迫性,又充满综合性和复杂性。因此,不管是从宏观角度还是微观角度,我们都首先需要进行科学的理论分析和完善的实践经验总结,然后才能针对这一问题提出具有操作性和可行性的对策举措。在本部分,我们将结合全文完整的研究与分析框架,对优化和完善上海国际金融中心发展环境的基本体系提出完整的政策性建议。

(一)优化城市政治环境,充分发挥地方政府的推动作用

路径依赖理论表明,政府及其构建的政治环境在国际金融中心形成的早期阶段起着点火作用,而在其发展的自我维持阶段则起着稳定和支撑作用。现阶段上海的国际金融中心建设也亟待中央和上海市政府提供具有竞争力的政策环境和制度环境,加速金融市场要素、金融机构和金融人才的聚集并发挥协同效应。

1. 政策环境

在下述公共政策领域,上海市政府能够为国际金融中心发展环境提供助力:

第一,降低金融机构经营成本。国际金融中心的特殊地位必然推高房地产服务价格并增加金融业经营成本。为此,上海市政府必须注重城市规划与宏观调控,通过政策调控,抑制房地产"泡沫";积极发展公共交通事业,严格控制小汽车数量,抑制拥挤、噪声和环境污染等"城市病";打破能源、电力、通信等公共事业领域的垄断,鼓励市场竞争,扩大市场准入,降低服务价格,提高服务质量;进行税制改革,调整税制结构,降低平均税率,提高纳税基数,拓宽税收基础,提升征税效率。

第二,促进金融人力资源开发。金融人力资源开发在一定程度上具有准公共产品属性,有很强的正外部性,政府、企业、个人和社会均可从中获益。因此,上海市政府必须大力实施国际金融人才战略:采取积极的人才政策,建立、健全金融人才的规划体系,完善金融人才服务、激励约束机制,营造有利于金融人才集聚的工作、生活和文化环境;在培养并积极有效使用本土化金融人才的同时,大力引进具有全球视野和创新意识的国际性金融人才;统筹利用各种金融教育资源,开发和引进高端金融人才培训项目,建设高层次金融人才培训基地。

第三,推动金融基础设施综合配套改革。金融业发展对国际金融中心城市的基础设施提出了很高要求。上海市政府应根据城区规划的总体要求,进行前瞻性规划研究与政策调研,编制国际金融中心整体规划;加快空间载体建设,完善陆家嘴金融城和张江银行卡产业园前后台联动的空间布局规划;逐年加大环境配套项目的资金投入,严格按规划落实各项工程建设,全面推动城市功能升级和再造;优化金融城发展环境,提高城市功能的针对性和满意度,增加商业配套的层次性,实现与周边街道和社区文化、生活、娱乐及医疗资源的共建、共享;提高金融城的交通规划、组织和管理工作的科学性,推进无线金融城建设。

2. 制度环境

就国际金融中心的建设进程而言，上海市政府还要从制度环境着手：一方面，积极围绕法治的目标，建立完善稳定的制度结构；另一方面，大力进行政治体制改革，更新政府行政观念，深化市场运行机制，真正做到政府由直接干预经济转向间接调控。

第一，上海市要转变政府职能，建设服务型政府，克服行政部门的官僚主义，提高办事效率，鼓励金融创新，加强地方立法和司法的有效性，健全社会信用制度，保护投资者和消费者的合法权益，杜绝钱权交易、"黑箱"操作等腐败行为，增加市场的透明度，充分发挥政府在宏观调控、政策引导、信息服务、法制建设、改善市场环境等方面的创制作用，引导和激励制度创新。

第二，上海市政府要完善金融监管环境，防范系统性金融风险。坚持金融体制改革，不断调整和完善监管制度，构建全面系统的风险管理体系。既要处理好金融创新和金融监管的关系，强化业务监管力度；又要建立跨部门联合监管制度，实现混业有效监管；还要营造良好的风险管理文化，组建高素质的风险管理队伍，形成全方位、多层次的金融监管体系和环境。最后，要明确金融监管的性质、手段与目标，将政府干预纳入市场自律制度的制约体系中。

第三，上海市政府要完善金融法治环境，加强金融中心法制建设。加强国际金融中心发展环境的立法，开展对金融前沿问题的法律探索，建设符合国际惯例和发展需要的税收、信用和监管等法律体系。充分发挥金融监管机构和金融各行业协会在提出立法建议、进行执法监督等方面的作用。强化制度和机制建设，健全行业自律规则，提高公众法律意识，为营造良好的金融发展环境提供保障。

(二)优化宏观经济环境,夯实奠定实体经济的基础作用

金融功能观引发了对于金融与经济关系的"机构观"与"功能观"的研究，并将其引入对国际金融中心发展环境的基本体系研究。这就要求充分考虑上海的实体经济基础和经济发展条件，坚持金融服务实体经济，推进产业联动。

1. 开展以金融功能为导向的金融机构及其运作方式改革

上海的金融业改革不能仅仅局限于对传统的金融机构分类加以修补，而是要根据市场运作的需要去整合或创立新的金融机构、金融组织及金融工具等来履行金融功能。金融机构的改革重点应放在如何引进市场机制、如何配置与分散金融风险上。改革内容包括建立完善高效的股票市场、债券市场和衍生金融市场，提高资金使用效益，建立提供金融功能的机制。从金融运作方式来看，要根据上海金融体系运作过程中的实际问题，对金融市场、金融工具和金融业务等进行功能性的分化或功能性的整合，找到高效发挥各种金融功能的最佳点。

2. 提高微观经济主体的金融努力程度

金融功能的实现，依赖于企业、居民等微观经济主体的响应和配合，即与其金融努力程度分不开。与纽约、伦敦和东京等国际金融中心城市相比较，目前上海的微观主体金融努力程度还比较低，金融消费观念不够全面，金融风险意识较为淡薄,对金融发展的参与积极性不高。因此,应不断优化经济环境,提高上海企业、居民和金融机构等经济主体的金融努力程度,鼓励他们敢于通过资产多元化追逐利润,调整企业和居民等的资产负债结构,改变居民金融资产过于集中银行储蓄的局面,增强居民收支活动的利率敏感性。

3. 逐渐改变国有银行业的垄断局面,强化金融业市场竞争

根据金融功能观,通过金融机构不断创新和竞争才能具有更强的功能和更高的效率,因此,我国应该进一步增强金融业的竞争,从根本上改变四大国有银行在资产、产出和从业人员等方面所占据的绝对支配地位;应该在国有银行发展以外增加银行业务提供者的数目,即放宽银行类金融机构的准入限制,让更多数量的银行进入信贷市场,打破国有银行的垄断局面。2006年12月,国家放宽了农村地区银行类金融机构的准入限制,以后还应逐步放宽民营银行的准入限制,降低股份制商业银行的门槛,允许合格的各类资本进入银行业金融机构,发展和完善我国衍生金融市场,增强对非银行类金融机构的规范和扶持。

4. 进一步完善金融市场和金融体系,防止出现产业空心化现象

构建组织多元、服务高效、监管审慎、风险可控的金融体系,让金融更好地服务实体经济。建立金融产业与其他产业融合发展的产业生态环境,充分发挥金融的辐射功能和核心支持作用,推动率先实现发展转型。坚持市场配置金融资源的改革导向,明确政府行动的边界,激发各类金融市场主体的活力。鼓励和支持金融产品创新,加强对现代服务业、战略性新兴产业,以及"三农"和社会民生事业的金融支持。抓住当前跨国公司分布格局重心转移的大好机遇,在外汇和投融资管理体制方面加大改革创新,更好地满足企业对跨境资本、跨境资金调拨的需求,充分发挥金融在促进产业链升级和经济转型发展中的重要作用。推进增值税制度改革试点,配合做好试点方案设计,实施过渡性财政扶持政策,确保融资租赁、第三方支付等纳入企业的税负基本不增加;探索金融与科技结合的途径和抓手,结合张江"创新十条"积极争取在浦东新区推出贴合科技型中小企业发展实际的投融资模式。健全金融产业链,大力发展第三方支付、专业保理、人民币对冲基金等新兴金融机构,加快发展金融资讯、财富管理、信用评级、资产评估、投资咨询等为金融机构提供辅助服务的金融专业服务机构。

(三)优化区域统筹环境,推进国内各金融中心城市间的联动

金融生态系统观对区域统筹环境给予了极大的关注,而上海所处的长三角区域被称为世界第六大都市圈。由此,上海国际金融中心建设亟待优化区域统筹环境,加强上海与长三角、北京和我国香港之间的联系和合作。

1. 依托长三角经济的发展助推上海国际金融中心建设

上海国际金融中心建设需要区域实体经济发展的支持,其金融业发展的集聚与辐射功能也必须以周边城市群的强大经济规模为依托。长三角地区制造业发达,是世界性的产业基地,其出口导向型经济拥有的大量资金和资源需发挥上海的国际金融中心功能进行快速聚集和有效配置。上海国际金融中心的建设要紧紧抓

住这个特点,通过为长三角的实体经济提供全面的国际金融服务来打造国际金融中心。

上海国际金融中心建设是一项国家战略,需要中央和各地方政府对上海的适当支持,必须摒弃长三角行政区划局限,打破地方保护主义和诸侯经济的壁垒。当然,上海的国际金融中心建设也必须兼顾长三角区域经济的发展,不能牺牲长三角地区的经济利益,实现两者的互相促进。要统筹优化上海和长三角的区域经济和金融发展环境,一方面要促进长三角都市圈的共同发展,加强长三角的金融合作与发展,促进长三角金融市场的一体化,在保持各地区金融相对独立性的同时推动区域金融协作,促进区域内金融资本的自由流动;另一方面,要强化上海对长三角地区的金融辐射,发挥上海的金融聚集和辐射功能,推进长三角地区的产业结构调整,提高上海金融中心进行资源配置的效率,活跃上海的金融市场。

2. 统筹好上海与北京等国内金融中心城市之间的关系

区域统筹是金融中心建设的动力和途径,金融中心建设不能靠一个城市就能完成,需要国内外两种力量的推动,区域统筹是国际金融中心建设的有效动力与实现途径,只有区域间、城市间的广泛合作才能形成区域金融中心,只有国家统筹才能形成国际金融中心。上海应积极主动同北京等国内金融中心城市合作,共同推动上海国际金融中心的建设。

上海要主动与北京合作,利用北京金融决策监管机构以及国有金融机构总部集聚优势和上海金融市场发达的优势,实现优势互补,鼓励金融机构将资产管理和资金运作平台放到上海,推动上海金融市场做大、做强。要明确金融中心建设本身有不同的层次,上海与北京以及其他内地金融业发达城市之间在国际金融中心建设问题上不应当是竞争关系,各地方、区域和国家等层面金融中心的出现是区域经济发展带来的金融服务需求扩张的内在需要,也是区域经济发展的原动力。因此,北京等国家和区域层次金融中心的崛起正是这种现实的需要和反映。对于国内各个金融中心城市,应顺势而动,鼓励在尊重其自身发展的基础上,实现上海与国内其他金融中心城市的合作,整合金融资源,最终形成以上海国际金融中心为引领的"大小共生,共同发展"的多中心"大金融"发展的新格局,而不是限制其发展,或者因上海国际金融中心建设而牺牲国内其他金融中心城市。

3. 处理好上海与香港在国际金融中心发展过程中的竞合关系

上海的国际金融中心建设在一定时期和一定程度上会威胁或削弱香港亚太国际金融中心的地位。但从短期来看,上海建设国际金融中心的战略已成为香港巩固亚太国际金融中心的必要条件,两者在金融中心层次结构中存在分工互补关系,即把香港建成亚洲区域性顶级国际金融中心,上海暂时建成全国性的金融中心。即便从长期来看,沪、港两大国际金融中心也不存在相互取代的问题,而是优势互补、互相合作,共同提升国际竞争能力。

上海和香港在国际金融中心的功能定位上有差异,从根本上不会形成竞争替代关系,因而要善于利用香港金融中心的功能优势推动上海国际金融中心的发育发展。上海现阶段应定位于面向国内金融中心的发展,有选择地发展自己的重点市场,如证券市场和期货市场,建立自己的衍生品金融工具等避险金融工具。香港则应借助特区优势,健全金融法律制度,优化产业结构,大力加强金融创新,带动上海乃至中国金融国际化和自由化的步伐。上海和香港还要充分发挥两者在各自区域经济中的核心作用,以国际金融中心建设带动两个区域经济体之间的合作。在金融改革和金融政策的先行先试上,上海要从香港特区的金融体制、金融法规和运营模式中汲取经验、寻找差距,重整金融资源,推进自身的金融国际化进程。当然,两者还可以在优势产业、人才资源、国际贸易和金融创新等方面展开合作,实现优势互补。总之,在未来上海和香港的关系中,合作将占据主要方面,两者可以在金融中心层次结构中实现分工互补。

(四)优化金融创新环境,推进各国际金融中心的协同创新

国际金融中心是各种金融机构的集聚地,金融机构的集中和金融活动的集中具有正的外部性,追求利益最大化的内在动力转变成创新的驱动力,使金融创新活动层出不穷。因此,国际金融中心是一个国家或地区金融创新的聚集地,国际金融中心同时是金融创新中心。上海国际金融中心的建设也必须不断优化金融创新环境,在金融创新过程中持续地获得创造超额利润的能力,从根本上保持自身对金融机构的吸引力,创造国际金融中心维持自我发展的内在动力。

1. 以金融制度创新改善束缚金融发展的体制环境

从内容上来看,金融制度创新主要包括金融组织制度创新、金融监管制度创新以及利率和汇率制度创新三个方面。

就上海的金融组织制度创新而言,关键在于构建现代化的、与国际接轨的、竞争高效的金融组织体系,满足不同层次、不同市场主体的各种需求。要继续深化国有商业银行的股份制改革,稳步发展多种所有制的中小金融企业,积极培育和发展证券、期货、保险、信托公司等非银行金融机构,完善金融市场中介服务体系,稳步推进金融业综合经营试点。

就上海的金融监管制度创新而言,关键在于改革我国银行、证券、保险的分业经营和监管的多元化体制。要加强"一行三会"的协调与合作,建立并完善金融监管联席会议制度。采取"混业经营,统一监管"的新型金融监管模式,实施主体监管原则。在强化金融监管的同时创新监管手段,创新金融监管方式,减少金融行政监管,简化行政审批手续,调整监管方式和程序,引入现代化的技术手段,加强与国际金融组织和国外监管当局的协作。

就上海的利率和汇率制度创新而言,要在 SHIBOR 生成的基础上,扩大货币市场利率的波动区间,逐渐降低存款准备金率,放宽银行存款利率上限,逐步取消贷款利率下限,健全市场利率体系。要采取更加灵活的汇率制度,在市场交易机制、价格形成机制、外汇衍生产品、扩大外汇市场主体等方面改革与创新人民币汇率形成机制,在人民币衍生产品交易方面适时推出人民币期货、期权交易以不断完善浮动汇率制度,进一步深化 QFII 等制度试点,开展人民币用于国际结算、境外发行人民币债券、允许境外机构在上海金融市场发行人民币债券等试点,为人民币最终实现自由兑换积累有益经验,妥善处理好市场发展与人民币可兑换进程、金融安全等方面的关系。

2. 以金融产品创新扩大资本市场层次、健全金融市场

一个发达金融市场的形成离不开多样化的金融产品。上海要建设一个发达的金融市场,必须加快金融产品创新,以提升上海国际金融中心的国际竞争力。首先,要依靠市场主体进行金融产品创新,逐步削弱政府对金融市场的主导地位。其次,政府要为资本市场产品创新创造良好的政策环境,要为资本市场产品创新搭建平台,出台有利于创新的政策、法规,对金融产品的重大创新采取试点与立法并行方法,要为产品创新营造一个宽松的社会环境,容忍创新过程中出现的失误或失败。再次,要从客户需求的"四化"要求出发创新金融产品设计:一是个性化,区分大小客户不同的需求以分别设计金融产品;二是多功能化,推出多功能的"包裹式金融产品"以逐渐取代功能单一的产品;三是高附加值化,综合考量产品的功能性需要与满足这些需要所相关的服务;四是自助化,保障客户低成本、方便、自由地获取各类金融产品。最后,在金融创新产品的过程中,要合理明确金融产品的定位,注意区分面向机构投资者和面向居民个人的产品,并在信息披露和监管方面进行区别对待。

3. 以金融技术创新实时对金融风险进行识别、度量和控制

金融创新的实现及其复杂金融产品的交易都极度依赖信息技术,智能化的金融管理决策也需要由信息技术构建的现代金融工具。因此,上海的国际金融中心发展环境也必须紧密结合金融信息化的发展态势,努力实现金融信息系统的整合以完善我国社会信用体系,并从国家、技术和行业三个层面推进金融信息化建设。首先,要借鉴各国建立国家信用体系的经验,做好以信贷征信体系为重点的社会诚信建设工作,尽快建立我国的个人和企业的信用体系,为经济和金融企业的发展营造良好的市场环境。其次,要建立坚实的国家宏观支撑和保障体系,加快建设系统化的金融信息化基础环境,包括进一步加快有关法律、法规的建设工作,适应金融全球化背景下中国金融服务业发展对信息化发展的要求。再次,要集中力量进行金融信息化的科技攻关,大力提升我国金融信息化的技术与服务水平。最后,要尽快运用标准化原理,完善金融行业的信息化服务保障体系,统一形成完善的金融信息化标准体系,建设一个开放、强健、安全、可扩展和高效的金融基础设施平台,建立并不断完善金融监管系统。

第二章

上海国际金融中心法制环境优化研究

我国作为新兴的市场经济国家,虽然有中国特色的社会主义法律体系的基本框架已经形成,但适应市场经济发展要求,特别是满足上海国际金融中心建设需要的法制环境,尤其是金融法制环境,还远没有形成,需要不断优化和完善。近年来,关于国际金融中心的理论探讨和实证研究,大多侧重从新古典经济学、金融地理学、全球城市理论等角度对其形成和发展问题进行解释,也有不少上海国际金融中心法制环境研究的成果,但专门从优化金融法制环境的角度进行系统研究的还比较少见。

历史上,上海曾为全国最大的金融中心、远东的国际金融中心之一,金融业和金融市场非常发达[①]。新形势下,重建上海国际金融中心,是一项复杂的系统工程,需要在完善金融市场体系与机构体系、深化金融改革、加快金融创新、推进金融对外开放、提升金融服务水平、改善金融发展环境等方面进行全面协调的推进。其中,营造良好的金融法制环境,既是上海国际金融中心建设的重要内容,也是上海国际金融中心建设不断推进的重要保障,对于加快上海国际金融中心建设至关重要。为此,国务院2009年4月出台的《关于推进上海加快发展现代服务业和先进制造业、建设国际金融中心和国际航运中心的意见》(简称《意见》)提出,到2020年"基本形成符合发展需要和国际惯例的税收、信用和监管等法律法规体系,以及具有国际竞争力的金融发展环境"。

一、优化金融法制环境的基本理论

一般认为,国际金融中心(International Finance Centre)是指一个吸引和聚集了大量金融机构、金融市场和金融活动的城市或者地区。国际金融中心建设,需要良好的发展环境。其中,完善的金融法制环境,既是国际金融中心建设的核心内容,又是其重要保障。徐冬根教授(2007)甚至认为,法律在上海国际金融中心建设中应起主导作用。[②]

[①] 洪葭管:《上海机遇与上海国际金融中心建设》,原载《论新世纪上海国际金融中心建设》,上海三联书店2002年版;参见洪葭管:《中国金融史十六讲》,上海人民出版社2009年版,第119页。
[②] 徐冬根:《上海国际金融中心法制环境建设研究》,法律出版社2007年版,第5页。

(一)法制环境及其优化的概念

1. 法制环境的概念

"法制环境"一词,虽然在日常生活中广为使用,但它缺乏法学上规范的界定。法制是法学上的一个多义词。一方面,它可以指一个国家的法律和制度,在这种意义上,它实际上是静态意义上的法律制度,即一个国家的法的整体;另一方面,它可以指立法、执法、司法、守法和法律监督等活动和过程,这是指动态意义上的法制,将其看作是一个立体式的系统。人们通常讲的法制系统工程,实际上就是指"法制环境"。

对于国际金融中心建设的法制环境到底应该包括哪些因素,学界并没有一致的看法。徐冬根教授(2007)从发挥法律的主导作用的角度,提出了建设上海国际金融中心法制环境的法律系统,并将其划分为框架性法律、放权性法律、优惠性法律、监管性法律四个子系统。而季文冠(2009)则从完善法制环境的角度,提出上海国际金融中心法制环境主要包括四个方面,即金融法律法规体系、金融司法体系、金融监管执法体系、金融法律服务体系[①]。虽然国际金融中心研究难以用建模方式构建其理论体系,因而其难以融入主流经济学之中,但对于国际金融中心的概念,更多的是经济学家根据各自研究的需要进行不同的探讨。甚至,国际上不同的研究机构,在对国际金融中心进行排名比较时,往往也是基于不一致的界定。

2. 优化法制环境的概念

"优化"是一个役使动词,意思是指"使得……更优"。优化法制环境,可以理解为使得法制环境更优。法制环境更优,就意味着需要进一步完善这个法制环境,其核心就是进行法制改革。

优化法制环境,或者法制环境优化,虽不是法律学上的概念,但与法学上的法制改革这一概念密切相关。可以认为,优化法制环境与法制改革,是目的和手段的关系,前者要通过后者来实现,后者是前者目标实现的手段。在法学上,一般来讲,法制改革是指一个国家或社会在其社会的本质属性与基本的社会制度结构保持相对稳定、其现行法律制度的基本性质也没有根本变化的前提下,整体意义上的法律制度在法律的时代精神、法律的运作体制与框架、具体的法律制度方面的自我创造、自我更新、自我完善和自我发展。法制改革的关键和核心是法治观念的确立和法律制度的创新与发展。

因此,可以认为,优化法制环境,实际上就是要进一步完善法制环境,也就是一个加强法制环境建设的问题。法制环境建设是依照法律法规来管理各项事务,使社会生活各个方面纳入法制轨道,真正做到"有法可依、有法必依、执法必严、违法必究"的一项社会系统工程。可以认为,优化上海国际金融中心建设的法制环境,就是指加强上海国际金融中心的法制环境建设,为上海国际金融中心建设提供完善的法制环境。

---

① 季文冠:《不断完善上海国际金融中心建设的法制环境》,载《上海金融学院学报》,2009年第6期。

(二)法制环境在国际金融中心建设中的地位和作用

著名国际金融法专家刘丰铭(1996)认为,一个国家能否成为国际金融中心以及这个国际金融中心的地位如何,并非凭经济实力,而主要是凭法律环境。英国的经济实力不如美国、日本,但伦敦是世界第一国际金融中心,正是胜在法制环境上[①]。对于这个观点,未必能够得到经济金融学者的认同,但至少可以说明,法律制度、法制环境在国际金融中心建设和发展中的作用是十分重要的。

境外专家认为,健全的法律制度、强大的执法体系是国际金融中心的基本保障,其中又包括了产权与知识产权保护制度、合同制度、财务会计与税收制度、信息披露制度以及有效的监管与自律等[②]。

徐冬根、王传辉(2004)在考察了法律与社会发展的关系问题之后得出结论认为,法律不仅可以超前于社会发展的现状并引导和带动社会的发展,而且在政府与市场之间处于中立地位,可以制约政府行为以促进市场机制的完善和运行。作为在国际金融中心诸要素中处于核心地位的因素,法律在国际金融中心的产生和发展过程中能够而且应当发挥其主导作用[③]。

吴弘教授(2010)认为,法制环境是国际金融中心所必须具备的一项要素。在国际金融中心的形成过程中,法制起着促进作用。法制为国际金融中心的建设发挥开拓、引导作用,通过法制的变革,法律的立、改、废,突破陈旧观念的束缚,消除旧体制的影响,创立适应现代市场需要的新制度,为国际金融中心开道[④]。因此,法制环境建设是上海国际金融中心建设的重要组成部分。一方面,政府在国际金融中心建设中发挥重要作用,需要法制环境;另一方面,保障国际金融中心的安全与稳定,需要法制环境。

我们认为,法制环境在国际金融中心建设中的地位和作用,实质上是指法在国际金融中心建设中的作用或者功能。法的作用,或者法的功能,泛指法对人的行为及社会关系和社会生活发生的影响。从本文研究的目的出发,可以认为,法的作用主要包括规范作用和社会作用两个方面。一方面,作为国家制定的社会规范,法具有告示、指引、评价、预测、教育和强制等规范作用;另一方面,在非阶级对立社会中,法的社会作用主要表现为执行社会公共职能,大体包括维护人类社会基本生活条件,维护生产和交换的秩序,组织社会化大生产,确定使用设备、执行工艺的技术规范,推进教育、科学、文化的发展,等等。

在国际金融中心的形成和发展过程中,法律是诸要素中最为活跃的一项要素,能够渗透到其他要素的发展过程中发挥作用。也就是说,在上海国际金融中心建设中,我们既要注意发挥法的规范作用,更要重视发挥法的社会作用。通过优化金融法制环境,规范、引导、推动上海国际金融中心诸要素的发展完善,为上海国际金

---

① 刘丰铭:《国际金融法》,中国政法大学出版社 1996 年版,第 11 页。
② 王立、黄育华:《国际金融中心研究》,中国财政经济出版社 2004 年版,第 84 页。
③ 徐冬根、王传辉:《上海国际金融中心建设中的法律主导作用》,载《法学》,2004 年第 11 期。
④ 吴弘:《上海国际金融中心建设的法制环境》,北京大学出版社 2010 年版,第 21 页。

融中心建设事业的快速发展创造良好的综合环境条件。

(三)关于优化国际金融中心建设的法制环境的基本理论

如前所述,优化金融法制环境是以金融法制改革为核心的系统工程,它需要有明晰的理论作为指导。许多年以来,经济学家和法学家都曾试图从理论上来解释国际金融中心的发展规律,从而为国际金融中心建设提供理论上的指导。从优化金融法制环境角度,主要有法理学上的法制改革理论、法律促进社会发展理论,发展经济学上的需求反应理论与供给引导理论,等等。

1. 法理学上的法制改革理论

张文显教授(1999,2003)在《法理学》①中指出,法制改革的内容非常广泛,涉及法律制度的硬件成分和软件成分、法律制度的表层现象和深层结构与实质内涵。就我国当前的法制改革而言,可以认为,最重要的是政法体制的改革、法律体系的重构和法律精神的转换。

(1)政法体制的改革,主要在于要真正理顺各级党委与立法机关、执法机关与司法机关的关系,调整党的政策与国家法律的关系。上海国际金融中心建设的目标是全球性、国际性的金融中心,意味着要吸引大批跨国性的金融机构,强化金融市场和金融服务的国际化,因此,政法体制是否适应这种金融中心国际性的要求,是否符合国际惯例,就显得十分重要。

(2)法律体系的重构,重心在于两个方面:一是要调整各法律部门在法律体系中的地位,重新认识它们各自的作用。例如,在市场经济条件下,必须承认公法与私法相对独立的客观性和划分公法与私法的合理性。二是要改变法律对社会经济、文化、政治的调整机制,即要从罪与罚的强制性调整方式转化为权利与义务的协调性调整方式,而且要进一步从义务本位转变为权利本位,从治民为主到吏民共治。

(3)法律精神的转换,是法制改革的重心和难点,构成其最深层、最彻底的方面。法律精神是法律制度的灵魂,现代法律的精神是与市场经济和民主政治的本质和规律相适应的理性精神和价值原则。转换法律精神,就是要用权利本位与人文精神统合、契约自由与宏观调控统合、效率优先与社会公平统合、稳定与发展统合的精神要素,取代计划经济体制下形成的法律观念和价值标准,就是要确立与计划经济迥异的新的法律原则,如财产所有权一体保护原则、契约自由原则、利益竞合原则、公平竞争原则、经济民主原则、诚实信用原则、保护弱者原则、维护社会正义原则、责任自负原则、违法行为法定原则等。

法制改革是由法律观念创新引导的法律制度创新,是对既有权利义务结构的调整,进而也是对社会利益关系的深刻调整,所以它不可能是轻而易举和一帆风顺的。对于上海在目前国情下建设国际金融中心这样一个前无古人的事业,力行法制改革、优化法制环境,是基础中的基础,也是难点中的难点,必须勇于创新,奋力

---

① 张文显:《法理学》(第二版),高等教育出版社2003年版,第204页。

突破。否则,再好的蓝图也难以得到实现。

2. 法理学上的法律促进社会发展理论

英国法学家阿蒂亚(Patrick Atiyah,1983)认为,在当今社会,法律的产生已越来越多地从被动地、顺应性地产生转变为主动地、创造性地产生,法律的作用也由维护秩序扩展到带动社会发展。对于目前正致力于社会变革与经济发展的发展中国家来说,强调创造法律尤为重要。在此意义上,法律可以在某种程度上超越社会发展并引导社会发展[①]。

循着这个理论,国内学者专门从上海国际金融中心建设的法制环境角度,对制度创新推动社会发展进行了论证。如徐冬根、王传辉(2004)认为,制度代表着社会发展到一定阶段的价值取向,具有稳定性,而社会却需要不断变革,于是社会变革与制度稳定之间就产生了矛盾。因此,当社会需要发展变革时,就必须先对已有的制度进行改革,即制度创新。在现代法治国家里,进行制度创新的重点就是法律制度创新。因此,法律是现代社会中国家制度的核心,通过制度创新就能够达到带动并促进社会发展的作用。这一作用,在国际金融中心的建设中表现得尤为明显[②]。

3. 发展经济学上的需求反应理论与供给引导理论

美国耶鲁大学经济学家帕特里克(Hugh T. Patrick,1966)提出的需求带动(Demand-following)和供给引导(Supply-leading)理论认为,金融发展可以是被动和相对滞后的,也可以是主动和相对先行的。如果现代金融机构金融资产与负债以及有关的金融服务,是对实际经济中的投资者和储蓄者的需求做出的反应,就是需求带动。需求带动的观点意味着,金融在经济增长过程中是被动和相对滞后的;如果金融机构的金融资产和负债对有关金融服务,是在经济增长对它们产生需求之前主动供给的,则是供给引导。在实践中,供给引导和需求带动两种现象之间会产生相互作用。在持续的现代经济增长开始以前,供给引导的作用更强;当经济增长的过程出现时,需求带动的金融反应于支配地位[③]。

帕特里克的理论,实际上为金融中心发展的原因及金融体系在经济发展中的地位和作用问题提供了理论解释。这些思想,为后来国际金融中心基本理论的发展奠定了基础。

(1)需求反应理论,又称自然发展理论。该理论认为金融中心产生是顺应经济发展需要自发形成的,强调金融中心是地区经济发展到一定阶段的必然产物。具体而言,一个地区的经济增长必然会促进对金融服务需求的增加,通过市场机制刺激金融供给扩大,于是金融机构和金融市场逐步扩张,即一国金融体系的发展是对经济增长与发展的自然反应。

关于这一理论的论述,大致包括两方面,即经济发展金融中心论和城市发展金

[①] [英]阿蒂亚(Patrick Atiyah)著,范悦等译:《法律与现代社会》(Law and Modern Society,Oxford University Press,1983),辽宁教育出版社、牛津大学出版社 1999 年版,第 89 页。

[②] 徐冬根、王传辉:《上海国际金融中心建设中的法律主导作用》,载《法学》,2004 年第 11 期。

[③] Hugh T. Patrick. Financial Markets and Growth in Underdeveloped Countries. *Economic Development and Cultural Change*,1966 (14).

融中心论。其一,经济发展金融中心论认为,三次产业结构演化决定不同阶段的经济增长,经济发展到高级阶段时,第三产业将在经济中占据主导地位,金融业在经济中占据核心地位,相应地,金融中心的形成是这种核心作用的主要载体。就一个城市而言,如果希望能在一个国家、地区甚至全球范围内举足轻重,在经济发展到较高阶段后主导产业要趋向服务业,金融业成为经济进一步发展的动力。其二,城市发展金融中心论认为,一个城市的发展可以分为四个阶段:商业阶段、工业阶段、运输业阶段和金融业阶段。金融业处在城市发展的最高阶段,与商业、工业和房地产业相比,金融业具有更大的集中度。因此,金融中心作为金融业集中度的一个典型标志,相伴城市发展而生,是城市经济发展的必然结果。

自然发展理论强调金融中心的形成依附于经济发展,是经济发展的产物。金融中心的产生是适应经济进一步发展的需要,并非政府意志或政策的结果。自然发展理论是最早的金融中心发展理论,对传统型国际金融中心的形成与发展具有很好的解释力。

(2)供给引导理论,又称政府引导理论。与自然发展理论不同,该理论认为金融体系产生可以先于经济增长。相应地,金融中心的形成也并非经济发展的自然结果,而是在政府努力和扶植之下产生的。即金融体系的扩张,能提高社会资金配置效率,增加储蓄刺激消费,从而有力地推动经济发展。这种理论强调三个方面:其一,金融体系在经济增长过程中动员储蓄、分配投资的主动性;其二,金融体系发展对于经济增长的先行性;其三,政府在推动金融体系中的主导性。政府引导理论下的国际金融中心,所具备的条件并非是在经济发展和金融体系的发展演变过程中自然形成的,而是国家有意识建设的结果。

一般认为,政府的引导作用主要体现在四个方面:一是政府承诺。即进行金融中心的整体规划工作,指明发展目标与方向。二是政府立法。金融中心的建立实质上是一国金融体制市场化和国际化改革的系统工程,金融改革多由政府撰写草案、直接立法。三是政府推动。面对本国金融体系不完备和金融运作环境落后,政府可以用两种方式为金融中心的建设提供动力,即出台创新政策和优惠政策。前者鼓励开辟新的金融市场或金融业务;后者以税收优惠政策吸引外国金融机构进驻,形成比较优势。四是政府监管。要求政府维护公平竞争,制裁违规操作,防范金融风险,使金融市场稳定发展。第二次世界大战后崛起于新兴工业国家的东京、新加坡国际金融中心,是这一理论应用于实践的典范。

政府引导理论强调金融中心的发展动力来自政府力量,政策取向多奉行积极干预的经济政策。政府引导理论打破了金融中心只能在经济实力雄厚国家产生的论断,提出了政府政策引导对金融中心形成的重要推动作用,成功解释了20世纪中期以后大量区域金融中心、离岸金融中心的产生与发展[1]。

(3)对于金融法制环境的优化而言,与国际金融中心不同的产生模式和途径相

---

[1] 李成、郝俊香:《金融中心发展的理论、总结与展望》,载《上海金融》,2006年第11期。

一致,表现出巨大差异。吴弘(2010)认为,在需求反应模式下产生的国际金融中心,是顺应发展而自然形成的,虽有较大的自由度,但仍然会形成相应的有利于发展的法律制度环境;在供给引导途径中产生的国际金融中心,是一个国家或地区有意识建设的结果,政府起着积极推动金融体系完善的主导作用,也必然会着力建立一个起引导、促进、保障作用的法律环境。①

二、优化金融法制环境的国际比较与借鉴

综观目前世界上主要的国际金融中心,大多数都是英美法系国家或地区,如纽约、伦敦、新加坡、中国香港。判例法作为这些国家或地区的重要法律渊源,为金融创新的发展提供了大陆法系国家无可比拟的优势。

然而,这些国际金融中心在金融法领域同时采取了大量的成文法,这也是在英美法系注重判例法传统的体系里一个很有特殊性的现象。在一般民商事领域,英美法系大多数依赖判例法,只有为数不多的成文法。

同时,在金融法领域,这些国际金融中心非常注重国际惯例的适用,并在国内立法中尽量采用国际惯例。

(一)国际金融中心的立法个案分析

1. 法制环境在主要国际金融中心形成中的地位

根据纽约、伦敦等国际金融中心的特性看,要成为国际金融中心,至少需要具备几个基本要素,而首要的就是建设一个国际通用的法律和制度的环境。这个环境是非常重要的,这样才能够使自己经济金融的运行和监督符合国际惯例,能够被别人所理解,能够为大家所操作。

而且,一个成熟的金融服务业需要一个更加透明、可预测和公平的法律体系。中国香港成为全球金融中心的一个重要原因,就是英国当时建立的健全的法律体系。

英国和美国都是典型的判例法国家,但是在金融法领域却充分把成文法和判例法的立法模式结合起来,以便适应国际金融中心发展的需要。如同中国香港一样,伦敦和纽约的成文法主要体现在金融监管方面。

从国际金融混业监管的实践来看,代表性的模式主要有两种,即英国的单一监管模式和美国的多关(功能性)监管模式。就英国金融监管而言,其在经历"金融大爆炸"、实行混业经营之后,于1997年合并原有的九类金融监管机构的职能,成立金融服务局(FSA),对金融行业和金融机构统一行使监管权,成为英国唯一的金融监管机构。2000年颁布的《金融服务和市场法》(FSMA)进一步强化了FSA的职能,突出了其作为"超级监管者"的地位。

FSA模式的最大特点在于其是以整合和"打包"的方式呈现,结构相对简化和清晰,对于借鉴者而言,在起步阶段均易于操作。这也成为其最大的吸引力之所

---

① 吴弘:《上海国际金融中心建设的法制环境》,北京大学出版社2010年版,第61~62页。

在,尤其是对于急于进行金融法律制度改革的新兴市场国家而言。事实上,在近20个进行了统一金融监管改革的国家中,主体是发展中国家、新兴市场国家或转型经济国家。许多经历了金融危机的新兴市场,如韩国、新加坡、马来西亚、印度尼西亚、墨西哥、秘鲁、波兰、南非、乌克兰等,都已经或正在考虑将其不同金融监管机构整合为单一监管机构。

然而,FSA模式事实上是为英国这样一个高度发达和集中的金融体系量身定做的,从未打算过要成为一个"国际模式"。英国自身的特色和条件(如大多数金融服务部门集中在伦敦金融城)催生了FSA,而这些特色和条件大多是新兴市场所不具备的。

由于中国香港的法律制度和英国的法律制度基本相似,在金融法领域也不例外,而纽约的金融法律制度和英国差别则较大。因此,本部分只重点总结中国香港和纽约的法律制度并将其作为个案分析,对伦敦则简略带过。

2. 中国香港金融法律环境

可以认为,在国际金融中心建设方面,上海与纽约、伦敦等地差距还比较大。香港是中国的特区,上海在某些方面向香港靠近,更有可能。因此,借鉴香港的金融法律环境,或许是比较现实的。

香港是主要的国际金融中心,金融机构和市场紧密联系,为本地的客户和海外投资者提供各类投资产品及服务。香港金融市场的特色是流通量高,市场在有效和具透明度的监管下运作,各项监管规例都符合国际标准。

香港特别行政区(香港特区)政府恪守尽量不干预金融市场运作的原则,并尽力提供一个有利营商的环境。政府实施低税政策和推行简单的税制,使各类商业有更多主动权及创新空间。香港十分重视法治及维持市场的公平竞争,不会阻止外国公司参与本地的金融市场,更不会限制资金进出本港。此外,香港亦无实施外汇管制。

尽管在具体的金融交易私主体之间,判例法发挥着更为重要的作用,但是,香港并不是完全放任金融市场自由发展,而是在总体宽松的金融法律体系之下实行了一定程度的监管。这些监管主要是通过一系列成文法进行规范的。

为配合国际趋势,香港历年来已制定和发展本地的金融服务监管制度。主要监管机构包括香港金融管理局(金管局)、证券及期货事务监察委员会(证监会)、保险业监理处(保监处)及强制性公积金计划管理局(积金局),分别负责监管银行业、证券和期货业、保险业和退休计划的业务。

(1)银行业。

目前,只有持牌银行才可经营往来户业务,以及接纳任何数额和期限的存款。有限制牌照银行主要经营商业银行及资本市场业务,它们可接受50万港元或以上的存款,存款期不限。接受存款公司以属于持牌银行所有,或与持牌银行有联系的机构居多,并经营一系列业务,主要是消费贷款业务。接受存款公司只可接受10万港元或以上、原定期限最少为3个月的存款。

认可机构三级制使那些基础稳固但规模不及一般银行的公司,有资格申请成为有限制牌照银行或接受存款公司,以便能接受本地人士存款,或经营批发及投资性质的银行业务。为持牌银行、有限制牌照银行及接受存款公司拟定认可准则的目的,是确保只有组织健全及管理完善的机构,才可获委托接受公众的存款。当局会定期检讨发牌准则,以确保这些准则能够反映监管环境不时转变的需要,并符合不断改变的国际标准。

认可机构必须遵守《银行业条例》的规定,维持足够的流动资金和资本充足比率;定期向金管局提交统计银行表;遵守贷款予客户或董事及雇员的限额规定;在委任董事和行政总裁(包括其候补人)及控制权改变时,寻求金管局的批准。外国银行以分行形式在港经营业务,是无需在香港持有资本的。根据《银行业条例》,这些银行亦不受资本比率规定或以资本为基础的大额风险额度所限制。

香港在银行监管方面的法律架构符合国际标准,包括由巴塞尔委员会于1997年9月颁布的《有效监管银行业的主要原则》。监管程序采用风险为本的模式,着重评估认可机构就所面对的现有及潜在风险而采用的内部风险管理制度的质素。监管的目的在于设计一套审慎的监察制度,以协助维持银行体系的整体稳定及有效运作,并同时提供足够的灵活空间,让认可机构作出商业决定。

(2)证券及期货业。

香港特区政府对证券业的政策,是为该行业提供有利环境,及为市场参与者提供一个公平运作的市场,并施以足够的监管,尽可能确保证券及期货机构依循完善的商业标准,以保持投资者的信心,但又不会因制度繁琐或财政干预而受到不必要的窒碍。

科技发展及全球金融市场一体化的趋势正加剧各地市场间的竞争。为提高香港作为国际金融中心的竞争力,财政司司长于1999年3月发表财政预算案演词时,公布就证券及期货市场推行三大范畴的改革。改革措施包括改善市场的基础设施;通过把两间交易所及三间结算公司股份化和合并,对市场架构进行改革;以及把规管制度的法律架构更新和精简合理化。

在市场架构改革方面,有关两个交易所及三间结算公司合并的授权法例,即《交易及结算所(合并)条例》,已于2000年2月24日制定,合并计划其后在2000年3月6日完成。作为合并后的机构,香港交易所于2000年6月27日在其本身的交易所上市。合并的目的在于设立一个新的市场架构,以提高效率、减低成本、加强风险管理及鼓励市场推出新产品和服务,从而提高市场的竞争力。香港交易所是一间商业机构,但获授予维持一个公平而有秩序的市场,以及审慎管理风险等重要公共职能。根据上述法例订立的制衡措施,旨在确保该公司在发展业务时能在履行公共职能和达到商业目标之间取得平衡。

(3)强积金制度。

1995年8月,香港制定了《强制性公积金计划条例》,为设立一个强制性私营公积金制度奠下基础。这意味着香港在提供雇员退休保障方面迈出了重要的一步。该条例在1998年3月获修订,附属规例亦分别于1998年4月及1999年5月获得通过,就强积金制度的运作和某些职业退休计划成员获豁免的事宜,订立具体的规则。

由于强积金供款属强制性供款,政府已在强积金制度下订立多项措施,确保强积金资产获得妥善保管。该等措施包括在批核强积金受托人方面订立严格准则;审慎作出监管,确保有关人士符合标准和遵守规例;确保计划能顺利运作和具透明度;以及设立一个补偿基金机制,补偿因违法行为而招致的损失。强积金制度在2000年12月开始实施。截至2006年5月底,约有98.7%的雇主、96.9%的有关雇员及77%的自雇人士参与了强积金计划。当局不断检讨强积金法例,以加强强积金制度的效益和效率。若干与运作及技术事宜有关的法例修订,已于2002年制定。另一批有关投资规管的法例修订,亦已于2006年制定。积金局现正拟备其他涵盖计划行政及执法事宜的修订建议,以提交立法会审议。

2004年6月,积金局颁布《强积金投资基金披露守则》,以改善强积金基金收费及投资表现资料的披露,目的是提高透明度,确保计划成员获得更多资料,作出明智的投资决定。积金局并于2005年7月公布一套《合规标准》,藉以协助核准强积金受托人建立严谨的合规框架,以便监察机构有无履行法定义务及责任。

(4)货币市场。

就货币市场而言,香港的银行同业拆息市场规模庞大、交投活跃,而银行之间的批发港元活动亦是通过银行同业拆息市场进行的。香港银行同业拆放利率及借入利率是金融市场资金流动性的重要指针,而对港元信贷的定价而言,亦起着重要的作用。

一直以来,银行同业资金都是银行体系中港元的主要来源,尤其对那些没有经营大型零售网络的银行(多数是外地注册的银行)而言。同时,银行同业拆息市场亦是那些拥有大量客户存款的银行作出短期贷款投资的渠道。目前,银行同业资金占所有银行的港元债务总额约15%,反映银行同业拆息市场对香港金融中介服务非常重要。

过去10年,为发展本地债务市场,金管局推行了若干措施,包括发行外汇基金票据和债券,并设立"债务工具中央结算系统"。外汇基金票据和债券发行计划提供高质素的港元债券,并为港元债券提供基准收益率曲线,从而促进债务市场的增长。

金管局一直致力于加强债务市场的基础建设,分别在2000年及2003年推出了"美元结算系统"及"欧元结算系统",让美元及欧元债券交易能够在亚洲时区内高效率地进行实时结算交收。2005年12月,马来西亚中央银行与金管局签订谅解备忘录,在马来西亚的马来西亚币实时支付结算系统及香港的美元实时支付结算系统之间建立联网,于2006年内完成,是区内首次在两个实时支付结算联网定于系统之间建立跨境联网,为两种货币提供外汇交易同步交收服务。

香港交易所于2001年11月推出三年期外汇基金债券期货作为债务市场对冲风

险的工具。为鼓励更多公司把发行的债券上市,香港交易所于 2002 年 7 月 1 日调低债券的上市费用。此外,香港政府亦采取了多项措施,简化有关债券发行与上市的规例及程序。

同时,香港政府近几年已经就改善零售债券和股份的公开发售制度进行了分阶段检讨。例如,2004 年 12 月,《2004 年公司(修订)条例》中与招股章程有关的修订条文开始生效;而其他改革的范围,涉及令类近但在法律上分为不同类别的金融产品的监管趋向一致、交易前的研究、保荐人的法律责任,以及可以凭借提示方式将在某网上备存的信息纳入招股章程内的制度,等等。

(5)对结算及交收系统的监察。

《结算及交收系统条例》于 2004 年 11 月生效。该条例的目的,是促进对香港在货币或金融方面的稳定性,或对香港发挥作为国际金融中心的功能有重要性的结算及交收系统的整体安全和效率。该条例赋权金融管理专员指定及监察该等结算及交收系统。该条例亦对经该等指定系统进行的交易的交收终局性提供法定支持,保障交收终局性免受破产法例或任何其他法例的影响。为此,金融管理专员得向符合该条例所列明的若干准则的指定系统发出终局性证明书[①]。

3. 纽约的金融法律制度的借鉴:从《格拉斯—斯蒂格尔法案》到《华尔街改革和消费者保护法案》

自 2007 年次贷危机以来,美国各界认识到有必要对金融监管进行改革。当时的方案,只是要消除监管制度中的重叠和提高监管的有效性。自奥巴马政府以来,针对金融危机中存在的问题、金融监管不力的现状,提出要进行彻底的金融改革。2009 年 6 月 17 日,美国政府正式公布了自 1929 年"大萧条"以来最彻底的全面金融监管改革方案,称之为美国金融监管体系改革的"白皮书",在此基础上制定的《金融监管改革法案》,经过参众两院和国会的层层审核,奥巴马最终于 2010 年 7 月 21 日予以签署,使之成为法律。

金融监管法案虽尚有诸多不足,但仍可以说是美国金融史上足以和《格拉斯—斯蒂格尔法案》相媲美的法案,对于美国金融市场的长远发展是件好事,使得大银行再也不能像之前那样为所欲为地欺骗投资者了。

该金融监管改革法案的核心内容主要有:一是监管重心从监管局部性风险向监管金融市场系统性风险转变,并改分散监管为统一集中监管;二是规范金融产品交易,对金融衍生产品、对冲基金和评级机构严加监管;三是优化金融监管体系组织结构,整合部分监管机构,并加强彼此间的协调;四是强化美联储监管权利,扩大其监管范围;五是将保护消费者利益作为监管目标之一。

具体而言,美国金融监管改革法案的主要内容包括:

第一,成立金融稳定监管委员会,负责监测和处理威胁国家金融稳定的系统性

---

① 截至 2005 年年底,香港共有五个结算及交收系统(包括"债务工具中央结算系统"、"港元结算所自动转账系统"、"持续联系结算及交收系统"、"美元结算所自动转账系统"及"欧元结算所自动转账系统")获指定并各自获发给终局性证明书。

风险。该委员会共有10名成员,由财政部部长牵头。委员会有权认定哪些金融机构可能对市场产生系统性冲击,从而在资本金和流动性方面对这些机构提出更加严格的监管要求。

第二,在美国联邦储备委员会下设立新的消费者金融保护局,对提供信用卡、抵押贷款和其他贷款等消费者金融产品及服务的金融机构实施监管。

第三,将之前缺乏监管的场外衍生品市场纳入监管视野。大部分衍生品需要在交易所内通过第三方清算进行交易。

第四,限制银行自营交易及高风险的衍生品交易。在自营交易方面,允许银行投资对冲基金和私募股权,但资金规模不得高于自身一级资本的3%。在衍生品交易方面,要求金融机构将农产品掉期、能源掉期、多数金属掉期等风险最大的衍生品交易业务拆分到附属公司,但自身可保留利率掉期、外汇掉期以及金银掉期等业务。

第五,设立新的破产清算机制,由联邦储蓄保险公司负责,责令大型金融机构提前做出自己的风险拨备,以防止金融机构倒闭再度拖累纳税人救助。

第六,美联储被赋予更大的监管职责,但其自身也将受到更严格的监督。美国国会下属政府问责局将对美联储向银行发放的紧急贷款、低息贷款以及为执行利率政策进行的公开市场交易等行为进行审计和监督。

第七,美联储将对企业高管薪酬进行监督,确保高管薪酬制度不会导致对风险的过度追求。美联储将提供纲领性指导而非制定具体规则,一旦发现薪酬制度导致企业过度追求高风险业务,美联储有权加以干预和阻止。

由此可见,金融监管改革法案的亮点之一在于,赋予美联储作为"超级监管者"的更大权力;同时,金融监管新政还包括对大银行征收"金融危机责任费"、严格限制大型金融机构的规模及经营范围、各大银行将不得经营对冲基金及私募业务等核心内容。可以认为,美国的金融监管改革措施,将对美国经济产生深远影响,也将重塑美国乃至全球金融业的游戏规则,最终会对全球金融体系和金融市场产生深刻影响。

(二)对中国的借鉴意义

1. 我国应兼采成文法和判例法、国际惯例作为金融法渊源

从我国香港和纽约的金融法律体系可以看出,法律体系决定金融城市的中心地位。金融中心看起来非常稳定,但实际上变化随时随地在发生。是什么力量及因素改变全球金融中心的地位,决定它们的兴衰?从更深层次的角度解释金融中心的发展,实际上也是资本市场的发展,那就是法律的体系。

在西方发达国家和地区,作为两大法系之一的英美法系,或者说类似的法制环境,对国际金融中心的发展演变,曾经发挥了并正在发挥着决定性影响力,将来也仍然会发挥这样的重大影响力。

英美法系亦名普通法系,是以原则为本,以过往判例为法则。但是还有一点,当无案例可寻时,也就是说没有法律及规则可比照时,就引经据典,找全世界的案

例,以大律师公会为主,政府不能介入,这样人们就会有案可稽,出来的判决会相对公平、合理、服人。因此,这个制度是有变通性的。

而欧洲的大陆法律系统,采用规则条文法,虽然亦实事求是,也有案可期,但是规则至上,相对而言显得僵化死板。当规则与事实有差异的时候,或新生事物发生的时候,就不知所措,最终要找领导解决,"由领导说了算"。因此普通法与大陆法的不同,产生很重要的分野。

还值得提及的是,英美法系坚持行业领导监管型管理,而大陆法系则由政府领导监管。行业领导管理得出的最根本的理念是保护小投资者。政府领导监管最根本的是保护机构。当然,英美法系过于灵活变通,肆意发展及创新,最终引发起世纪金融海啸,这亦是有其咎病的地方。但大陆法系的僵化法制容易产生过于教条的操作,更多的是有利于监管,稳定压倒一切,但不利于创新及发展。

由此可以看出,我国一方面还要继续加强成文法的制定,同时也要重视案例法和国际惯例的作用。可考虑确认案例在法院、仲裁中的可援引性,尤其在仲裁中。作为试行步骤,可以首先在金融仲裁中力推适用国际惯例和案例法,尤其在国内法无规定的领域。这将可以弥补我国目前金融法立法不足的情况。

同时要注意到,我国香港和纽约的成文法的主要重点在于规范监管框架的构建,而判例法主要用于调整私人主体之间的金融交易。因此,我国的成文法不应过多干预金融交易主体之间的权利义务关系,可以通过合同法以及判例法、国际惯例等进行规范。

良好的法制环境是国际金融资本进入的基本条件。金融活动需要法律制度规范交易行为,金融安全需要法制进行保障,金融纠纷解决也需要一个公平高效的司法和仲裁体系。目前,我国金融立法相对滞后,一些立法领域还存在空白,尚未形成完整的金融法律法规体系。因此,上海金融法制环境建设,要在国家的指导帮助下,大胆探索:一是加快形成有利于上海国际金融中心建设的地方法规体系,协助形成既切合我国实际又符合国际惯例的金融税收和法律制度。二是完善金融执法体系,建立公平、公正、高效的金融纠纷审理、仲裁机制。三是大力发展国际化、高水平的金融法律服务,集聚高素质的金融法律人才。四是在全社会培育良好的金融法律意识。

同时,在成文法方面,我国应重点在改善金融监管环境方面立法。国际金融危机的爆发表明,如果缺乏有效的金融监管,金融创新和金融市场发展将失去控制。目前,我国实行金融分业监管模式,与金融混业经营和监管的发展趋势相比,存在的主要问题是,金融监管部门之间缺乏有效协调,地方政府金融监管权力较小,国际金融监管合作不够。要加快完善上海金融监管体系,着力形成既有利于金融创新又确保金融健康稳定的金融生态环境:一是加快制定金融监管地方法规,完善金融监管体系,建立金融监管平台和制度。二是加强金融监管协作,包括金融监管部门与其他行业的协作、地方政府与国家金融管理部门的协调、国际金融监管合作等,切实维护金融稳定和安全。

2. 打破境内外金融资本市场分割，放松对外国投资者的限制

从我国香港、纽约等国际金融中心的金融法律制度可以看出，监管非常重要，但是给予金融业发展以充分的自由空间是国际金融中心必不可少的环境。我国一方面要细化监管、提高监管的有效性，同时更应强调自由市场的建设。这是因为上海尚处于金融中心建设的起步阶段，金融资本的市场规模还相当小。当前更多地应着眼于"促进"，而不是"管制"。

由于西方国家纷纷取消了外汇管制，从而在国际资本市场上出现了一批"游资"，并开始了全球性的流动。谁能适当放松、合理规范，谁就能吸引"游资"，给本国带来商机。西方国家已经有了较完备的法律体系和监管体制，金融体系实力雄厚，抵御风险的能力较强。于是西方国家纷纷放松管制，打破境内外证券交易市场的分割，放松或取消了对外国投资者的限制。

1986年，英国率先在"金融大爆炸"中取消了对外国筹资者和投资者的各种限制，从而使伦敦交易市场的国际化水平处于领先地位。以1990年为例，在伦敦证券交易所上市的外国公司有613家，而在纽约上市的只有96家。

美国在这种竞争的压力下，拼命对自己的法律进行修改，同时又颁布大量新法。值得特别关注的是1996年美国议会通过的《全国性证券市场促进法》(简称《促进法》)。《促进法》授权美国证券与交易委员会(SEC)对在纽约证券交易所、美国证券交易所和NASDQ市场上市或获准上市的股票有排他的管辖权。此外，该法还取消了州对投资公司的管辖。这就免除了外国投资者受两个"婆婆"管辖之苦。

日本作为世界第二大金融市场，自然希望与纽约、伦敦等世界金融中心平起平坐。1980年12月，日本允许经过指定的证券公司购买除直接投资以外的外国证券，1986年又取消了对外汇信托交易许可证批准制度和信用团体、保险公司、年金机构等对外证券投资的限制规定，从而打破了原来境内外证券市场分割的局面。但是，亚洲金融危机使日本的金融体系剧烈动荡，连一些大型的证券公司也不能幸免于难。日本却在这时进行金融体系的大改革，1998年6月获得通过并于1998年12月实施的《金融体系改革法》对金融机构放松管制，实行松绑。这给了外国实力雄厚的外国金融机构以可乘之机，大举进攻日本金融市场。这对日本金融市场有利有弊，由于新的资金和经营理念的注入，会使陷入困境的日本金融市场恢复活力。但是，国内金融机构将面临国际、国内金融机构之间更为激烈的竞争。这迫使国内金融机构加强联合，拓展业务，大胆改革，以迎接挑战。在这种情况下，日本没有选择封闭保护，而是选择了松绑，选择了引进外国金融机构，不能不说是有勇气的表现。这也是日本为了适应世界金融发展潮流，维持国际金融中心地位而不得不作出的选择。

虽然上海出台了《上海市促进国际金融中心建设条例》，但如果中央政府不给予上海更多的立法权和监管权，以及在金融资本市场的开放方面更多的话语权，则在金融资本市场不能更加开放的情况下，上海只可能是中国的金融中心，而难以成为国际金融中心。

三、优化金融法制环境的国内比较与借鉴

作为历史上全国最大的金融中心、远东的国际金融中心之一,上海成为完全的金融中心是在20世纪20年代末、30年代初①。近代上海金融中心对维护社会的经济优势起了极大的支撑作用,对贸易资金的融通在广度和深度上都很大,促进了银行信用市场化趋势扩大,作为资金流动的总龙头,带动了区域经济的发展和区域中心的形成。当时全国通商口岸分为三个层次:第一层次是上海,是全国的金融中心;第二层次是天津、汉口、广州,分别是华北、华中、华南的金融中心;第三层次是青岛、厦门、重庆等,分别为较小区域的金融中心。②

新中国成立以后,特别是改革开放30多年来,在中国特色社会主义市场经济理论指导下,我国不断深化金融体制改革,取得了举世瞩目的成就。随着各地经济金融事业的持续发展,作为未来进一步发展的动力和蓝图,我国内地各大经济中心城市纷纷把金融业的发展作为重点,许多城市已经提出建设金融中心的目标。与这一诉求相适应,不少地方通过针对性的地方立法,力图发挥制度对金融中心建设的促进作用。

(一)国内主要城市建设金融中心的目标及其缘起

在我国内地几个主要经济中心城市中,只有上海旗帜鲜明地提出按照国家战略建设国际金融中心;而其他几个城市,如北京、深圳、广州、大连等,虽然都没有直接使用"国际金融中心"的提法,但在其目标的表述中,都包含区域性国际金融中心的意思。本文主要在对上述5个城市建设金融中心的情况进行比较的基础上,分析我国各地近30个城市提出建设金融中心的背景和理论并进行简要梳理(如表2—1所示)。

表2—1　　　　　　　5个城市提出建设国际金融中心的概况

城　市	时点与文件	目　标
上海	1992年10月,党的"十四大"报告中明确提出"以上海浦东开发为龙头,进一步开放长江沿岸城市,尽快把上海建成国际经济、金融、贸易中心之一"的基本构想	2001年2月,国务院审批同意的上海城市规划,明确提出要把上海建设成为一个国际经济、贸易、金融、航运中心,并在2020年实现把上海建设成社会主义现代化国家经济中心的目标
北京	2008年4月30日,中共北京市委、北京市人民政府发布《关于促进首都金融业发展的意见》(简称《意见》)	《意见》第一次以市委市府文件形式,明确提出将北京建设成为具有国际影响力的金融中心城市

---

① 洪葭管:《建设一个服务经济发展、稳定货币金融大局的国际金融中心》,原载《上海档案史料研究》,2009年专辑;参见洪葭管:《中国金融史十六讲》,上海人民出版社2009年版,第134页。
② 洪葭管:《1927~1949年间旧中国金融》,原为中国金融出版社2008年版《中国金融通史》第四卷"绪论";参见洪葭管:《中国金融史十六讲》,上海人民出版社2009年版,第18页。

续表

城　市	时点与文件	目　标
深圳	深圳市人大常委会于 2008 年 4 月 1 日通过、6 月 1 日正式发布《深圳经济特区金融发展促进条例》(简称《条例》)	《条例》第 3 条规定,深圳市人民政府应当把金融业作为战略性支柱产业,以多层次资本市场为核心,以深港金融合作为纽带,巩固提升深圳金融中心的城市地位,使深圳成为港深大都会国际金融中心的有机组成部分,重点突出投融资、财富管理和金融创新功能
广州	广州市发改委于 2005 年 2 月 1 日制定、市政府办公厅 4 月 12 日转发《关于大力发展广州金融业的意见》(简称《意见》)	《意见》明确提出,不断增强广州作为香港国际金融中心辐射的重要承接点和中继点功能,进一步密切与香港金融业的合作,把广州建设成为带动全省、辐射华南、面向东南亚的区域性金融中心
大连	2004 年 7 月 8 日,大连市人民政府办公厅印发《大连市金融业发展规划纲要(2004～2020 年)》(简称《纲要》)	《纲要》明确提出,确立大连全国商品期货中心、中国北方保险业中心以及东北地区资金、国际结算、外汇交易、投融资与金融服务中心的地位,在此基础上将大连建设成为立足大连、面向东北三省、辐射华北腹地及东北亚地区的国际金融中心
天津	2006 年 5 月 26 日,国务院以国发〔2006〕20 号发布《国务院推进滨海新区开发开放有关问题的意见》(简称《意见》)	《意见》鼓励天津滨海新区进行金融改革和创新。在金融企业、金融业务、金融市场和金融开放等方面的重大改革,原则上可安排在天津滨海新区先行先试。本着科学、审慎、风险可控的原则,可在产业投资基金、创业风险投资、金融业综合经营、多种所有制金融企业、外汇管理政策、离岸金融业务等方面进行改革试验

据不完全统计,近 30 个中国内地城市都以建立金融中心为目标,尽管专家认为一个国家不可能有这么多的金融中心,但"金融区"依然是中国城市最渴望诞下的"金蛋",成为区域金融中心仍是中国城市最向往的未来之一。例如,在中国内地,除前述城市外,其他城市的金融中心任务分别是:重庆在 2020 年将建设成为长江上游金融中心,南宁的目标是区域性国际金融中心,南京要建成华东地区的重要区域金融中心,南昌提出打造包括金融中心在内的"三个中心",福建的目标是海峡西岸区域金融中心,乌鲁木齐要构建中亚区域金融中心,西安以构建西部重要金融中心为目标建设浐灞金融商务区,沈阳、哈尔滨的目标都是建成东北区域金融中心,昆明将用 10～15 年的时间建成金融机构集聚、产业发展与金融资源配置高效的区域性金融中心和人民币跨境结算中心,宁波、长沙、合肥、兰州、济南、石家庄、武汉、郑州、长春、成都、杭州等都要以建设区域金融中心为目标。[①]

[①] 黄俊杰:《中国 26 个城市"区域金融中心"建设之争》,载《新周刊》,2009 年第 15 期。

(二)国内各地建设金融中心的城市选择与理论分析

对于我国内地主要城市纷纷提出建设金融中心的现象,可以用市场和城市分层结构理论来进行解读和分析。该理论认为,市场和城市分层结构的形成,取决于社会分工的发展,以及社会分工发展中交易效率的动态变化。

根据该理论以及金融地理学理论,潘英丽等专家(2010)认为,金融中心的分布和分层,是一个市场自发的过程。但是,在现实过程中,金融中心的发展受到政府政策的重大影响。例如,美国联邦政府对商业银行设立地区分支机构的限制,在很大程度上导致了金融业在地域上的相对平衡分布,约束了纽约银行业的地位和作用。美国20世纪60年代的金融管制和国际资本流动的限制,在很大程度上促成了欧洲货币市场的发展和伦敦国际金融中心再度崛起。另外,在亚洲,新加坡国际金融中心的形成和发展过程中,政府也发挥了相当积极和有效的作用。相比较,我国香港政府自由放任或无所作为使香港与新加坡相比,竞争力明显下降。

在中国,除了上海和香港国际金融中心建设的功能定位需要中央政府从国家战略的高度予以明确和协调之外,国内地区性金融中心的布局,无疑更加需要从国家层面加以实施,因为在中国,市场自发形成金融中心分层结构的条件并不存在。金融业存在市场准入的限制,金融市场的开设和金融产品的开发都需要遵循严格的审批制度。而且,利率和汇率这些最核心的金融价格在很大程度上仍由中央主导。

中国国情的一个特殊性,在于中国的政治集权、金融集权和经济分权的制度。财政"分灶"吃饭和以GDP增长为主要显性指标的政绩和晋升竞争,使地方政府越来越把工作重心放在招商引资和对金融资源的争夺上。本次全球性金融危机使中国制造业产能出现严重过剩,地方政府在产业调整和产业发展规划中开始把重心转移到作为服务业的金融服务业上来。金融业不仅是中国最大的垄断高利润行业,而且因为资金这一社会稀缺资源的支配和使用权,金融业还是配置社会稀缺资源使用权的特殊行业,在国民经济中居于核心地位。地方政府期望通过建立或引入更多的金融机构,通过影响和支配金融机构资本配置的活动,获得对社会稀缺资源的更多支配和使用权。当前,国内一些重要城市的地方政府正在花巨大精力向中央政府游说,以期获得发展地区性金融中心的特殊政策[①]。

从上述分析可以看出,我国内地主要城市纷纷提出建设金融中心的体制背景和主要诉求。这些因素,也正是我们研究优化金融法制环境问题的前提、抓手和内容。中央政府应该采取措施,加强各地区域金融中心建设的综合规划和协调,以避免制造业发展中出现过的呆滞产业同构化的无序竞争在金融业重演。而且,我们认为,我国各地区域金融中心布局的合理与否,将对上海国际金融中心建设的进度、广度和深度,都会产生十分重要的影响。

---

① 潘英丽等:《国际金融中心:历史经验与中国未来》(下卷),世纪出版集团格致出版社、上海人民出版社2010年版,第107~108页。

潘英丽等专家(2010)从经济发展与金融发展的内在关系出发,从金融业空间集聚发展的内在规律出发,对我国地区性金融中心的甄选和布局问题进行了研究。他们的研究结果显示,上海、北京、深圳的金融竞争力的全国排名分别为第1、第2和第4,在华东、华北和华南地区均居榜首。同时,它们又各自在长三角、环渤海和珠三角经济区排名第1。这一结果,有力地支持了上海、北京和深圳分别作为华东、华北和华南地区金融中心的合理性[1]。由此看来,上海不仅是全国的金融中心,也是华东地区的金融中心。上海国际金融中心,正是在这一不可或缺的基础上,才得以逐步开展和最终建成。

当然,由于金融中心在经济金融资源的配置功能,在我国这样一个幅员辽阔、经济发展不平衡的国家,只在经济发达地区建设金融中心是不够的,在经济发展相对落后的西南、华中、西北地区,也应该通过科学的研究,甄选合理的城市,扶持其建设地区性金融中心。根据潘英丽等人(2010)的研究,重庆、武汉和西安的金融竞争力,分别在西南、华中和西北地区排名第1,经济基础相对较好,各种资源相对聚集,周边辐射能力较强,都可以通过一定的差异化的政策支持,培育成为区域性的金融中心,带动全国经济和社会的协调发展。

(三)国内各地城市建设金融中心法制环境的比较分析

我国作为典型的单一制国家,拥有统一的立法、行政、司法和执法系统,拥有统一的中国特色社会主义法制体系。加之,根据我国《立法法》的规定,金融事权统一归中央政府行事,地方政府在金融领域没有立法权。因此,我国国内城市建设金融中心的大环境,包括法制环境,都是一致的。然而,地方政府对于建设金融中心的强烈诉求,可以通过两个途径来进行:一是向中央政府寻求特殊的政策支持;二是通过地方立法促进金融中心的建设。本文主要从地方性立法角度,考察和分析各地金融中心建设的法制环境问题。

1. 上海国际金融中心建设作为国家战略,既有国家专门立法的保障,又有上海地方立法的推动

(1)2009年4月14日,国务院以国发〔2009〕19号发布的《国务院关于推进上海加快发展现代服务业和先进制造业建设国际金融中心和国际航运中心的意见》(简称《意见》),详细阐述了建设国际金融中心和国际航运中心的重大意义、建设指导思想和原则,提出了国际金融中心和国际航运中心建设的总体目标,部署了国际金融中心和航运中心建设的主要任务和措施。这个法律文件的出台,使得上海国际金融中心建设的国家战略,开始具有了国家行政立法的强力保障。

《意见》指出,上海国际金融中心建设的总体目标是:到2020年,基本建成与我国经济实力以及人民币国际地位相适应的国际金融中心;基本形成国内外投资者共同参与、国际化程度较高,交易、定价和信息功能齐备的多层次金融市场体系;基

---

[1] 潘英丽等:《国际金融中心:历史经验与中国未来》(下卷),世纪出版集团格致出版社、上海人民出版社2010年版,第108~134页。

本形成以具有国际竞争力和行业影响力的金融机构为主体、各类金融机构共同发展的金融机构体系；基本形成门类齐全、结构合理、流动自由的金融人力资源体系；基本形成符合发展需要和国际惯例的税收、信用和监管等法律法规体系，以及具有国际竞争力的金融发展环境。

根据《意见》，上海国际金融中心的主要任务和措施，包括加强金融市场体系建设、加强金融机构和业务体系建设、提升金融服务水平和改善金融发展环境四个方面。就改善金融发展环境而言，主要在于：加强金融法制建设，加快制定既切合我国实际又符合国际惯例的金融税收和法律制度。完善金融执法体系，建立公平、公正、高效的金融纠纷审理、仲裁机制，探索建立上海金融专业法庭、仲裁机构。加强社会信用体系建设，以金融业统一征信平台为载体，完善企业和个人信用信息基础数据库建设，促进信用信息共享。适应上海金融改革和创新的需要，不断完善金融监管体系，改进监管方式，建立贴近市场、促进创新、信息共享、风险可控的金融监管平台和制度。加强跨行业、跨市场监管协作，加强地方政府与金融管理部门的协调，维护金融稳定和安全。

(2) 2009 年 6 月 25 日，上海市第十三届人民代表大会常务委员会第十二次会议通过了《上海市促进国际金融中心建设条例》（简称《条例》），自 2009 年 8 月 1 日起正式实施。这是我国第一个促进国际金融中心建设并优化金融发展环境的地方性法规，为上海国际金融中心的建设提供了地方立法的推动力。

《条例》勾勒了上海未来国际金融中心将形成的"一城、一带、一片、一面"的空间布局。"一城"，即"陆家嘴金融城"；"一带"，即"外滩金融聚集带"；"一片"，即一些金融信息服务产业区和洋山保税港区等专业性金融聚集区；"一面"，即分散于本市各区的金融聚集区，如南京西路金融机构聚集区域等。

(3) 上海市出台国务院《意见》的配套政策，即《贯彻国务院关于推进上海加快发展现代服务业和先进制造业建设国际金融中心和国际航运中心意见的实施意见》，提出了确保落实两个中心国家战略的 6 方面、93 条政策措施。

同时，上海市还制定了《条例》的若干配套规范。例如，上海市出台《上海市集聚金融资源加强金融服务促进金融业发展的若干规定》，浦东新区政府于 2009 年 9 月出台《浦东新区关于加快推进上海国际金融中心核心功能区建设的实施意见》，等等；另外，浦东新区作为上海国际金融中心建设的核心功能区，还陆续推出有关外资股权投资、融资租赁业务和航运金融，支持、鼓励金融人才等金融新政。

2. 其他城市建设金融中心，没有国家专门立法的保障，纷纷通过相关地方立法予以推动

北京、深圳、天津、广州、大连等城市，为建设金融中心、促进经济发展，分别出台了各自纲领性的规范性文件，可以认为是完善金融中心法制环境的主要内容。

(1) 北京。中共北京市委、北京市人民政府于 2008 年 4 月 30 日发布的《关于促进首都金融业发展的意见》明确提出，首都金融业的定位和工作目标是：北京是国家金融决策中心、金融管理中心、金融信息中心和金融服务中心。通过建立全方位的政策支持体系、多层次的金融市场体系、多样化的金融组织体系、立体化的金融服务体系,不断提升首都金融业的创新力、集聚力、贡献力和辐射力,将北京建设成为具有国际影响力的金融中心城市。其第一部分"持续优化金融发展环境"指出,进一步转变职能,强化服务,以服务促进监管,以监管促进发展,努力为首都金融业发展营造良好的发展环境,并分别从进一步优化金融服务环境、金融监管环境、金融政策环境、金融信息环境、社会信用环境、金融中介服务环境、金融安全环境、金融开放环境8个方面进行了具体规定。

(2)深圳。深圳市第四届人民代表大会常务委员会第十八次会议于2008年4月1日通过,自2008年6月1日起施行的《深圳经济特区金融发展促进条例》(简称《条件》),除在第一章"总则"第3条对深圳金融中心建设的目标作出规定外,还在随后的8个章节中,分别对金融机构、金融人才、金融创新、金融布局、金融发展委员会、监督检查等问题作出了专门规定。事实上,自2003年以来,在此《条例》之前,深圳市政府逐步颁布了《深圳市支持金融业发展若干规定》、《加强发展资本市场、推动保险业创新发展等方面的指导性意见》、《关于加快深圳金融业改革创新发展的若干意见》等地方政府规章,为《条例》的颁布和实施奠定了基础。

(3)天津。2006年5月26日,国务院以国发〔2006〕20号发布的《国务院推进滨海新区开发开放有关问题的意见》(简称《意见》)在第三部分"切实发挥综合配套改革试验区的示范和带动作用"中指出,批准天津滨海新区为全国综合配套改革试验区。同时,鼓励天津滨海新区进行金融改革和创新。在金融企业、金融业务、金融市场和金融开放等方面的重大改革,原则上可安排在天津滨海新区先行先试。本着科学、审慎、风险可控的原则,可在产业投资基金、创业风险投资、金融业综合经营、多种所有制金融企业、外汇管理政策、离岸金融业务等方面进行改革试验。天津市政府根据国务院《意见》,研究制定了《滨海新区综合配套改革三年实施计划(2008~2010年)》,加快推进金融改革创新工作,争取在重点领域和关键环节取得突破;编制并向国家上报了《天津滨海新区综合配套改革试验金融创新专项方案》,并已获正式批复。另外,还先后出台了一系列推动金融创新和促进金融业发展的政策措施。

(4)其他一些提出建设金融中心的城市,大多都是通过制定地方政府规章或者发展规划纲要等形式,为金融业发展提供法制环境和政策支持。地方政府规章有:《重庆市人民政府关于促进重庆金融业加快发展的若干意见》、广州市发改委《关于大力发展广州金融业的意见》、《成都市人民政府关于进一步加快西部金融中心建设的意见》、《杭州市人民政府关于支持金融服务业发展的若干意见》,等等;发展规划纲要有:《陕西省"十一五"金融业发展专项规划》、《大连市金融业发展规划纲要(2004~2020年)》、《辽宁中部城市群经济区发展规划纲要》、《郑州区域性金融中心建设规划纲要》、《大连市金融业发展"十一五"规划纲要》,等等。

3. 国内各地城市建设金融中心法制环境评析

出于对金融发展与经济发展之间关系、金融中心在经济金融资源的配置功能等的认识,以及各地经济结构调整和地方经济发展的需要,我国各地城市纷纷提出建设金融中心,并通过行使地方规范制定权而予以着力推进的现象,应当引起中央政府的高度重视和宏观调控。特别是,不少地区的多个城市同时提出建设金融中心,形成交叉和冲突的现象,如深圳和广州、重庆和成都、大连和沈阳,等等。

从金融中心法制环境角度来看,现有的各地促进区域金融中心建设的地方规范具有一些特点,主要在于,规范形式选择方面存在一些差异。虽然提出建设区域金融中心的城市都享有地方立法权,但只有深圳市通过制定其《条例》行使了这一权力,而大多数城市则通过地方政府制定规范性文件的形式,为金融中心建设的诉求提供政策支持。这是因为,正如吴弘教授(2010)所指出的,地方立法需要一定的条件:具有政府现行制定的金融业规范性文件作为基础;城市金融业发展的条件比较成熟;确立了金融业发展的战略定位;形成了一定的金融业发展共识;已有的制度已经不能适应金融业发展的需要;等等。[①]

各地促进区域金融中心建设的地方规范,涉及内容相对集中,流于倡导性文字形式,而且可操作性和实施效果都差强人意。而事实上,金融中心的法制环境,除了立法完善之外,还应该至少包括:

第一,优化区域内部的金融监管工作,主要表现在金融执法方面,应该在加强协调、提高效率、实现公正等方面提供方案。

第二,优化区域内部金融司法工作,主要表现在金融纠纷解决和打击金融犯罪等方面,应该在创新纠纷解决机制、加强金融合规文化建设、倡导金融伦理道德、营造诚实信用社会等方面有所作为。

第三,优化投资者与债权人保护工作,主要表现在金融消费者教育与保护方面,应该在加强金融消费者教育和保护的机制方面下大功夫。

四、上海国际金融中心法制环境的发展过程及现状、成绩与不足

国际经验和金融中心发展历程表明,无论是全球比较发达的金融中心,如伦敦、纽约,还是近二三十年新兴的金融中心,都有一个共同的特点,就是拥有良好的法制环境和坚实的法制建设基础。这说明,法制建设和法制环境完善的程度,与金融中心的建设程度之间,存在着一种密切的正相关关系。因此,上海国际金融中心建设,必须重视和加快法制环境的完善和优化。

(一)上海国际金融中心法制环境建设的重要意义及主要内容

屠光绍副市长在2009年中国法学家论坛暨上海金融法治论坛上演讲时提出,法制建设是国际金融中心建设一个非常重要的基础,如果这个基础不打好,尽管我们能有所发展,但发展一定不会很快;尽管能够有所推进,但这种推进,到最终目标的完成,就不是那么乐观。所以,金融法制环境的建设,对上海建设国际金融中心,

---

① 吴弘:《上海国际金融中心建设的法制环境》,北京大学出版社2010年版,第80~81页。

具有非常重要的意义①。

其一,金融法制环境对于金融活动具有重要意义,因为金融中心是金融活动最密集的场所,金融活动需要有法律制度来规范交易行为。现在的金融市场规模非常大、金融的交易非常复杂,金融创新的程度也不同,所以各种金融市场和金融活动必须要有一定的交易规则,也必须要有一套健全灵活的法律体系。

其二,金融市场的各类主体,都需要有充分的权利保障的制度。金融资本的流动和金融资本的安全得到充分的保护,尤其是各类金融市场的参与者,包括投资人、存款人、保险人,他们的权利必须得到充分的保障,这是各项金融资本流入和金融资本安全进入上海、参与上海国际金融中心运行的前提。

其三,金融法制环境的重要性还在于,金融纠纷的解决需要一个公平、高效的司法和仲裁体系。随着金融市场的发展,在各类金融活动当中,涉及各类主体的纠纷也在所难免。如果不能为市场主体提供一个公平的权利诉求的方式和途径,不能有效地应对金融纠纷,通过法律程序得到解决,那么无疑会加大交易成本。最终,金融中心的建设就非常困难。

在上海国际金融中心建设的过程中,法制建设和法制环境的建设,主要可以包括以下内容:

第一,完善的金融法律规范体系。根据国务院文件的要求,需要制定既符合我国发展的需要,又符合国际惯例的金融税收、信用、监管的制度,因而需要对各项金融法律规范体系不断地完善,以满足国际金融中心的交易规则和争议解决的需要。

第二,公平、公正、高效的金融司法和金融仲裁的体系。一个金融中心每天会有大量的金融交易行为,避免不了金融纠纷的出现。问题的关键是,要有一个公平、公正、高效的金融司法和金融仲裁的体系,可以降低纠纷解决的成本,实际上也降低了金融交易的成本。

第三,安全与创新并重的金融监管体制和与之相适应的金融监管方式。

第四,国际化的、高水平的金融法律服务。一直要讲国际化的问题,因为上海的目标是建立国际金融中心,所以国际化的、高水平的金融法律服务显得特别重要。金融执法、法律司法的实践,最终要落到金融机构,尤其是大量的专业人员的面前。国际上的金融中心,都有大批具有国际金融专业知识、训练有素的法律服务人员,提供法律中介服务,这对于推动金融中心建设,包括金融交易和金融创新,都有很重要的作用。

第五,良好的金融法律意识和金融法制环境,不光需要良好的金融制度和司法法律服务,还需要市场各方面的参与者、投资者、消费者,这也是金融法制环境里的重要内容。

从以上五个方面来看,上海还有不小的差距,在金融法律体系的建设方面,包

---

① 屠光绍:《上海国际金融中心建设的基本情况及法治保障》,2009年7月15日在中国法学家论坛暨上海金融法治论坛上的演讲。参见上海市法学会网站:http://www.sls.org.cn/all_show_detail.jsp?main_id=75&id=0750000105,2010年8月1日访问。

括像金融衍生产品、金融机构的市场退出、金融业务的综合经营等方面,也还存在着一些法律的空白。另外,在税收体制上,所得税制度,包括金融活动的个人所得税和金融企业的所得税,缺乏灵活性和竞争力。在信用制度的体系建设方面,从上海来看,尽管有了一定的进展,但离上海国际金融中心建设的要求还有很大的差距。在金融监管方面,如何更好地协调好金融监管和金融创新,尤其是在上海,金融市场比较聚集,金融机构的聚集度比较高,金融活动和金融监管之间怎么平衡,值得研究。在分业监管的情况下,国家的制度是分业监管,但在上海,作为金融要素市场,金融机构比较聚集,分业监管和上海金融市场的发展之间怎样才能形成更有效的监管方式,这也需要在发展中进行研究解决。在金融司法和仲裁方面,在收案量、国际化审判和仲裁的水平上,都还有待提高。在金融的法律服务方面,也存在不少的差距。我们认为,这些问题的存在,对上海国际金融中心的建设都是重大的制约。

(二)上海国际金融中心法制环境的发展过程与主要成绩

上海国际金融中心法制环境建设作为一项庞大的系统工程,其法制环境是以我国金融立法、执法和司法的整体状况为核心和基础的,所以研究法制环境建设的成绩,必须逐一分析我国整体的金融法律制度建设,以及金融执法、金融司法的情况。

1. 我国金融法律制度体系基本形成

到目前为止,我国在相关领域的立法已经取得了重大的成就。目前,我国颁布的金融法律法规,包括全国人民代表大会常务委员会颁布的《中国人民银行法》、《商业银行法》、《银行业监督管理法》、《票据法》、《证券法》、《保险法》、《担保法》、《信托法》等,国务院颁布的金融法规140多部,国务院各机构颁布的各类规章3 000多部,最高人民法院、最高人民检察院制定的司法解释50部左右。金融基本法律体系的形成,奠定了上海国际金融中心法制环境建设的基本框架,使我国实施上海国际金融中心战略走上了法制化轨道,其意义非常重大。

2. 上海国际金融中心建设的国家行政法规出台

2009年4月14日,国务院正式发布《关于推进上海加快发展现代服务业和先进制造业建设国际金融中心和国际航运中心的意见》(以下简称国务院《意见》),提出国际金融中心建设的总体目标是:到2020年,基本建成与我国经济实力以及人民币国际地位相适应的国际金融中心;基本形成国内外投资者共同参与、国际化程度较高,交易、定价和信息功能齐备的多层次金融市场体系;基本形成以具有国际竞争力和行业影响力的金融机构为主体、各类金融机构共同发展的金融机构体系;基本形成门类齐全、结构合理、流动自由的金融人力资源体系;基本形成符合发展需要和国际惯例的税收、信用和监管等法律法规体系,以及具有国际竞争力的金融发展环境。

《意见》的出台,标志着首次以国家法律文件的形式,正式对加快推进上海国际金融中心建设进行系统规划指导,做出全面动员部署,凸显了上海国际金融中心建设作为国家战略的定位和发展要求,成为指导上海国际金融中心建设以及金融法制建设的总方针和行动纲领。

3. 上海金融法制环境建设的主要措施和成绩

上海国际金融中心建设是国家战略,根据我国的立法体制,金融基本制度属于国家性的,地方政府目前还没有对于金融的事权。金融监管是垂直管理,地方政府不承担对金融机构的监管职能。因此,上海的金融法制环境是国家大法制环境内的小环境。我们要认识到完善上海国际金融中心法制环境的重要性,但不能脱离全国的金融法制环境。而且,上海国际金融中心的法制环境,主要取决于全国的金融法制环境,依赖于这个大环境的不断完善和健全。

虽然一些领域的重大事权都不在上海,但上海作为金融市场的最前沿,金融创新比较集中,金融改革也最快,金融开放的程度也最高,对金融法制建设的需求也是最多的。通过实践,推动国家层面上金融法制环境的提升,上海应该发挥出积极的推动和示范作用。例如,上海可以在推动完善国家金融立法、制定地方性立法、配合金融监管部门维护金融稳定等方面,发挥积极作用。

基于这些思考和背景,上海按照建设国际金融中心的总目标,经过多年的实践,采取了一系列措施,主要包括以下四个方面:

其一,积极进行地方性立法。在地方的立法权限内,积极地推进国际金融中心建设,带有标志性的是《上海市促进国际金融中心建设条例》(简称《条例》)。这部地方性法规,定位于地方促进法,把切入点放在了如何营造良好的金融发展环境方面。这是可以有所作为而且应当有所作为的领域,着重解决了上海市金融机构等市场主体在发展中自身无法解决的诸如人才环境、创新环境、信用环境、法治环境等问题。《条例》设专章,即金融风险防范与法制环境建设,共有8个条款,分别涉及金融监管、金融稳定和风险防范、金融诉讼、金融仲裁、金融法律服务和金融法律知识教育。因此,《条例》既落实了中央国务院的战略部署,又明确了地方政府涉及金融改革创新、金融监管的内容,以及如何积极配合和协助国家金融管理部门做好相关工作,等等。按照《条例》要求,上海市政府将围绕这个地方性法规,积极地制定和出台配套的实施细则和办法。

其二,积极完善金融司法和仲裁体系,提升上海金融司法和金融仲裁水平。继浦东新区和黄浦区两个区的法院成立金融审判庭之后,2009年6月27日,上海高级人民法院和中级人民法院分别成立了金融审判庭。这样,上海法院系统内就形成了较为完整的金融审判体制。应该说,这些举措表明上海已经在全国率先形成了系统化、专业化的金融审判架构,为提升上海金融审判水平的高效性和专业性提供了组织保障。另外,在仲裁方面,上海仲裁委于2007年年底成立了上海金融仲裁院,它和中国国际经济贸易仲裁委员会上海分会共同形成了两大金融仲裁机构。而且,在金融审判法官培养方面,已经组织了针对全市的金融审判法官的培训。

其三,不断完善"一行三会"即中国人民银行、银监会、证监会、保监会的驻沪监管机构,共同维护金融稳定的协调机制。目前,上海市政府金融办与"一行三会"的金融管理部门已经建立"三加二"的联席会议制度,明确了重大事件的及时协调、处置机制、加强监管、合作和信息共享。通过这个机制,上海市政府可以充分发挥为地方金融稳定方面的统筹协调作用。

其四,积极推进政府有关部门、市公检法系统和金融监管部门的金融法制联席会议制度。法制的建设和法制环境的完善,不是单独靠哪个部门完成的,而是一个综合的体系。我们通过这样一个联席会议制度,把有关的各个方面联系起来,形成很好的互通机制,加强各部门之间的协调和信息沟通,打击金融违法行为,维护市场秩序,防范金融风险。通过我们的努力,在这些方面都有了些许推进,对上海金融法制建设和金融环境的营造都起到了积极作用。

4. 2009年以来上海金融法制环境建设的进展

在国务院《意见》等法律文件的激励下,上海国际金融中心及其法制环境建设在2009年内取得了令人鼓舞的进展。[①]

(1)国务院《意见》的配套政策。如前所述,上海市专门出台了《贯彻国务院关于推进上海加快发展现代服务业和先进制造业建设国际金融中心和国际航运中心意见的实施意见》,提出了确保落实两个中心国家战略的6方面、93条政策措施。

(2)国家金融法律法规。2009年来,全国人民代表大会、"一行三会"等监管机构陆续制定和修改了一系列金融法律法规,同时最高人民法院、最高人民检察院也出台了若干司法解释,为上海国际金融中心提供了更完备的法制基础。如全国人民代表大会通过《刑法修正案(七)》将利用未公开信息交易行为入罪;证监会出台了《首次公开发行股票并在创业板上市管理暂行办法》、《关于基金公司开展特定多个客户资产管理业务的规定》和《期货公司分类监管规定(试行)》等规章,修改了《证券发行上市保荐业务管理办法》、《中国证券监督管理委员会发行审核委员会办法》等规章;保监会出台了《保险公司管理规定》、《人身保险新型产品信息披露管理办法》等规章,同时《保险公司财务负责人任职资格管理规定》等规章也在2009年生效实施。另外,《外国机构在中国境内提供金融信息服务管理规定》、《股权出资登记管理办法》、《金融业经营者集中申报营业额计算办法》等法律法规也先后生效实施,填补了诸多法律空白。最高人民法院出台了《最高人民法院关于适用〈中华人民共和国保险法〉若干问题的解释(一)》等司法解释。上海通过积极、自觉贯彻实施各项国家金融法规,构建了良好的法制环境。

(3)金融中心的地方性立法。2009年6月25日,《上海市推进国际金融中心建设条例》(以下简称《条例》)经上海市第十三届人民代表大会常务委员会第十二次会议表决通过,并于2009年8月1日实施。作为首部推进国际金融中心建设的地方性法规,它为金融政策的连续性与稳定性奠定了法律基础、提供了制度上的保障。《条例》内容涉及上海市金融市场体系建设,区域布局和基础设施、金融人才环

[①] 吴弘、俞高平、张悦怡:《上海国际金融中心法治环境建设2009年年报(上、下)》,载《上海金融报》,2010年4月15日、20日。

境建设，金融创新环境建设，信用环境建设，金融风险防范与法制环境建设等方面。在优化法制环境方面，以在上海市营造"最规范、最高效、最公平"的环境为目的，在依法行政，完善金融诉讼、仲裁环境，提供最优法律服务方面作出规定，力争为国际金融中心建设打造良好的法制环境。

为确保《条例》贯彻落实的配套规范纷纷出台，先是出台《上海市集聚金融资源加强金融服务促进金融业发展的若干规定》，其后浦东新区政府于2009年9月出台《浦东新区关于加快推进上海国际金融中心核心功能区建设的实施意见》，浦东新区还陆续推出有关外资股权投资、融资租赁业务和航运金融，支持、鼓励金融人才等金融新政。

(4)金融执法力度不断加强。上海证监局在2009年10月20日发布了《关于上海辖区证券公司提高合规管理有效性的指导意见》，引导辖区证券公司建立合规管理模式，增强自我约束能力。针对"老鼠仓"等基金利益输送问题，年中对多家基金公司进行了稽查，处罚了个别从业人员。上海证监局与公安部门等"打非"联席会议成员单位建立合作联动关系，逐步形成了非法证券活动案件线索的定期通报机制。针对网络已成为非法证券活动主要载体的问题，上海证监局与其他部门联合执法，清理非法证券活动信息和广告链接，关闭冒用证券公司名义设立的非法网站。2009年3月和7月，上海证监局先后在媒体曝光了253家非法经营机构及网站，提示投资者防范非法证券活动。上海保监局在2009年进一步规范公司市场经营行为，整顿产险行业经营秩序，推动行业自律，同时积极防范和化解寿险公司银邮渠道风险；按照中国保监会的要求，推进全行业打击假保单、假机构、假赔偿的"三假"工作。

(5)金融业自律内控日臻完善。2009年，各个自律组织通过各种举措加强自律管理。各同业公会组织各项活动，开展合规培训。上海证券交易所"依法办所"，不断完善业务规则体系，夯实自律管理的制度基础；推行自律管理的关口前移，引导相关市场主体守法自律，倡导上市公司加强内部控制和投资者关系管理，引导董事、监事、高管人员自我约束；连续开展"监管行动季"活动，惩戒数量、力度以及广度远超往年，并对游资恶炒、上市公司信息披露违规等监管重点、难点进行了不少突破和尝试。

(6)金融司法保障得到不断强化，金融纠纷处理机制更加完善。

其一，上海市高级人民法院(简称上海市高院)自2009年起建立发布年度金融审判白皮书制度，促进建立有力衔接刑事、民事、行政等的金融法律体系，重点防范金融犯罪的发生，并借助民事和行政手段来解决金融纠纷，运用行政和刑事手段惩处金融违法犯罪行为。2009年，上海法院共受理一审金融商事纠纷案件17 000余件，较2008年同比上升超过五成，收案标的总额上升超过百分之百，凸显出司法执法保障金融安全、推动金融发展的作用。上海法院体系已建立起金融审判专家辅助制度。2009年4月，上海市高院正式成立了上海法院金融审判专家咨询库，通过聘请金融领域的专家学者、提高金融专业人士的陪审率等方式，发挥金融专家的智囊作用,有效弥补法官对金融专业知识的不足,提升了上海金融审判水平。

其二,上海完善专门的金融司法机构体系。继浦东新区法院和黄浦区法院率先成立专业金融审判机构之后,2009年6月,上海市高院和第一、第二中院也已成立专业的金融审判庭,实现金融审判专业化。2009年3月19日,全国首个金融犯罪公诉专门机构,即金融、知识产权犯罪公诉处落户上海市浦东新区。此后,黄浦、静安等区检察院也设立了金融检察机构,以优化金融司法资源,为国际金融中心建设提供了更强有力的司法保障。

2009年11月,为了强化"金融检察"概念,上海金融检察工作委员会挂牌成立,起到加强对金融违法犯罪的预防惩处以及防范和化解金融风险的作用。

其三,更新司法理念和服务举措。2009年年初,上海市检察院和上海市高院相继出台了《上海检察机关为加快国际金融中心和国际航运中心建设服务的意见》和《上海法院为加快推进"四个率先"建设"四个中心"提供司法保障的若干意见》。作为上海司法系统应对国际金融危机,服务、保障上海金融中心建设的积极举措,两份文件反映了司法理念的提升:更为注重事前防范和全局性视野。在这一理念的指引下,通过对特殊金融案件、金融体系建设、金融产品创新等法律问题的前瞻性研究,司法机关加强与金融主管部门的沟通协调,建立金融纠纷和金融风险的预警机制、金融审判白皮书和金融合规、风险情况通报制度等制度,创新服务举措,提升服务水平。

其四,金融法律人才培养的多元机制在探索中发展。2009年5月15日,上海市检察院成立金融犯罪检委会专业研究小组,旨在培养一批具有针对金融犯罪专业知识的执法人才,并采取带教、培训授课等方式,带动和促进全市检察队伍专业水平的提高。9月17日,陆家嘴中欧国际金融研究院金融法律高级培训项目启动,来自上海市高院以及浦东、黄浦等区县法院金融庭的30名法官作为首批学员。2009年11月22日,为加强高校金融法学科、课程与教材建设,提升金融法教学质量,适应上海国际金融中心建设的法制人才培养的需要,上海市法学会金融法研究会与华东政法经济法学院联合召开了"上海市高校金融法教学研讨会"。来自上海市16所院校近30名从事金融法教学研究的专家学者约40人出席了研讨会。会议交流了各校金融法教学与课程建设的经验,讨论了金融法教学体系、课程体系和教学方法。12月,2009年第三届陆家嘴金融文化节在浦东举行。这届文化节以"金融法制建设"为主题,除了开幕式举行浦东金融法制建设论坛外,还开展了包括金融法律知识进社区、金融知识进课堂等金融法制宣传教育等活动。另外,浦东新区法院依托高校教育资源,先后在华东政法大学和上海金融学院设立金融审判培训基地,同时为高校师生提供教学科研实践条件,合作培养金融法律高级人才,加强法制理论与实务的合作研究。

(三)上海国际金融中心法制环境建设中遇到的问题和不足

徐冬根教授在《国际金融中心法制环境建设研究报告》[①]中(2004)认为,在当代法治社会中,只有法律确认和保障的国家战略和金融政策,才具有可实现性。作为现代市场经济核心的金融体制的基础构造,以及金融合作与监管的诸多原则,只有得到一个综合性的法律框架的支持,才能得以确立和实现。我国金融法制建设,虽然取得了很大的成就,但是对于建设国际金融中心这样一个重大的战略来说,仍然存在很多不足之处。

具体而言,中国目前的法律体系面对建立上海国际金融中心如此高目标的要求,显示出许多的不足。其具体表现是:立法层次不高,法律效力低;立法系统性差,内部缺乏充分协调;立法透明度差,执行效力不佳;立法内容抽象,缺乏可操作性;规范理念落后,限制性条款过多;不少立法条款与国际惯例相背离等。

正如屠光绍(2009)所指出的,虽然上海在完善金融法制建设和金融法制环境方面做了一些工作,但与国际金融中心建设的要求和目标相比,仍然有很大的距离。众所周知,上海的金融市场和金融机构比较集中,金融市场比较活跃,聚集程度相当高,有些问题可能在上海体现得更为明显。在上海国际金融中心法制建设中,以下几个问题亟需研究解决:

其一,进一步完善金融法律制度的问题。从整体来看,我国金融法律制度的体系已基本形成。但是,在金融法律领域,还存在一些立法空白,如存款保险制度、股权投资基金、私募基金、金融机构的市场退出、金融机构的综合经营、金融控股公司、金融消费者保护,等等。此外,像期货业立法、金融衍生品立法、金融国有资产管理方面等,都还没有法律规定。同时,还有很多立法,如信托法等,已经落后于市场的实践。在金融税收方面,我国的金融税收制度从整体上来讲,与上海建设国际金融中心的要求相比,以及与国际惯例相比,也存在较大差距。这个法律体系,有些空白,有些落后于实践,在上海体现得比较充分。

问题在于,如何进一步地完善这些金融法制。在我国中央和地方立法权划分的前提下,金融制度的基本立法权在中央,国务院又提出了在上海的国际金融中心的建设过程当中,要建立起一套符合发展需要和国际惯例的金融法律法规体系,提出切实加快推进完善,不仅是在法律制度方面,还是在执法体系、监管、信用制度建设方面,都提出了非常具体的要求。

在目前这种情况下,上海面临的主要问题是:上海如何发挥对完善金融法律制度的积极推动作用;如何根据国际金融中心建设的要求,对金融等各方面制度的修改和完善进行研究,提出一个具体的、可操作性的建议;在金融基本制度以外的一些领域,如金融消费者的权益保护方面,上海能否探索地方先行立法;等等。这些问题,对于完善金融法律体系都有一定的意义。

---

① 徐冬根:《国际金融中心法制环境建设研究报告》,上海市法学会2004年度课题成果。参见上海市法学会网站:http://www.sls.org.cn/xuezhe_article_detail.jsp?main_id=7&id=2005112215752,2010年7月30日访问。

其二，完善金融监管体制的问题。我国目前的金融业监管体制有两个特征：一是分业监管，银行、证券、保险的分业监管；二是垂直监管。可以认为，这种分业垂直监管体制，与我国当前的金融发展总体情况和需要还是相适应的。但是，对于上海这样一个金融市场和金融机构聚集程度比较高、金融活动比较活跃的地方，在现实的金融市场活动过程中，金融的分业和垂直的金融监管体制，有时候会遇到一些问题。例如，这样的监管体系与金融的稳定发展的关系问题，因为目前金融的风险，有时可能不仅是在某一个金融市场领域，如银行领域、证券领域或者保险领域。随着金融活动的增加，尤其在综合经营情况下，出现了金融领域的交叉。在这个过程中，怎样形成在分业监管和垂直监管的体制下更有效地维护金融稳定、防范金融风险的方式？

另外，在这样的监管体制下，金融创新如何开展，可以采取什么方式？金融市场的创新、金融产品的创新、金融业务的创新是推进国际金融中心建设和发展的重要方式。在金融创新的过程中，因为有些金融产品和工具是跨市场、跨领域的，如何通过更有效的金融协调监管，使得金融产品和工具的创新、金融业务的创新更加有效？虽然国务院《意见》对这一点也有所提及，但在上海国际金融中心建设中，如何在市场机构、产品供应发展方面，形成既贴近市场、又有效监管的方式，也是一个值得进一步研究的问题。

其三，进一步建立公平、高效的金融纠纷解决机制的问题。近年来，上海在金融纠纷解决、执法体系方面，有一些完善和规定。但是，目前涉外金融争议选择上海作为仲裁地的不多，上海法院受理相关的案件也不多。上海的目标是建设为国际金融中心，金融市场开放程度比较高，但国际上对我国金融司法环境的认可度还不够高。改善金融司法环境，关键在于提高审判和仲裁的审理能力和公正性，而且，金融案件不同于传统的民商法案件，没有一定专业背景和市场实践经验，很难把握其中的法律关系。例如，航运金融、金融衍生品等复杂的金融案件，等等。

其四，提高金融法律服务水平的问题。目前，上海从事金融法律服务的律师数量不多，人才匮乏。例如，在航运中心金融服务方面，如船舶贷款、海商保险、资金结算、保险航运定价的中介等，很多金融法律事务，有能力介入的律师确实不多。在这个方面，如何能够通过改革或者开放，有助于吸引金融法律服务人才，促进上海国际金融中心建设，意义重大。

其五，加强金融法律教育、培训和金融法律研究的问题。既然上海把国际金融中心建设作为一个目标，那么在人才培养、研究咨询等方面，都需要进一步提高。

五、优化上海国际金融中心法制环境的思考与建议

近年来，我国颁布了一批金融法律法规，对于上海国际金融中心的法制环境建设，起到了积极促进作用。但是，我国金融法制建设的任务仍然很重，在某些立法方面滞后，同我国的金融改革和实施上海国际金融中心战略的要求还不相适应。如前所述，上海国际金融中心建设作为一个国家战略和长期的系统工程，必然是在不断完

善和优化法制环境中逐步推进。因此,不断优化上海国际金融中心的法制环境,是一个全局性、战略性的重大课题,将成为各级政府部门,以及法学界、法律界、金融界一个长期的任务。

(一)优化上海国际金融中心法制环境的方向、模式和途径

鉴于优化上海国际金融中心法制环境的复杂性,我们必须首先做好整体规划,以明确方向和发展模式、实现途径,循序渐进地向前推进。

1. 优化上海国际金融中心法制环境的方向

许小年教授(2010)认为,一个金融中心的成长和确立,靠的是软件,靠的是法律,靠的是透明、高效的监管体系和税收政策。国际金融中心的一整套制度安排应该和国际接轨,包括资本账户的开放。建设上海国际金融中心,可以考虑像当年搞深圳特区一样,在陆家嘴搞一个金融法律特区,在特区内实行国际法,资本账户开放,监管和税收学习我国香港的模式[①]。

我们认为,随着国际经济、金融格局的进一步发展演变,在中国已经成为世界第二大经济体的情况下,在体制和制度安排的前提下,我国通过在陆家嘴设立"金融法律特区"试点,或者其他类似的体制安排,促进上海国际金融中心的建设和发展,在未来是可行的。这个"金融法律特区"或类似体制安排,在专家公正办案的前提下,借鉴国外司法制度、探索金融判例效力的问题,逐步增加我国适应新形势的金融法律规则制定和金融惯例形成中的话语权,在国际金融新秩序的形成中发挥一定的主导作用。

这是因为,上海国际金融中心建设是国家战略,也是政府主导的一个系统工程,没有这样的政治魄力,实践中遇到的问题,恐怕难以有效解决,从而影响上海国际金融中心宏伟目标的尽快实现。

2. 优化上海国际金融中心法制环境的模式

关于完善和优化上海国际金融中心建设的法制环境的模式,从尽快实现上海国际金融中心建设的国家战略的角度,国家有必要通过特别立法,授权上海试点建设"金融法律特区",或者类似的体制安排,先行先试一系列的金融法律措施,研究总结适应金融中心建设需要的国际惯例,形成与国际惯例相衔接、适应金融中心建设和发展需要的法制环境体系,包括金融法律制度、金融审判案例、纠纷解决机制、消费者与投资者的教育与保护等各个方面。

这其中重要的是,在未来这个金融法律特区中,要拥有相对独立的立法、司法和行政体制和权力。就像在阿拉伯联合酋长国,迪拜国际金融中心是阿拉伯联合酋长国于2004年设立的"金融法律特区"(Financial Free Zones,Dubai Interna-

---

[①] 许小年:《建议设立陆家嘴金融法律特区》,在2010年3月份"推进上海国际金融中心建设系列讲座"上的讲座和6月份"2010陆家嘴金融论坛"上的演讲。参见新浪网资讯:http://finance.sina.com.cn/money/roll/20100323/02013254240.shtml。

tional Financial Centre），根据其《联邦宪法修正案》，拥有独立的立法、司法及行政权。①

3. 优化上海国际金融中心法制环境的途径

在上海国际金融中心金融法律特区得以试点和全国性金融法律制度进一步完善的前提下，适时创新金融司法体制、纠纷解决机制和金融消费者教育与保护机制，这包括但不限于以下几个方面：

（1）治理机制。经过国家立法或授权，由国家有关部门、上海市等联合设立具有综合行政、立法和司法决策权的上海国际金融中心特别管理委员会，依法行使国家授予的与上海国际金融中心建设有关的决策权力。

（2）司法体制。适时设立专门的上海金融法院、上海金融仲裁院、上海金融调解院等，为上海国际金融中心建设提供更为有力和有效的司法保障。当然，其前提是这些机构的工作人员既是懂金融和法律的专家，又是廉洁自律、公正无私的楷模，这也需要制度和机制的监督与保障。

（3）研究咨询。适时建立政府主导的上海国际金融中心研究院，作为金融中心建设和管理的决策咨询中心与官方智囊团，既研究金融，又研究法制，逐步建设成为在金融法律规则和惯例形成中具有重要话语权的权威机构。

（4）高级人才。建立有效的金融高级人才培养机制。除继续发挥上海金融学院、上海交通大学高级金融学院、陆家嘴中欧国际金融研究院等人才培养基地的作用之外，应该对现有高校进行分类，分别加大针对性的政策扶持力度，真正形成金融高级人才的培养、成长和选拔机制。

（5）其他方面。作为系统工程，优化上海国际金融中心建设的法制环境，还需要一系列的创新和突破，才能形成系统、完善、配套、高效的环境系统。既然试点金融法律特区，所有的要素都可以通过授权，由上海国际金融中心特别管理委员会改革、创新和完善。

（二）优化上海国际金融中心法制环境的战略阶段、目标与措施

尽管我们提出，从长远发展来看，应该适时在上海试点满足国际金融中心建设需要的金融法律特区，但我们同时认为，这是一个长远的规划，现阶段可能无法实现，更不是一蹴而就的。因此，根据上海国际金融中心法制环境建设的总体目标，将优化法制环境的工作划分为若干战略阶段，分别确立阶段性的目标，实施不同的措施。

---

① UAE Constitutional Amendment No (1) of 2003, Federal Law No. (8) of 2004 Concerning Financial Free Zones, Federal Decree Number 35 for the year 2004 To Establish Financial Free Zone in Dubai. Accordingly, the establishment of financial free zone in the Emirate of Dubai was named Dubai International Financial Centre (DIFC). In June 2004, (the late) HH Sheikh Zayed Bin Sultan Al Nahyan issued a federal law establishing the DIFC as a Federal Financial Free Zone for the Emirate of Dubai. The Regulatory and Companies Laws were enacted, along with ten other laws (including Arbitration, Contracts and Insolvency) in September 2004.

1. 2015年前后的战略阶段、目标与措施

(1)战略阶段。在此阶段,尽管上海国际金融中心建设在金融市场体系、金融机构积聚、金融交易活跃等方面能够取得显著成效,但法制环境建设在现有体制下恐怕难有大的改革和突破,逐步成为上海国际金融中心建设进一步发展的主要制约因素。

(2)战略目标。在做好上海国际金融中心建设中长期规划的基础上,大力推动司法体制的适应性改革,主要在于:一是要完善金融纠纷解决的机制,寻求金融审判、金融仲裁和金融调解的协调发展,建立起适应金融中心发展的衔接机制;二是要以金融消费者教育与保护为核心,初步建立起金融市场弱者保护机制,较为有效地保护债权人、投资者和消费者的合法权益。

(3)战略措施。首先,整合现有金融审判资源,理顺体制、突破障碍,确实发挥上海法院系统已经初步确立的金融审判专业法庭的职能;其次,借助于在世界上已广为接受的中国国际经济贸易仲裁委员会(CIETAC)在纠纷解决中的作用,联合上海有关单位,在陆家嘴设立专门的上海国际金融仲裁院和上海金融调解院,发挥其丰富经验和良好声誉的示范效用;最后,出台金融消费者教育与保护的法律法规,设立专门基金。

2. 2020年前后的战略阶段、目标与措施

(1)战略阶段。从现在到2020年大约6年的时间,是上海国际金融中心建设的关键期。时不我待,这一国家战略的阶段性目标,能够在多大程度上实现,关键就在于这个阶段。

(2)战略目标。根据国务院《意见》,到2020年,上海基本建成与我国经济实力以及人民币国际地位相适应的国际金融中心;基本形成国内外投资者共同参与、国际化程度较高,交易、定价和信息功能齐备的多层次金融市场体系;基本形成以具有国际竞争力和行业影响力的金融机构为主体、各类金融机构共同发展的金融机构体系;基本形成门类齐全、结构合理、流动自由的金融人力资源体系;基本形成符合发展需要和国际惯例的税收、信用和监管等法律法规体系,以及具有国际竞争力的金融发展环境。

(3)战略措施。虽然上海浦东"陆家嘴法律特区"可能尚未在形式上建立起来,但类似的制度和体制安排一定已经产生。也就是说,实质上的特区已经建立起来。因此,在战略措施上,一方面,国家通过专门立法,给予上海地区在金融立法、司法和行政方面更大的自主权;另一方面,上海通过借鉴发达国际金融中心的做法,初步形成了较为适应现实需要的金融法制环境。

3. 2020~2050年的战略阶段、目标与措施

(1)战略阶段。2020年之后,随着我国经济、社会、文化的持续发展,中国已经成为世界第一大经济体。而且,新的世界政治经济秩序已经初步形成,上海国际金融中心地位已经确认。

(2)战略目标。上海国际金融中心在全球经济金融发展中的作用越来越大,逐

步取代纽约和伦敦,成为各个方面排名世界第一的国际金融中心。同时,其在新的世界金融秩序中初具主导力,在适应新形势的金融法律规则的制定和金融惯例的形成中初具话语权,在国际金融新秩序中发挥一定的主导作用。

(3)战略措施。这一阶段,我国虽然各地发展并不均衡,但对于作为中国经济金融龙头的上海国际金融中心,还要保持大力建设和发展的态势。特别是,要研究国际金融中心发展演变的历史,吸取经验教训,通过立法、司法和行政、经济的措施,在法制环境方面形成确保上海国际金融中心持续发展的长效机制。

(三)优化法制环境近期工作的若干思考与建议

虽然上海国际金融中心法制环境的内容相当庞杂,但必须尽快改变我国金融立法跟不上时代发展、落后于经济和社会实际,从而使上海国际金融中心法制环境建设与上海国际金融中心战略要求存在脱节的局面。我国作为世界贸易组织(WTO)的一员,很多方面都要与国际接轨,从这个角度说,也必须尽快改变上海国际金融中心在法制环境方面相对落后的局面。

1. 优化法制环境必须坚持的基本原则

徐冬根教授(2004)正确地指出,在完善上海国际金融中心法制环境的过程中,应该坚持整体规划、适度超前以及与国际惯例规范相协调等原则。[①]

(1)整体规划原则。优化上海国际金融中心法制环境,是一个长期的系统工程,应结合对发展战略及具体措施的分析,进行整体的综合性规划。这种规划,应该在对法制环境因素进行深入分析的基础上梯度展开。这其中既包括立法完善、司法改革的规划,又包括金融监管、执法体制的规划,还包括机构设立、队伍建设的规划,等等。其主要内容是:其一,时间进度的安排:明确优化法制环境的阶段与进程;其二,机构职责的安排:明确优化法制环境的任务,在不同级别和类别职权的机构间合理分配;其三,内容结构的安排:法制环境的不同要素和不同层次之间的横向关系及纵向衔接。只有进行法制环境的整体规划,着眼于长期性、整体性和协调性,才能及时、合理地优化金融法制环境,推动上海国际金融中心建设的健康发展。

(2)适度超前原则。金融市场化和国际化是不可阻挡的趋势,社会的发展也是日新月异,金融法制建设只有适度超前,才能发挥法律对实施上海国际金融中心战略的引导作用。但法律仍然要受到社会发展现实条件的制约,立法的超前应有一个"适度"的要求。另外,即使法律确立的目标模式是可以行得通的,但如缺乏具体行为规范、过于原则和空洞的话,也无法达到立法的目的,反而有损于上海国际金融中心法制环境的建设。这是对法律可操作性的要求。因此,立法的适度超前是指在社会现实的制约幅度内超越现实,同时在立法内容上应实现目标模式与行为规范的统一。所以,立法的超前应适合上海国际金融中心法制环境建设的基础条件、辅助的法律实施条件和与现行法律制度的可协调性。

[①] 徐冬根:《国际金融中心法制环境建设研究报告》,上海市法学会2004年度课题成果。参见上海市法学会网站:http://www.sls.org.cn/xuezhe_article_detail.jsp? main_id=7&id=2005112215752,2010年7月30日访问。

(3)与国际惯例规范相协调原则。应当承认,国际金融中心法制环境建设由于其本身特征而受各国严格关注,整合各国金融法规仍需时日,而国际化立法则是必然归宿。优化上海国际金融中心法制环境,在立法方面应该与 WTO 的规则相协调。一方面,我国必须要进一步修改和完善现有的金融法律法规,建立起与 WTO 法律规范相协调的、健全的金融法律体系;另一方面,我们必须研究适应国际金融中心建设和发展需要的国际金融惯例规范,及时纳入上海国际金融中心法律规范体系之中。

2. 优化法制环境应该构建的法律系统

上海国际金融中心法制环境建设作为一个整体规划、分步进行的系统工程,其建设目标是一个有机的金融法制环境系统,应实现整体性、动态性、系统性和开放性的要求。

(1)法制环境系统的整体性要求。

如果从我国法律制度体系来说,上海国际金融中心法制环境体系由各部门法中的相关法律构成,各相关法律因其发挥的作用不同而形成内容、性质、形式上互有区别的子系统。

其一,框架性法律规范。框架性法律是指有关金融市场与金融管理的基本法律,主要内容在于:明确金融市场主体的法律地位及其权利、义务,规定市场交易规则,设立金融管理机构并明确其职权,规定金融管理原则和规则。这些内容体现在我国的一级立法中,为全国人民代表大会或全国人民代表大会常务委员会制定,具有普遍适用性和较强的稳定性。实践证明,在上海国际金融中心建设的初始阶段,在国内金融市场体制尚不健全的情况下,及时制定并颁布适度超前的金融基本法律,有利于形成我国统一的法律体系,构成对上海国际金融中心专项立法的指导和制约,也有益于营造上海国际金融中心良好的法制环境。

其二,放权性法律规范。放权性法律规范为关于上海国际金融中心法制环境建设的专项立法。放权性法律是指为促进上海国际金融中心的建立而赋予上海先行发展之权利的法律规范。从建立陆家嘴法律特区或者类似制度安排角度,也是通过国家专门制定的放权性或者授权性法律来实现的。其主要内容包括:先行试点人民币自由兑换的法律措施、放宽外资金融机构的市场准入条件、扩大外资金融机构的业务范围、银行业务与证券业务交叉经营的许可、放宽对外国资本进入本国金融市场的限制、鼓励本国金融机构的国际化经营,等等。

其三,优惠性法律规范。优惠性法律规范应该是上海国际金融中心法制环境建设的专项立法,在建立陆家嘴金融法律特区的情况下,可以由上海有权机关制定相关法律规范;在尚未设立特区前,这样的优惠性制度,只能通过国家有权机关来制定和实施。另外,为了敦促国外投资者在本国实施投资行为及吸引国外金融机构进驻与经营放开的业务,还需出台一些鼓励性措施,这类规定多以税收减免等优惠为主体内容,也可称为优惠性法律规范。优惠性法律规范与放权性法律规范一样,均具有灵活性的特点,立法形式均可表现为行政立法。

其四,监管性法律规范。监管性法律规范是指与上海国际金融中心建设适应的监管性法律制度和措施。尽管在作为基本法的框架性法律中已有相关的一般性规定,但由于监管行为随市场变动而需要及时调整,基本法为金融监管机关行使部门规章或者行政立法留下了较大空间。这特别在于,针对上海国际金融中心建设的特殊性,满足其率先自由化、国际化发展需要的特别性规定。一般而言,监管性法律通过完善监管机构设置、明确其监管职权与监管原则,以达到促进发展、控制风险、维护安全的目的。

(2)法制环境系统的动态性要求。

上海国际金融中心建设是一个长期的过程,其建成之后还要持续发展。在这个过程中,政治经济环境、国际金融秩序都会不断发展变化,所以金融法制环境必须与这种开放性和动态性的环境系统相适应,也达到开放性和动态性的要求,但这是与不确定性完全不同性质的状态。

事实上,金融法制环境系统的开放性和动态性,是对上海国际金融中心建设提出的指导思想上的原则要求,即随时保持"问题导向、需求导向和项目导向"的思想方法和工作原则,在发展中发现和识别问题,认准和把握市场需求,以法制环境的不同要素为标准,确立为一个个的具体项目,逐一解决和完善,以确保这个法制环境系统的动态的适应性和先进性。

3. 优化法制环境应该构建的司法体系

加强金融审判工作,对于上海建设国际金融中心法制环境建设,具有重要的意义和作用。由人民法院及时、准确地依法审理纠纷案件,不仅是规范金融秩序、防范和化解金融风险、公正保护各方当事人的合法权益、维护交易秩序、规范市场行为的需要,也是创造公平公正、有序竞争、规范开放、追求效益的金融软环境的有力保障。

一方面,整合现有的金融审判资源,理顺体制、突破障碍,确实发挥上海法院系统已经初步确立的金融审判专业法庭的职能;同时,面向社会选拔一批既懂法律又懂金融的人才,分别充实到金融审判系统,落实专家办案、敢于办案和善于办案的实际问题。

另一方面,适时改革创新,建立专门的上海金融法院。虽然目前设立专门性的上海金融法院时机尚不成熟,但从发展的观点来看,为适应上海国际金融中心未来建设和发展的需要,这样的专门性司法审批机构,还是应该择机设立。这恐怕也是在上海试办金融法律特区的重要内容和措施之一。

构建司法体系,是上海国际金融中心法制环境建设的内容和保障。但是,其前提是,这些机构的工作人员既是懂金融和法律的专家,又是廉洁自律、公正无私的楷模,这也需要相应的制度和机制予以监督和保障。

4. 优化法制环境应该形成的纠纷解决机制

在做好上海国际金融中心建设中长期规划的基础上,大力推动纠纷解决体制的适应性改革,其目标主要在于完善金融纠纷解决的机制,寻求金融审判、金融仲裁和金融调解的协调发展,建立起适应金融中心发展的衔接机制。

调解(mediation)受到当代各国的重视和采用,因其友好、经济、高效、保密的优点,而逐步在商事纠纷解决中发挥着替代和弥补审判与仲裁机制不足的重要作用。我们认为,上海应适时设立专门的上海商事(金融)调解机构等专业机构。从目前金融纠纷案件的审判和仲裁情况看,这显得十分必要。

这方面,隶属于中国贸促会/中国国际商会的中国国际经济贸易仲裁委员会(CIETAC),目前已经成为世界范围内广为接受的国际仲裁机构,在国际经贸纠纷解决方面,拥有丰富经验和良好声誉。而且,中国贸促会/中国国际商会调解中心,是我国成立最早、已经具有20多年实践经验的商事调解机构,拥有解决金融纠纷的大量经验,初步得到各类国际机构的认同接受。上海有关单位联合中国贸促会,在陆家嘴设立专门的上海国际金融仲裁院和上海金融调解中心,发挥其经验和声誉方面的示范效用,是推动上海国际金融中心法制环境不断优化的重要途径之一。

5. 优化法制环境应该具备的消费者保护机制

这方面,要以金融消费者教育与保护为核心,逐步建立起金融市场弱者的保护机制,有效地保护债权人、投资者和消费者的合法权益。同时,适时出台金融消费者教育与保护的法律法规,设立专门的金融消费者保护基金。

第三章

上海金融服务供求与现代服务业发展研究

上海现代服务业经过"十一五"期间的探索和实践,一批各具特色的现代服务业集聚区相继建成,呈现出"形态凸显、功能初现、重点突出、产业集聚、配套便利、交通便捷、效益显著、效应明显"等特点,成为上海实现"创新驱动、转型发展"的新载体、新引擎和新的增长点。加快发展现代服务业,对于推进上海产业结构调整,加快经济发展方式转变,保持地区经济长期平稳较快发展和社会全面进步,有着十分重要的意义。而现代服务业健康、快速发展又面临着金融服务供给的约束,离不开现代金融服务业的发展和壮大。

在当前宏观经济背景下,大力发展现代服务业是我国"创新驱动、转型发展"的重要战略举措,而现代服务业的健康发展离不开商业银行强有力的金融服务支持。如何发挥商业银行金融资本的配置作用,促进现代服务业迅速发展已经成为亟待研究的重要课题。本章首先描述了上海现代服务业的发展现状,然后选择现代服务业的若干典型行业,具体分析其快速发展面临的金融服务约束和挑战,在此基础上提出了金融机构支持上海现代服务业转型发展的对策建议。

一、上海现代服务业的空间布局与发展趋势

(一)上海现代服务业的空间布局

据上海市商务委员会测算,截至 2010 年年底,全市集聚区建成面积约 1 556 万平方米,完成投资总额约 2 194 亿元,引进全球及中国 500 强企业 408 家,从业人员约 79 万;2010 年实现税收 476 亿元人民币,年度税收亿元以上的楼宇约有 150 栋。在"十一五"确定的 20 个集聚区中,浦东新区陆家嘴金融贸易区等 16 个集聚区已基本建成,占集聚区总项目的 80%。

1. 三大现代服务业集聚带

(1)黄浦江集聚带。以黄浦江两岸开发及举办世博会为发展契机,重点发展金融、会展、航运、旅游、文化等现代服务业。

(2)苏州河集聚带。结合苏州河两岸的老厂房、老仓库进行开发,重点发展研发、设计、创意、媒体、广告等产业。

(3)延安路—世纪大道集聚带。以宾馆业、商务楼宇为主体,重点发展专业服

务、信息服务、总部经济等现代服务业。

2. 中心城区现代服务业集聚区

(1)外滩及陆家嘴金融贸易区(世纪大都会项目)。

外滩及陆家嘴金融贸易区是上海金融中心的核心功能区,重点发展以中外银行、保险及资产管理等企业为主的金融服务业。世纪大都会项目地块位于浦东新区福山路、东方路、潍坊路、张杨路路口,处于浦东4条轨道交通线(2号、4号、6号、9号)交汇处,地块占地面积9.7万平方米,规划建筑面积38万平方米。该地块是浦东现代服务业集聚区建设的核心区,集商务、商业、酒店、文化娱乐设施为一体,将成为上海金融中心核心功能区中的标志性建筑,成为上海市中心最有竞争力的现代服务业集聚区之一,对提升浦东的现代服务业功能具有举足轻重的作用。目前,陆家嘴金融贸易区已经建设成型,股权投资公司、私募基金、第三方支付和会计师事务所纷至沓来;每年都有2 000多家企业落户这个上海国际金融中心建设的核心功能区域,新增注册资金200多亿元。现在已集聚626家国内外金融要素市场和银行、证券、保险等中外金融机构,占全市的70%。

(2)浦东世博—花木国际会展集聚区。

世博—花木国际会展集聚区是以新国际博览中心为核心的现代服务业集聚区,周边规划有多个商务商业及酒店配套项目,总规划面积34万平方米,功能定位为会展配套、商业、商务、宾馆设施等。其建设目标是成为全国乃至环太平洋地区著名的国际文化交流、商务办公、会展旅游集聚区之一。目前,周边多个商务商业及酒店配套项目正在紧锣密鼓地开发和建设,总规划面积34万平方米。其中有梅花路商业街、芳甸路永达大厦、证大喜马拉雅中心、世纪花园办公楼等。

(3)张江高科技创意文化和信息服务业集聚区。

张江高科技创意文化和信息服务业集聚区,将建设成为国际一流、以软件产业和创意产业为主导、以软件园和银行卡产业园为依托的创意文化和信息服务业的集聚区,将为在张江高科技园区发展的信息产业和重点科技研发总部提供全方位服务。创意大厦作为规划的一期基地,占地面积4 365平方米,总建筑面积1万余平方米,已有38家企业入驻,涉及动漫、影视制作、设计、网络游戏、流媒体等多个行业;二期已明确选址于高科路绿化带,规划面积在2.2万~2.5万平方米,并拟建中国首个动漫博物馆和动漫影院;三期即核心区域,目前选址基本确定,在张江中区东南部教育区内,规划面积10万平方米左右,主要用于企业孵化园区、研发办公场地以及艺术类院校的建设。

(4)黄浦西藏路环人民广场现代商务区。

西藏路环人民广场现代商务集聚区地处世纪大道—延安路和苏州河两大现代服务业集聚带核心区域,是处于上海城区最中心位置的现代服务业集聚区,具有得天独厚的发展优势,将建设成为体现城市繁荣繁华景象,最具规模高端现代服务业,汇集、展现新型时尚魅力特色的现代商务集聚区。目前,黄浦区的"企业天地"集聚了众多跨国公司总部,每月税收已超过2亿元。

(5)黄浦淮海中路国际时尚商务区。

淮海中路国际时尚商务区的核心区为太平桥地区现代服务业集聚区,占地52公顷,规划总建筑面积约130万平方米,其西起马当路,东至西藏南路,南抵合肥路、肇周路,核心区占地24.6万平方米,建筑面积78.6万平方米,总容积率2.5,规划建设5 000个地下泊车位。其建设目标是成为世界500强企业和国际品牌的集聚地,力争成为达到国际水准的国际大都市商业商务中心。

(6)静安南京西路专业服务商务区。

静安南京西路专业服务商务区现有商业面积60万平方米,其中梅陇镇广场、中信泰富、恒隆广场、金鹰国际购物中心、久光百货等聚集了1 200多个国内外知名品牌;现有商务面积150万平方米,已入驻8家世界500强企业的地区总部、研发中心、投资公司等。2006年,静安区税收超亿元的商务楼宇已有9幢,商业、商务投资的集聚效应日益增强,成为上海标志性的国际商务办公区域之一。目前,静安南京路沿线和周边,高端商务、商业功能相互融合,楼宇经济日益强大,2011年这个集聚区内已有19幢楼宇年税收过亿元,其中4幢因月税收超过亿元而被称作"月亿楼",恒隆广场更成了上海首幢"月双亿楼"。

(7)杨浦大连路创意产业服务区("海上海"项目)。

以科技商务为特征的大连路创意产业服务区建设,2006年取得重大突破——"海上海"项目完成建设,西门子华东总部入驻该区域,园区着力体现出现代创意设计产业的集聚。大连路创意产业服务区坚持以科技产业为支撑,以科技商务、科技办公为产业主体,以中介服务为特色,集聚国内外科技公司总部、研发和采购中心,打造一个高起点、综合性的创意产业、科技产业服务链。大连路创意产业服务区,正以"海上海"创意街区项目为引领,以西门子华东总部入驻为契机,加速推进高端要素的集聚,加快形成总部经济集聚态势。

(8)徐家汇知识文化综合商务区。

徐家汇知识文化综合商务区(寰宇项目)将建设成为综合服务功能完备、辐射力强的现代化城市副中心,提高区域内商业商务的水准,充分展示上海的风貌。

(9)虹桥涉外商务区。

虹桥涉外商务区依托虹桥机场和虹桥经济技术开发区建设,功能定位为"国际、商贸、文化",凸显"商业型、休闲式、数字化"特征,除了对现有楼宇群的功能拓展和提升,还将选择合适地块作为核心区着力打造。其建设目标是成为上海的涉外经济商务服务平台和长三角的商务服务平台。

核心项目一为虹桥涉外贸易中心。该项目位于长宁区茅台路以南、娄山关路以西,用地面积3.5万平方米。2号、10号、15号三条轨道交通线,延安路高架、内环线等为该地区带来便捷的交通网络。该项目拟建成虹桥地区内集办公、商业、文化娱乐于一体的标志性建筑,方案设计中包括11万平方米的甲级商务楼和约5万平方米的多业态综合高档商业步行街,其他配套设施7万平方米,总建筑面积达23万平方米。

核心项目二为中山公园商业商务区。该项目位于长宁路凯旋路以西、三泾南宅住宅小区以北、中山公寓以东、长宁路以南,地块紧靠轨道2、3、4号线三线换乘站点,具有依托城轨交通枢纽的优势。该项目功能定位于国际商业和数字商务,将通过对原东华大学地块的开发建设,打造市级商业中心和多媒体产业发展核心区域。

(10)虹口北外滩航运服务集聚区。

虹口北外滩航运服务区(国际客运中心北侧地块项目)是上海迎接国内外宾客的海上大门,服务区内与上海国际航运中心功能相关的服务设施一应俱全,将吸引众多的国内外航运巨头入驻此地,形成航运企业聚集、航运要素市场繁荣、配套服务完善的航运特色区域,成为上海国际航运中心的重要组成部分。目前,北外滩航运服务集聚区集聚了4 200多家航运及相关企业,国内首只航运专业基金、国内第一个航运运价第三方交易平台相继成立,国内第一家无车承运业务试点企业也已获批,"航运企业成群、航运要素成市、航运产业成链"效应凸显,正向建成上海国际航运中心核心功能区的目标前行。

(11)江湾五角场科教商务区。

依托高校科教人才优势,把现代商业、商务和创智产业相结合,建设成为集科技创新、科技中介、科教文化交流、金融服务、商务办公、商业购物、休闲娱乐等功能于一体的特色商务集聚区。在其建设过程中,充分挖掘其周边高校云集、大学科技园区集聚的优势。如在中部创智天地的建设中,将各高校产业处负责人吸收为创智天地管委会的成员,以充分承接复旦大学、同济大学、上海财经大学、第二军医大学、上海体育学院等著名学府的"向心力"和"辐射力";依托复旦大学金融学院的学科优势,在环岛附近启动建设"复旦金融创新园";依托复旦新闻学院和多媒体研究中心,共同构建"文化传媒产业园"等。

(12)普陀长风生态商务区。

长风生态商务区东起长风公园,南临苏州河,北以金沙江路为界,西至真北路中环线。实际可规划开发的土地面积为220公顷,约合3 300亩,新开发总量建筑面积319万平方米。商务区分为现代服务区、配套的高尚居住区和公建配套区三大区域,在功能设计上包括生态商务港、时尚娱乐圈和创意产业群。长风生态商务区的建设目标是"水、绿、建筑"完美组合,景观功能、生态功能、经济服务功能和谐统一的现代服务业集聚区和苏州河生态走廊新景观。

(13)不夜城现代交通商务区。

不夜城现代交通商务区(苏州河北岸项目)保留了上海母亲河的昔日风采,又注入了全新的现代服务业元素,将建设成为现代交通服务业高度发达的现代服务业特色集聚区。

3. 郊区现代服务业集聚区

(1)青浦赵巷市郊商业商务区。

赵巷商业商务区位于青浦区东部、318国道、A9高速公路和沪青平公路的交汇点,是上海连接江浙两省的重要节点,也是青浦区连接闵行区、松江区、嘉定区的重要节点,区域及交通优势十分明显。其建设目标为商业零售业、批发业、展示交易业、文化休闲娱乐业、宾馆业、商业写字楼等多业态为一体的集群化现代商业组织模式,首期规划范围为1.5平方千米。一是引进百联集团和香港九龙仓企集团共同投资的奥特莱斯品牌直销广场;二是形成集休闲、购物、娱乐为一体的郊外购物中心;三是引进若干家投资商和具有国际知名品牌的酒店经营管理公司;四是引进国内外从事物流、贸易、会展等企业,建设物流贸易平台,并建立一些与此相配套的商贸商务办公楼。其中,奥特莱斯品牌直销广场于2006年4月28日试营业,全年日均人流量达6 000余人次,最高峰车流量达1万余辆,日销售最高达到700万元。

(2)宝山钢铁物流商务区。

宝山钢铁物流商务区位于宝山区友谊路以南、铁山路以东,占地347亩,总建筑面积32万平方米,项目总投资近20亿元人民币。宝山钢铁物流商务区的发展目标,是通过信息化手段,打造钢铁商贸平台,吸引全国乃至全球的钢铁交易市场和大型生产厂商及贸易商,通过网络平台实现信息、资源的共享,实现交易及加工配送的属地化;通过产业集群效应,实现产品供应商、贸易商、用户的直接联动,形成信息流、商流、物流、资金流的场内运行,从而有效地降低运营成本、提高经济效益,促进提升钢铁产业的集聚发展,争取在3~5年的时间内把商务区建设成一个全国乃至全球共同市场,预计可以完成每年1 000亿元的销售额,实现10亿元/年的税收,提供1.2万个就业岗位。

目前,宝山钢铁物流商务区集聚了包钢、首钢、MYSTEEL、钢之源等800家钢铁业上下游企业,年交易额超过1 000亿元,已成为全球最大的钢铁现货市场,MYSTEEL发布的钢铁价格指数则是全国最具影响力的指数。

(3)松江佘山休闲旅游区(华侨城综合旅游项目)。

通过新颖的创意,引进先进的娱乐设施,丰富其国家级旅游度假区的内涵。作为华侨城旗下项目之一,"动感、时尚、欢乐、梦幻"的大型主题公园——上海欢乐谷,于2009年8月16日正式开放,成为上海乃至全国规模最大、景色最美、科技含量最高的主题公园。上海欢乐谷包含"阳光港、欢乐时光、飓风湾、金矿镇、蚂蚁王国、上海滩、香格里拉"7个主题区,百余项娱乐及观赏项目,12座顶级游乐设备,逾万个表演场馆座位,成为2010年上海世博会主题"城市,让生活更美好"的重要体验区。

(4)国际汽车城现代服务业集聚区。

将整合汽车服务资源,打造汽车行业配套贸易、展示、休闲等商务商业平台。建设成为集汽车文化、体育、研发、贸易、展示等多功能于一体的汽车服务集聚区。

(5)七宝生态商务区。

建设成为上海郊区生态环境最好、经济水平较高、社会文明进步的生态度假旅游区,依托生态环境,建设闵行商务集聚新地标。

(6)漕河泾高新科技产业服务区。

漕河泾高新科技产业服务区位于漕河泾开发区中心位置,东起虹梅路中环线,南沿漕宝路,西至古美路,北临宜山路,总占地面积约23万平方米,总建筑面积约80万平方米。

以漕河泾开发区为立足点,集聚区的功能确定为"四个平台":一是总部经济平台,集聚一批跨国公司地区总部以及研发、技术、管理、采购、销售、营运、结算中心等项目;二是研发设计平台,集聚一批软硬件产品设计、工程设计、工业设计、系统集成设计及开发等项目;三是创新孵化平台,集聚一批技术创新、科技成果转化项目和专业孵化器;四是综合服务平台,集聚一批为上述平台提供综合配套服务的项目。据统计,2010年服务业比重已达40%,而2011年80%的新入驻项目是跨国公司研发中心、地区总部和服务中心。

(7)南桥中小企业总部商务区。

南桥中小企业总部商务区,承接杭州湾大桥的交通便利,依托区位和产业等优势,立足于服务南上海、服务长三角,成为奉贤区新一轮发展的载体和抓手。

(二)上海现代服务业发展趋势

2012年1月9日,上海市召开现代服务业集聚区建设推进大会,发布《上海现代服务业集聚区"十二五"发展规划》。根据该发展规划,未来5年,上海将结合后世博发展、虹桥商务区和郊区新城建设,新增5大现代服务业集聚区。

1. 浦东新区世博园区会展商务集聚区

"十二五"期间,世博园区将改建成新的集聚区,目前已有13家央企总部确定落户,世博轴商业街、高星级酒店群建设也已破土动工,形态优化与功能转型同步启动,整个区域最终将成为浦东会展商务的新地标。

2. 青浦区西虹桥商贸商务集聚区

在青浦区西虹桥商贸商务区内,世界最大的展览设施中国博览会会展综合体已经开工,3年后项目建成,将有效突破上海会展业"瓶颈",提高上海会展业发展水平,并且将与金山、松江、崇明等区县的现代服务业集聚区一起,成为对接长三角区域发展、辐射全国的重要载体,还将为上海市郊新城建设提供大量就业岗位。作为上海市总部经济示范基地,西虹桥商务区将从资金、人才等方面制定优惠政策,重点支持总部经济、现代商贸、文化创意、现代物流、会展会务、旅游服务、金融服务等产业领域,加快总部经济发展,着力吸引研发、设计、营销、财务、采购、结算、投融资和培训总部入驻青浦区。据规划,西虹桥商务区制定了"以会展为中心,以商务为主、商业为辅"的产业发展战略,并将形成"一核、三区"的总体产业布局。所谓"一核",主要是指国家会展中心及配套产业的集聚区;"三区"分别为西部总部基地与金融服务业产业集聚区、北部蟠龙文化休闲与创意产业集聚区和南部特色居住产业集聚区。

3. 金山区枫泾国际商务区

枫泾国际商务区规划区域分东、西两片,东片东至沪杭高速公路,西至沪杭铁路,南至320国道,北至松江交界,占地约1.35平方千米;西片是东至朱枫公路,西至嘉善交界,南至新开河,北至步石塘,该地块占地约4平方千米。其建设目标为依托现有的上海服装城和上海服装机械城的资源,形成国内外一、二线品牌服装服饰直销;形成国内外著名品牌汽车"4S"店等汽车交易;形成国内外专业商品贸易;形成国内外游客休闲、购物、旅游的目的地。总部经济集聚区以建设生态型、低密度SOHO小楼和别墅型办公楼为主,同时包括按客户要求量身定做的企业总部、科研机构、实验中心等。文化教育医疗产业服务区以中国农民画村为基础,将建设文化创意产业园、人力资源开发、专业技术培训、高档私立医院、医学实验中心、高端体检中心、养生会所等。而高端休闲娱乐区将建设一个高标准的高尔夫球场、高尔夫会所、高尔夫乡村俱乐部、高尔夫别墅等。

4. 松江区松江新城国际生态商务区

根据规划,该集聚区地处新城的东北部,北至辰花公路,东至沪松公路,南至梅家浜路,西至通波塘,占地4.14平方千米,绿化覆盖率达50%以上。其主导功能定位为融文化娱乐、商业服务、生活居住等于一体的复合型综合城区,它将和南部新城建设并列为松江"十二五"规划中的两大重点项目。该项目的开发建设将与"大虹桥"地区紧密衔接,推动松江新城由生产型向服务型、创新型、文化型转变,进一步完善优化这座新城的产业功能。根据规划,商务区将形成"一核、两轴、三区"的圈层式空间布局结构:"一核"是指"T"字形生态绿核,其中将投建一栋名为"新方塔"的300多米高的商务大楼,届时将成为整个松江的地标性建筑;"两轴"则是指贯穿整个商务区的横纵两条区域发展轴,将把商务区与松江工业区、松江大学城、广富林遗址公园、轨道交通、佘山国家旅游度假区、松江新城、松江老城串珠成链;"三区"则是指三个功能板块,核心区为中央绿地和景观湖,内圈设置宾馆、商场、大型超市、金融机构、娱乐设施等,外圈将形成一个环形的高标准生态居住组团。

5. 崇明县陈家镇现代服务业集聚区

按照陈家镇总体规划和开发建设国际论坛商务区的战略构想,该地块将建成一个森林气氛浓郁的会务型综合性国际商务活动区和跨国公司喜好的低密度郊区总部办公地,还将建设配套生活、服务、休闲、娱乐需要的酒店、会所、高档居住的楼宇和别墅,使该功能区域成为海岛花园镇的核心风貌区和现代服务业的集聚区。国际论坛商务区的规划范围是:东起陈家镇、前哨农场的上实边界,西至裕陈路,南起东滩大道,北至裕安大道。该功能区规划占地面积为8平方千米。国际论坛商务区的功能开发建设分为核心功能区和延伸开发功能区两大部分,其中核心功能区的主要布局为论坛中心区、会展会议区、商务写字楼、酒店会所服务区。核心功能区的景观布局,主要为占地1.5平方千米的中心景观湖,面积约为0.5平方千米的湖中央"首脑岛",以及连接首脑岛的景观桥和安排建设的直升机停机坪等。多种生态景观和功能建筑的相互辉映,使该区域显现出幽静、典雅的生态环境和具有现代服务业水准的产业集聚区的勃勃生机。在论坛商务区的核心部分,还将重点建设大型国际会议中心、园林式五星级酒店和国际会议组织常驻会址写字楼。除核心功能区之外,国际论坛商务区将规划开发延伸功能区的建设。延伸功能区共由跨国企业森林总部区、会展服务中心区、现代商务办公集聚区、国际生态低密度居住区和湖滨体育公园区等项目板块组成。

二、上海现代服务业典型行业金融服务需求分析

(一)金融服务需求理论

1. 学者和国际机构对金融服务的理解和认识

(1)学者对金融服务的理解和认识。

国外学者 Dietrich(1996)将金融服务定义为"金融机构为客户和投资者提供价值增值的服务"[1]。Arthur Meidan(2000)认为金融服务是指"金融机构运用货币交易手段,融通有价物品,向金融活动参与者和顾客提供的共同受益、获得满足的活动"[2]。

国内学者吕国胜等(1999)认为,"金融服务是指金融机构为物质资料的生产和流通提供融通资金的服务"[3]。而刘辉煌(2000)[4]认为,要全面理解金融服务的科学含义,必须从广义和狭义两个角度来把握。广义的金融服务包括金融服务机构(银行和非银行类金融机构)从事的一切业务活动(如存贷款、证券承销等)。狭义的金融服务是指金融服务机构提供的基于手续费和佣金(而非资产负债表)基础上的金融服务,主要包括国际结算(即对各经济实体之间因商品贸易、劳务供应、资金转移等而引起的跨国货币支付行为,如国际信托、资金划拨等)、国际信托(金融机构接受委托人的信用和指示,代为管理、营运或处理委托人的财产或事务,为委托人或委托人指定的受益人谋取利益的经济行为)等传统国际金融服务和金融机构代客户进行利率掉期安排、现金管理、外汇风险管理,为投资者进行国际投资组合管理,以及参与国际收购与兼并咨询、外汇交易咨询等。

(2)国际机构对金融服务的理解和认识。

世界贸易组织(WTO)乌拉圭回合多边贸易谈判所签署的《服务贸易总协定》(GATS)关于金融服务的附件中明确规定,"金融服务指金融服务提供者提供的任何金融性质的服务,金融服务包括所有保险及其相关服务,及所有银行和其他金融服务(保险除外)"[5]。同时,该附件对金融服务的范围也进行了具体界定。

国际货币基金组织(IMF)认可的国际收支平衡表把金融服务项目定义为"与股票的红利,银行存款、借单和贷款的利息等投资收益相关的服务;经纪人和中间

---

[1] Dietrich, J. Kimball. *Financial Services and Financial Institutions*. Prentice-Hall Inc, New Jersey, USA. 1996. 14.
[2] 亚瑟·梅丹著,王松奇译:《金融服务营销学》,中国金融出版社2000年版。
[3] 吕国胜、吴国生、唐培松:《现代金融实务》,中国金融出版社1999年版,第44页。
[4] 刘辉煌:《论国际金融服务贸易》,《湘潭工学院学报》(社会科学版),2000年第2期,第45~49页。
[5] 服务贸易总协定,http://www.cas.ac.cn/html.Dir/2002/05/05/14/6364.htm.

商对非商品交易收取的费用,银行、承保人和财务公司提供的、按照其收费衡量的财务服务"①。

联合国统计署认为金融及相关服务(Financial and Related Service)的统计口径应包括:金融中介服务,包括中央银行的服务、存贷业务和银行中介业务的服务、投资银行服务;非强制性的保险和养老基金服务、再保险服务;房地产、租借、租赁等服务;以及为以上各项服务的种种金融中介服务②。

根据世界贸易组织的说法,金融服务是指由金融服务提供者所提供的任何关于金融性质的服务,主要包括:(1)信贷服务:这是最传统的金融服务形式,也是所有金融服务中的主要方式,同时还是金融企业最主要的盈利来源;(2)证券服务:包括一级市场的发行服务和二级市场的交易服务等,通过这类服务为证券提供流动性,可以帮助企业和政府获得资金,为证券发行和交易提供可靠的价格及其他信息,其价值增值主要来自证券的发行、包销和交易等服务环节;(3)交易服务:这类服务实际上类似于为支票账户使用者进行会计服务,一般来说这类服务会随经济发达程度和金融连接广泛程度的增加而快速增长;(4)保险服务:是为保障客户在某些意外情况发生后避免经济损失而提供的一种服务,这类服务可以通过某种金融工具将客户的风险转移或分散;(5)资产管理服务:主要包括决定所管理的资产的风险或回报偏好,选择资产,获取或购买资产并提供安全保障,监督宏观经济表现和资产表现,当新信息、投资机会或资产管理目标变化时改变持有的资产组合这五个方面的内容;(6)信息和咨询服务:金融资讯一般可以分为金融信息、价值评估和投资建议这样三个层次,对这类服务是否收费,金融机构要视具体情况而定③。

2. 金融服务的整体概念模型

金融服务是指金融服务提供者(金融机构)为其客户创造和传递效用和利益的服务总和。它包括两方面内容:一是对客户金融需求的准确界定和描述;二是通过相应形式的服务内容或服务包(核心服务和支持性服务)的设计来满足客户的金融服务需求。金融服务一个显著的特点是,客户更愿意购买和获得成套的金融服务,而不会轻易付出转移成本。

金融企业必须对客户需求进行全面分析,识别不同层次的需求,形成完整的服务概念。而客户感知的服务质量不仅建立在核心服务的基础上,也建立在一系列支持性服务基础上,其中支持性服务的质量和范围是金融机构成败的关键。金融机构进行金融服务概念开发时,不应只注重核心服务的开发,更要强化支持性服务的开发,并以此作为开展差别化竞争的主要手段。整体金融服务概念模型(见图3—1)的开发既是金融机构进行金融服务创新获得成功的基础,也是难点④。

---

① 杨圣明:《服务贸易——中国与世界》,民主建设出版社1999年版,第136~137页。
② 黄达:《金融学学科建设设想》,中国金融出版社2001年版,第7~8页。
③ 何德旭:《关于金融服务业的一个比较分析》,《金融理论与实践》,2004年第7期。
④ 亚瑟·梅丹著,王松奇译:《金融服务营销学》,中国金融出版社2000年版。

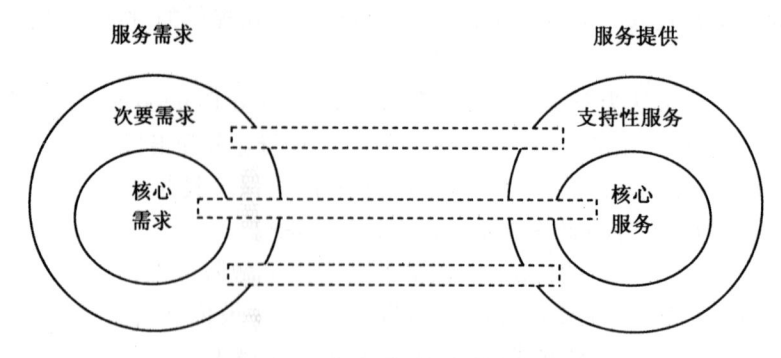

图 3—1　整体金融服务概念模型

对服务概念的研究表明,在服务需求与服务提供之间达成一致非常重要。从广义上来说,服务是一种无形的行为和过程,服务组织和客户相互作用。不同的服务业对服务概念的界定侧重点不同,同时服务随着服务业范围的不断扩大、个性化服务的增多,服务的内涵也在不断深化。在服务的生产和传递过程中,需要组织各种资源来为顾客提供一个整体解决方法。

3. 金融服务需求的基本要素

在世界贸易组织对微观金融服务界定的概念框架下,可以把企业金融服务需求内容细分为六个主要构成要素:

(1)产品。

①基础性银行产品:主要包括资产类产品、负债类产品、结算类产品、租赁类产品、涉外类产品等。资产类产品主要包括票据贴现、银行承兑汇票、中期流动资金贷款、短期贷款、固定资产贷款、个人住房贷款等;负债类产品主要包括向中央银行借款、向同业拆借资金、发行金融债券、储蓄存款、对公存款等;结算类产品主要包括银行承兑汇票、现金收付、银行汇票、委托收款、支票、汇兑等;租赁类产品主要包括经营租赁、融资租赁;涉外类产品主要包括涉外资产类产品、涉外负债类产品、外汇买卖与国际结算等。

②开发性顾问类银行产品:主要包括财务顾问、投资顾问、战略顾问、融资顾问、信息服务顾问、投融资顾问、兼并收购顾问等。

③其他新兴产品:主要包括金融期货、离岸金融、金融期权等。

(2)质量。

这里指服务态度、人员素质、服务便利程度(如操作程序是否简便、等候时间长短等)。

(3)地点。

这里指获得金融服务的网点、渠道以及方式手段等。

(4)数量。

这里指对金融服务需求的数量要求,包括贷款次数、频度、额度等。

(5)期限。

这里指享受金融产品服务的时间长短。

（6）价格。

这里指相应于其他需求内容而产生的交易费用,包括显性价格(如贷款利息)和隐性价格(如评估费用)两方面。

在某种程度上,企业对金融服务的需求最终均可分解成这六个需求要素。各个要素根据企业的需求动机和现实条件被衡量判断出重要性程度,然后组合形成该企业的特定需求。不同企业对需求要素各有侧重的需求结构差别,最终表现为企业之间相互差异的金融服务需求。

4. 现代服务业企业生命周期阶段金融服务需求分析

企业金融服务需求与企业发展阶段是共生的,企业金融成长周期与企业生命周期也是共生的。企业发展的不同阶段性决定了其金融需求特征,即企业金融需求周期与企业生命周期相一致,呈现出周期性特征(见表3-1)。

表3-1　　　　　　　　企业金融生命周期阶段特征

生命周期阶段	融资来源	金融服务需求
创立期	创业者自有资金、天使资金、风险投资、抵押等	一般银行服务、个人房产抵押、金融资产质押、存款、保险等
成长阶段Ⅰ	以上来源+留存利润、商业信贷、银行短期贷款及透支、租赁、商业信用、私募基金等	现金管理、贸易融资、外汇交易、营运资本、设备融资、抵押、存款、保险等
成长阶段Ⅱ	以上来源+金融机构的长期投资	投资资本、上市、咨询等
成长阶段Ⅲ	以上来源+证券发行市场、商业票据和债券	财物顾问、咨询、并购等
成熟期	以上全部来源	资本市场服务、一般金融服务
衰退期	金融资源退出、企业并购、股票回购、清算等	清算服务、资金账户管理、一般金融服务

资料来源:根据相关资料整理。

企业金融成长周期理论认为:创业初期企业的信息基本上是封闭的,由于缺乏业务记录和财务审计,主要依靠内源性融资和非正式的资本融资市场融资;当企业进入成长阶段,随着规模扩大、可用于抵押的资产增加、信息透明度的逐步提高、业务记录和财务审计的不断规范,企业内源性融资难以满足全部资金需求,开始选择外源性融资,开始较多地依赖于来自金融中介机构的债务融资;在进入成熟期后,企业的业务记录和财务审计趋于完善,逐渐具备金融资本市场发行有价证券的资产规模和信息条件。随着来自资本市场可持续融资渠道的打通,企业债务融资的比重下降,股权融资的比重不断上升,而在这一过程中,企业融资策略呈现出阶段性特征。[1]

---

[1] 熊泽森:《中小企业信贷融资制度创新研究》,中国金融出版社2010年版。

(二)上海航运服务业发展及其金融需求分析

1. 现代航运服务业不同类型企业金融需求分析

现代航运服务业涉及的企业类型众多,业务交叉性强,不同企业的金融需求差异较大。[①]

(1)船舶制造类企业的金融服务需求。

上游船舶企业包括船舶制造企业和配套设备制造企业,主要涵盖船舶和船载设备、港务机械、集装箱等航运所需设备的生产制造,属于传统的装备制造企业。资本密集、劳动密集和技术密集是这个行业的共同特征。总体而言,整个行业基础投入较大,资金需求主要集中在固定资产投资以及船舶融资领域,对融资依赖度高。

(2)航运服务类企业的金融服务需求。

中游航运企业包括船公司、船务代理和货运代理等。航运能够直接为最终客户服务,成为连接上、下游产业的枢纽。由于航运业国际化、网络化的趋势,原本经营相对单一业务的公司都在向两端延伸,以物流网络的形式参与国际竞争。这些企业经营活动具有较强的专业性,其金融需求的特点主要是境内外公司差异较大、应收账款较为安全、收支币别与期限存在错配。

(3)港口经营及临港制造企业的金融服务需求。

下游企业包括港口以及临港制造服务业。从近些年的发展来看,港口企业以及临港制造服务业综合功能得到强化,从而决定了对于金融服务的全面需求。

表3-2显示了现代航运服务业不同企业对金融产品需求的共性需求和差异性需求。

表3-2 现代航运服务业不同企业对商业银行金融产品需求差异的比较

企业类型	共性金融需求	差异性金融需求
船舶制造类企业	国内、国际结算;长期贷款	银行信用担保、船舶建造贷款、设备原材料采购融资
航运服务类企业	国内、国际结算	运费集中支付、传动融资、融资租赁、汇率风险规避、服务贸易项下应收账款融资
国际贸易类企业	国内、国际结算;贸易融资	供应链融资、外汇理财及避险产品
港口服务类企业	国内、国际结算	网上收费、服务及货物贸易项下应收账款管理及融资、外汇理财及避险产品
船代货代类企业	国内、国际结算;流动资金贷款	运费集中收付、运费无承付托收、信用支持、外汇理财及避险产品、服务贸易项下应收账款融资

资料来源:计小青、曹啸:《航运金融市场的需求特征及其对上海国际航运中心建设的启示》,《上海金融》,2011年第5期。

---

① 计小青、曹啸:《航运金融市场的需求特征及其对上海国际航运中心建设的启示》,《上海金融》,2011年第5期。

2. 现代航运金融市场的需求特征

现代航运服务业的国际化、周期性、资本密集以及涉及企业类型众多等特点决定了航运业与金融业之间存在密切的联系，并且使得航运业本身出现了金融化趋势，而航运金融市场正是航运市场与金融市场相结合的产物，因此，航运金融市场也具有独特的特征与发展条件。

(1) 资金交易规模巨大，产品种类复杂。

航运业是资金密集型产业，所需投资额巨大，投资回收期较长，而且风险性高，这些特点决定了航运企业很难依靠自身力量满足其融资需求以及进行投资活动，而是需要从诸多的融资渠道中选择适合本公司的最有利的筹集资金方式。

为了满足航运企业巨大的、多样化的融资需求，航运金融市场对于资金规模需求巨大，涉及商业银行、政策性银行、融资租赁公司、证券公司、信托公司、投资基金公司等各类金融机构以及外汇市场、股票市场、债券市场、衍生工具市场等金融市场，融资形式包含贷款、贸易融资、融资租赁、发行债券、吸收个人股权投资、投资基金、资金信托、私募股本、公募股本等金融产品。

(2) 周期性强，资本密集，风险较大。

航运需求受到国际市场波动的巨大影响，航运市场与国际经济周期波动具有较强的相关性，这就决定了航运业务的高风险特征。另外，航运企业对于成本十分敏感，而且航运业的主要成本包含了重要的金融因素。在航运的成本构成中，燃油影响最大，而燃油成本随着国际原油期货价格而波动，燃油价格的波动本身就是国际金融市场活动的结果。

航运业务对于风险和成本的敏感性既决定了航运企业对于航运金融产品的需求特征，要求金融机构与市场能够提供满足航运企业风险控制和成本控制需求的产品，也决定了航运金融产品本身的高风险性，这就要求金融机构具有较强的产品设计能力和风险管理水平。

(3) 对完善的航运金融市场中介机构有较大的依赖性。

在航运市场包含了各种类型的辅助机构，如经纪人公司、信息研究咨询公司、律师事务所、会计师事务所等，这些航运中介机构不仅有利于航运企业的经营活动，而且也是航运金融市场发展的基础。航运金融企业为了有效控制风险，就必须充分掌握航运企业的各种信息，从而能够对航运金融企业的信用风险以及航运业务的市场风险作出恰当的评估，并且根据风险决定航运金融产品的均衡价格。

因此，航运市场中介机构的发展能够为金融机构提供充分可靠的信息，便于金融机构用较低的成本获取航运企业和市场的有关信息，从而为金融机构的产品设计、定价和风险管理提供依据，降低航运金融产品的成本。否则，金融机构不能用合适的成本获得信息和进行风险控制，就会制约金融机构满足航运企业金融需求的能力。

(4) 航运产品本身表现出较强的金融化特征。

除了航运业的发展与金融业之间存在的内在联系，近年来，在经济全球化和金融化浪潮下，航运市场也开始出现显著的金融化特征，而航运金融化的趋势也强化了航运金融市场的复杂性。现在船舶、运费指数甚至订单都可以被当作商品一样进行交易。例如，运费指数已经形成了一个很大的交易市场。

目前的参与者不仅是航运商、贸易商、生产商，还包括了各种金融机构，这些机构在航运产品市场上的交易行为在很大程度上影响了国际航运市场的价格波动。

3. 发展航运金融业务，促进国际航运中心建设

航运金融通常是指航运企业运作过程中发生的融资、货币保管、兑换、结算、融通等经济活动而产生的一系列与此相关的业务总称。航运金融不仅在国际金融市场中具有举足轻重的地位，而且对国际航运市场的发展有着重要影响。

航运金融中的融资业务能为航运业提供巨大的资金支持，航运金融中的海上保险能使航运企业合理地规避海上运输的巨大风险。航运金融经过一个多世纪的发展，各类业务已发展比较成熟，形成了一批比较专业的服务机构。航运金融的业务主要包括船舶融资、资金结算、航运价格衍生产品等。从事航运金融的主体主要有航运企业、港口、造船厂、银行、保险公司、证券公司、商品及衍生业务的经销商、金融租赁公司等机构。

航运金融的发展和国际航运中心的建设相辅相成，有着密切的联系。例如，纽约、中国香港、东京、伦敦、新加坡五大国际航运中心都是著名的国际航运金融中心。据统计资料显示，当前全球每年与航运相关的金融交易规模高达几千亿美元，其中，船舶贷款规模约3 000亿美元，船舶租赁交易规模约700亿美元，航运股权和债券融资规模约150亿美元，航运运费衍生品市场规模约1 500亿美元，海上保险市场规模约250亿美元。

现代航运服务业的发展需要金融生态环境的优化，特别是航运金融的服务，主要体现在航运融资、航运保险、资本运作与兼并收购、航运基金、船舶租赁与融资、航运金融信息服务、航运信托、航运金融期货、航运会计服务、海事仲裁与法律服务和航运教育与培训等（见表3—3）。从表3—3中可以看出，航运金融服务内容广泛，需求市场巨大，发展空间广阔。

表 3—3　　　　　　　　　　现代航运金融服务业体系

行业	层面	业务/机构	主要内容
航运金融服务体系	核心业务	商业银行	各类贷款、抵押、担保、制服、汇兑、结算、信息服务等
		保险	保险、再保险、分保、互保、海损估算、保险经纪、理赔等
		证券	股票、债券发行与经纪、资产重组、兼并与收购、财务顾问、资产证券化等
		基金	各类基金发行与交易等
		信托	资金信托、投资信托、贷款信托、年金信托、融资工具信托等
		租赁	融资租赁、经营租赁、融资顾问等
		船舶担保	船舶抵押或设押的担保和服务
		期货	船舶交易价格指数与期货交易、货物运输价格(费用)与期货交易、远期运费合同(FFA)以及运费期权等
		财务公司	航运企业、船舶制造、港口、货运代理等公司资金和资本运营管理
	辅助业务	船舶登记	船舶所有权登记和服务等
		信用服务	个人、企业征信服务、资信评估等
		信息服务	网络、媒体、研究、咨询等
		会计服务	会计服务、审计、资产评估、税收咨询、账务处理、公司理财等
		海事仲裁与法律服务	海事法律、海事仲裁等
		航运教育与培训	各类航海教育研究培训机构、学术团体、船舶航道港口规划设计等
		政府部门服务	对港口公司、船公司和船舶制造企业的相关服务
		其他服务	其他服务等

资料来源：上海国际航运研究中心：《上海国际航运中心的实践与探索》，上海财经大学出版社 2011 年版。

(三)上海现代商贸业发展及其金融需求分析

1. 贸易金融的概念与特征

贸易金融是指商业银行为从事贸易的企业提供的金融服务的总和，通常包括传统的结算业务、贸易融资业务，以及为规避企业利率汇率风险的衍生产品业务。贸易金融业务对商业银行而言，具有以下"两高两低"的特征：

(1)综合收益高。

贸易金融中的国际结算业务能够为商业银行带来丰厚的手续费收入、结售汇差价收入，这已构成商业银行中间收入的重要组成部分，而中间收入占比往往是衡量一家银行内在价值的重要指标。贸易融资除了为商业银行创造利差收入，还可带来大量存款沉淀，为商业银行创造大量的隐性收入。据国际化大银行统计，贸易金融业务反映在账面上的利润只是冰山一角,只占整体创利的20%,另外80%的创利隐藏在贸易金融带来的派生收益之中。

(2)资金流动性高。

贸易融资期限短、周转快,具有很强的流动性。当前很多商业银行都面临着中长期贷款比例过高的问题,解决这个问题的有效办法就是大力发展贸易融资,做大短期融资规模,从而将中长期贷款比例控制在一个合理的范围,以达到监管的要求,保持商业银行充足的流动性。

(3)资本占用低

国际结算是典型的中间业务品种,不占用或较少占用银行的资本金。出口审单、全额保证金开证、结售汇等业务不占用银行资本;非全额保证金开立信用证或保函风险资产权重为20%,意味着发放一般性贷款所占的商业银行资本是减免保证金的5倍。

(4)融资风险度低。

一方面体现在融资期限短、资金回收快、敞口时间短、风险相对可控;另一方面体现在贸易融资业务具有真实的贸易背景,银行可以通过产品的设计来把握物流和资金流,以达到控制风险的目的,如通过供应链融资掌控贸易全过程、通过物流融资实现对货权的控制等。

2. 商业银行贸易融资业务发展现状分析

(1)国际贸易融资业务种类少,并以传统方式居多。

各家商业银行的贸易融资方式基本上是千篇一律、形式简单的打包放款,进出押汇及减免开证保证金等,很难满足进出口商的需要。而对于一些跨国公司而言,由于不能从国内银行获得服务,便很自然地去寻求外资银行,使国内商业银行白白丧失了业务机会。

(2)对贸易融资风险性认识太过偏激。

特别是进口授信融资方面,对以往形成的信用证垫款存在后怕心理,对优质客户、好的业务,不敢主动介入。

(3)准入门槛高。

过多地强调抵押担保的作用,却忽视对客户业务进行综合的量化分析和考察。而贸易公司普遍存在无财产、无担保的特性,与授信标准发生严重冲突,客户资源发展问题受到制约,国际结算业务的可持续发展能力受到挑战。

(4)授信融资审批环节多、流程繁琐、效率较低。

如未列入低风险范围的授信融资业务,无论金额大小、风险大小,审批程序和模式均相同,这与结算业务实效性强的特点相背离,有时甚至出现外汇已收回、融资申请还未批复的尴尬局面。

3. 现阶段商业银行贸易金融业务的新特点

在中国经济保持稳健发展的背景下,中国的对外贸易已经开始了新一轮加速。随着当今主要经济体的货币汇率、利率政策变化,贸易金融业务发展呈现出一些新的特点：

(1) 出口信用保险融资逐渐发展为出口赊销贸易的主流融资模式。

金融危机期间一些主流的国际保理机构遭受重创，国际保理商之间的额度一度取消。目前，虽有部分恢复，但仍无法满足市场的巨大需求。与此形成鲜明对比的是，依托出口信用保险的贸易融资产品在危机后得到了迅猛发展。中国出口信用保险公司也看中了这一市场机遇，加大了短期贸易险的开发力度，不断推出满足银行和企业不同需求的创新保单产品，承保范围涵盖短期贸易至中长期项目。出口信用保险的引入，对分散企业赊销贸易风险、提高银行风险缓释能力、降低资本占用等方面均具有明显的优势。

(2) 汇率避险/套利冲动带动贸易融资需求增加。

2010年6月，汇率改革重启，人民币升值预期进一步加强。每一次升值预期带来的结果就是外币需求的极度旺盛，进而导致商业银行的外汇流动性极度紧张，外币存贷款供需矛盾突出。特别是美国推行量化宽松政策后，美元走势成为大家关注的热点。弱势美元政策进一步刺激了进出口企业的套利融资需求。很多企业会采取提前结汇和推迟付汇的结售汇方式来主动规避利率风险，利用多种合规渠道介入海外无本金交割远期外汇（NDF）市场的交易也异常活跃。这无疑给各商业银行带来了新的市场机遇，并使与资金交易产品组合的贸易融资产品得到巨大发展。

(3) 与人民币跨境结算相关的贸易融资发展迅速。

人民币升值预期蕴含汇率风险，迫使进出口企业采取早收迟付等方式降低风险。但是短期外债指标的限制使得大多数企业推迟支付的意图无法付诸实施，而跨境人民币结算恰好可以有效解决这一矛盾。人民币远期信用证和延迟支付类工具因此成为贸易金融领域的一个新亮点。随着跨境人民币试点区域和试点企业的不断扩大，我国香港逐渐发挥了人民币离岸中心的功能，依托比内地更具吸引力的利率和汇率价格优势，吸引了大批内地企业将结售汇从内地搬家到香港。同时，商业银行相关人民币贸易融资产品发展迅猛，一方面帮助进出口企业规避汇率风险和降低交易成本，同时也为本币贸易金融发展带来了前所未有的机遇。

(4) 提升风险缓释能力的新型贸易授信产品得到快速发展。

随着新资本协议的逐步实施，国内银行面临的资本约束压力越来越大，银行不得不思考如何改进授信模式，以提升风险缓释效果，减少资本占用。同时，金融危机所暴露出的风险问题，也使得银行不断思考如何通过改进授信模式，做好风险与收益的平衡。在这种状况下，国内各商业银行纷纷加强了供应链授信产品、大宗商品融资、应收账款融资等新型贸易融资授信模式的研究和推广。

4. 未来商业银行贸易金融业务的创新方向

(1) 结构性贸易融资。

与传统国际贸易融资不同的是，结构性贸易融资并不是一种具体确定的融资方式,而是一些根据国际贸易的特殊要求,创造性地设计和组合、运用传统的融资方式和非传统的融资方式和方法的统称。在综合考虑借款人的信誉、贸易特点、对资金和物流的把握程度、银行资金来源、可承担的融资成本及可承受的风险、政府法规方面的要求等的基础上,为进口商或出口商专门设计的一个融资方案。结构性贸易融资的一般方式主要有出口信贷、银团贷款、银行保函、出口信用保险和福费廷等,其运用方式也主要是将这几种工具组合起来。

(2)创新应收账款融资。

随着信用证结算方式的减少,客户对托收、货到付款、赊销等应收账款的融资需求将大大增加,商业银行要想扩大贸易融资规模,创新应收账款融资成为业务创新的方向,其创新效果也直接影响商业银行发展贸易融资业务的竞争力。应收账款的创新主要包括大力开展保理、福费廷和出口商票融资业务,其中出口商票融资风险较大,在抵押担保之外,商业银行为控制风险,可以采取第三方买断、资产证券化、风险参与、再担保等方式加以解决。可以预见,应收账款融资产品的占比将进一步提高,成为银行提供的最主要融资产品之一。

(3)开展国内信用证业务。

国内贸易与国际贸易的交易特点和性质有很多相似之处,将国际贸易融资的操作方式移植到国内贸易融资上既是一种业务发展策略,也是创新方向。借鉴国际贸易融资业务,可以尝试性开展国内贸易融资业务。考虑到国内信用环境和业务风险程度,开展国内贸易融资的突破口应该是信用证业务。在国内信用证方式下,借鉴进口押汇可开办买方押汇,借鉴出口押汇可开办卖方押汇,借鉴打包放款可开办订单融资等。

(4)同业合作的创新。

发展国际贸易融资离不开同业间的合作,特别是与外资银行的合作。一般来说,同业合作的创新大多属于吸纳性创新,具体采用的方法有直接使用、引进、交叉组合或模仿、推广等。另一种为实际意义的合作创新,其基础是"分享客户资源、分散业务风险",外资银行在中国的客户一般被局限为母国在华企业,客户资源有限,而我国商业银行在办理贸易融资特别是金额大、期限长的融资项目上,受资金实力、风险承受能力、信息不对称等原因,也非常需要分散业务风险。与外资银行的合作,可以有效解决跨境供应链融资或贸易链融资中信息不对称的问题。

(四)上海现代金融业发展及其金融需求分析

金融同业主要包括银行以及证券、保险、信托、金融租赁等非银行金融机构。近年来,我国金融同业市场日益繁荣,截至 2009 年年末,银行类金融机构共有法人机构 3 857 家,营业网点 19.3 万个;证券公司类金融机构共有 106 家;保险公司类金融机构共 130 家;信托公司 58 家;融资租赁类金融机构 70 家。为推进我国金融体系的整体竞争力,推进金融制度市场化进程,我国金融同业之间的交流与合作不断加强。

1. 商业银行之间开展同业业务的类型和方式

(1) 对等授信业务。

即双方互相给予对等金额授信,用于开展拆借、担保、票据等业务。截至 2010 年年底,中资大型银行同业存款余额达 2.49 万亿元,其中四大国有银行余额 2.09 万亿元;中资中小银行同业存款余额 2.16 万亿元。

(2) 同业资金拆借业务。

即相互办理资金拆放业务及在债券市场上的融资、票据贴现、债券回购和债券交易等业务。2010 年银行间市场拆借成交量约为 28 万亿元,同比上升 44%。表 3-4 显示了 2001~2009 年全国银行间同业拆借市场交易期限分类统计情况。

表 3-4　　2001~2009 年全国银行间同业拆借市场交易期限分类统计　　单位:亿元

期限 年份	1 天	7 天	20 天	30 天	60 天	90 天	120 天
2001	1 038.81	5 606.93	933.53	352.84	94	47.26	8.67
2002	2 015.224	8 523.361	1 003.45	291.686	107.814	47.58	118.13
2003	6 418.864	14 563.129	565.97	441.05	101.376	101.84	28.1
2004	2 833.37	10 414.08	306.71	189.31	91.95	58.41	25.73
2005	2 230.34	8 962.62	604.19	299.13	75.12	140.92	15.36
2006	6 352.119	12 904.331 7	381.31	191.118	120.28	52.200 3	14.1
2007	80 304.69	21 780.1	501.62	341.56	345.81	315.88	71.81
2008	106 513.64	35 004.66	1 107.05	1 135.47	445.24	666.05	185.03
2009	161 665.95	21 347.88	1 021.5	2 048.42	538.04	709.94	62.3

资料来源:屈伸:《我国同业拆借市场现状分析》,《经济师》,2010 年第 10 期。

根据表 3-4 的数据可以看出,同业拆借是以短期拆借为主的,即隔夜拆借和 7 天的拆借。计算 2001~2009 年各年的 1 天和 7 天拆借交易量总额及其占全年总交易量的百分比(见表 3-5),统计数据表明,拆借期限越短,所占比例越大。其中,期限为 1 天的拆借和期限为 7 天的拆借占了拆借市场的绝大部分。

表 3-5　　2001~2009 年各年的 1 天和 7 天拆借交易量总额相关统计

年份	2001	2002	2003	2004	2005	2006	2007	2008	2009
交易总额 (亿元)	6 645.74	10 538.585	20 981.993	13 247.45	11 192.96	19 256.450 7	102 084.79	141 518.30	183 013.83
占总体 (%)	82.23	87.04	94.43	95.17	90.79	96.21	98.45	97.56	97.66

资料来源:根据表 3-4 整理。

(3) 银团贷款业务。

即由大型银行作为银团贷款的牵头行,其他银行作为成员行,组成银团贷款,这对于中小银行争取大型优质客户、分散贷款风险具有重要意义。

(4)信贷资产转让业务。

即商业银行将一定的贷款打包或打捆形成资产包,按照一定的市场利率向其他商业银行出售,根据合同的约定有无回购,可分为回购担保方式下的信贷资产转让和无回购担保方式下的信贷资产买断两种主要方式。商业银行开展信贷资产转让业务主要是基于调整信贷结构、控制信贷规模和风险资产规模的要求,对于受让方则主要是为了提高资金使用效率。

(5)代理结算业务。

即各自利用自己的结算网络系统为对方提供代理结算服务,以弥补各自结算网点的不足。

(6)代理银行汇票业务。

即利用大银行的网络优势,在中小银行无营业网点的地区委托大银行代理兑付以本行名义签发的银行汇票。

(7)互购债券业务。

即银行互相购买对方发行的金融券和次级债,目的是调整资金头寸、调整资金的利率结构和期限结构,达到优化资产负债组合的目的。

(8)不良资产联合清收业务。

即针对不良资产的重组和现金清收等,在信息共享的基础上采取一致行动,可以提高谈判价码的分量,有利于银行减少信贷损失。

(9)代理抵债资产处置业务。

即对于商业银行异地抵债资产,委托其他商业银行代理管理和处置,既可以减少本行的管理费用,又可以提高他行的代理收入。

(10)联合承销企业债券业务。

即联合承销企业发行短期融资券、中期融资券乃至中长期债券,或者在企业债券分销中达成分销合作协议,以减轻主承销银行的负担。

(11)合作开发业务。

合作开发新产品、新业务,联合向市场开展宣传营销活动,互相代理向客户推广产品,在产品销售渠道上形成功能互补,可以有效提高银行网点布局的覆盖面和客户服务面。

2. 商业银行与保险公司之间开展同业业务的类型和方式

随着金融服务一体化的发展,银行、证券、保险三大金融业的界限越来越模糊,相关性、相融性和替代性越来越强,银保合作发展银行保险业务正在成为银行业和保险业推进混业经营的一个重要突破口。

(1)国际银保合作的基本模式借鉴。

综观国际银行保险模式,依据有无资本纽带关系及合作深度划分,包括协议代理模式、战略联盟模式、资本合作模式和金融集团模式四种。其中,前两种模式是没有资本联系、相对较为浅层次的合作,后两种模式是有资本纽带联系、相对较为深层次的合作。这四种模式的优缺点比较见表3—6。

表 3—6　　　　　　　　国际银保合作四种模式的优缺点比较

模　式	主要应用的国家和地区	优　势	劣　势
协议代理模式	亚洲和中东	合作双方的自由度大；初期投入成本最低；所需时间周期短、对市场反应十分灵活；法律法规限制较少	没有长期的共同利益机制，关系松散不稳定；客户资料等许多资料不能实现共享，难以产生协同效应；合作的短期性使得银行销售人员难以全面深入了解保险产品
战略联盟模式	亚洲部分国家美国部分地区	合作双方有相对稳定的预期；初期投入成本较低；所需时间周期较短、对市场反应较灵活；双方可以共享更多资源、能产生一定的协同效应	合作双方相对独立，没有从根本上解决双方可能存在的利益冲突；关键资源无法实现完全共享
资本合作模式	（合资企业方式）法国（相互持股方式）土耳其	双方成为利益共同体，资源共享和信息交流更加充分；可以在双方之间分担成本和经营风险；可以通过合作形式获得对方的专业知识和经验	所需时间较长；双方在经营战略及企业文化上的差异，可能会导致双方的成本上升；法律监管限制较多
金融集团模式	（新建方式）法国（并购方式）美国	较易推行自己的银行保险发展战略；交易成本减少，能实现优势资源充分利用；合并报表，可以合理避税；（并购方式）较短时间内建立起银行保险框架；（新建方式）可以避免不同企业文化和经营战略之间的冲突，初期投入成本低	（并购方式）较难寻找合适的并购对象，并购双方在企业文化、经营战略上的差异会增加成本；（新建方式）周期最长，银行或保险单独新建的企业面对市场成熟竞争对手挑战较大；法律监管限制最多

资料来源：吕晨：《国际银保合作模式分析及对我国的启示》，《中国保险》，2008 年第 1 期。

(2)我国商业银行和保险公司的业务合作内容和形式。

我国商业银行与保险公司的业务合作在内容上包括资金业务、授信业务、代理业务、银保联名卡、网上银行保险业务、股权合作、社保业务合作、客户资源与渠道资源共享等。在业务形式上存在以下几种形式：

①银行存款（协议存款）。银行存款（协议存款）是保险公司法定的资金运用渠道之一。由于银行存款风险低、收益稳定，且可将协议存款凭证作为质押物进行融资，所以对保险公司颇具吸引力。

②代理销售。银行代理销售保险产品与代收保险费、代付保险金，是目前中国最普遍的一种银保合作形式。银保之间的此项合作效果显著，受到合作双方的普遍欢迎。

③多种形式的业务合作。长期以来，中国的银行与保险公司之间开展了多种

形式的业务合作，包括汽车按揭贷款、履约保险、出口押汇和出口信用保险等。

④委托存贷款与专项存贷款。《中华人民共和国保险法》规定：保险公司的资金不得用于设立证券经营机构和保险业以外的企业。所以保险公司可将保险资金以委托存款的名义存入银行，委托银行发放给指定的借款人，并承担相应的贷款风险，从而获得较高的资金投资收益。银行和保险公司之间也可采取"变相"委托即专项贷款的方式进行此类合作，即由保险公司出资金，银行自主掌握贷款的发放。

⑤资产证券化。资产证券化是指将缺乏流动性，但能够产生稳定、可预见的现金流收入的资产，转换成在金融市场可以出售和流通的证券。资产证券化是国际上通行的主流融资技术之一，是一项以提高资金流动性和融资为目的的金融创新，是可预见的新型银保合作形式。一方面，银行拥有大批质量高、期限长的信贷资产可供证券化，同时银行也将证券化作为化解自身不良资产的手段；另一方面，在目前分业经营的情况下，保险公司不能直接从事信贷，所以银行与保险公司之间可通过信贷资产证券化的方式，将长期的、收益稳定的信贷资产（如个人住房抵押贷款）证券化，将其转化为保险公司可进行投资的金融债券。资产证券化不仅能提高银行资产的流动性，开辟新的资金来源，而且能拓宽保险公司的投资渠道，有利于保险资金的保值增值。

3. 商业银行与证券公司之间开展同业业务的类型和方式

(1)当前银证合作的业务层次。

①短期融资与贷款合作。银行将证券公司视同接受贷款的普通企业与之开展信贷业务，即银行给予证券公司一定的授信额度，包括拆借、担保、专项贷款、股票质押贷款和特殊交易额度等，用于证券公司解决经营头寸、短期融资需求和网点改造、电子化建设等固定资产投资、改造等项目，双方属于一般的常规业务关系。

②在资本市场上的分工与合作。银行和证券公司在现行法律关系下分别为证券市场上的参与者提供交易、结算、清算、现金管理、资产管理、账户管理等金融服务，双方分工明确、职能清晰，但又互相协作、互相配合，从而共同保证证券市场的顺利运营，提高交易效率。具体业务有存管银行、主办存管银行、结算银行、新股验资银行、基金托管银行、投资银行等。

③合作开展金融产品创新。如银行可为证券公司受托理财业务提供担保，以增强理财产品的信用等级，必要时，可为证券公司提供临时流动性支持，以缓解证券公司理财产品到期支付压力。双方还可以根据客户对资金风险水平的偏好，共同为其制订现金和资产管理方案。

(2)当前银证合作的业务形式。

2001年7月，中国人民银行颁布的《商业银行中间业务暂行规定》第7条规定："商业银行中间业务品种包括：金融衍生业务；各类投资基金托管；各类基金注册登记、认购、申购和赎回业务；代理证券业务；代理保险业务……"具体而言，在我国现有法律框架下，商业银行与证券公司在银行中间业务方面主要有以下几个方面的合作：

①为上市公司提供融资业务。当公司进行购并、重组以及配股融资活动,公司提出周转资金需求时,银行证券公司各自为公司提供资金和技术上的支持。

②提供证券交易清算业务。在证券交易和资金清算的过程中,银行可为证券公司和股民提供 A、B 股资金清算业务,银证转账资金结算业务以及代理股票交易保证金存取业务等。

③提供中介代理业务。银行可提供各种证券代理业务,可利用营业网点多的优势,接受证券公司委托,代办股票开户业务。

④为基金提供资产管理业务。出于信用和资金安全上的考虑,国家规定基金由商业银行托管,银行代表基金受益人保管基金财产,并具体办理证券、现金管理以及派发红利等核算业务。

⑤承担证券交易业务。主要是开放式基金代理业务,银行接受开放式基金管理人的委托,利用自己的营业网点代理开放式基金的发行、申购过户、登记以及为基金投资者提供服务。

4. 商业银行与其他金融机构之间开展同业业务的类型和方式

(1) 与信托公司的合作。

信托业最大的特征就在于其业务的跨度大、范围广。信托业无论是在银行业务方面还是在证券业务方面,都有不同程度的涉及。与商业银行相比,信托投资公司经营资金信托业务受注册资本的影响较小,而商业银行在资金运用上要受到资本充足率的限制。在现行的法律约束下,银行不能对企业直接投资,而信托投资公司可以提供直接投资服务,可以募集负债性资金,也可以募集资本性资金。就目前业务合作而言,主要包括对等授信、综合授信、互为担保、银团贷款等。

(2) 与财务公司的合作。

财务公司是为企业集团成员单位技术改造、新产品开发及产品销售提供金融服务,以中长期金融业务为主的非银行金融机构。银行与财务公司的业务合作主要包括结算业务、融资业务、票据业务、理财业务、设备融资租赁、担保直接融资业务等。

(3) 与金融资产管理公司的合作。

金融资产管理公司最初的主要业务是对接管的国有企业实施债转股、债务重组、债权与股权转让、债权置换和跨部门、跨行业重组。后又通过设立证券公司发展了投资银行业务,逐步朝着以处置银行不良资产为主业、具备投资银行功能和国有资产经营管理功能的全能型资产管理公司方向转变。商业银行与金融资产管理公司合作,可以开展不良资产清收抵债资产处置业务。即银行通过出售、委托、重组、置换等方式,以充分发挥资产管理公司专业化清理和处置银行不良资产的能力,降低银行不良资产损失。

(4) 资产托管业务。

基金业的发展,一方面分流了商业银行的资金来源;另一方面,又为商业银行介入基金业,为各类基金提供代理销售、账户管理、资金清算、资产托管、资产估值等配套服务创造了新的商机,使资产托管业务成为商业银行一项重要的新兴中间业务。

三、银行业金融机构支持上海现代服务业转型发展的对策建议

(一)现代服务业与现代商业银行的关系

正确认识现代服务业和现代商业银行的关系,对于现代服务业的发展乃至现代商业银行的发展具有重要意义。一方面,现代商业银行是现代服务业的重要组成部分,其发展本身就是现代服务业的发展;另一方面,现代服务业的发展需要现代商业银行的全面支持。现代商业银行只有在支持现代服务业的发展中才能获得自身的发展,两者之间是相互依赖、相互支撑、相互关联的辩证关系。

1. 现代商业银行是现代服务业不可或缺的重要组成部分

(1)现代商业银行的"服务"属性。

商业银行向消费者提供的所有产品都是服务形态的"产品",是能为客户解决金融需求的服务工具、服务手段和服务方案。现代商业银行的服务观念围绕"银行与客户关系"不断发生变化,经历了三个中心的转变:以银行为中心、以产品为中心、以客户为中心;与此相对应的是银行以自我实现为导向、以产品为导向、以市场为导向的服务战略。花旗银行副总裁列尼·休斯坦克于1977年首先引入服务的营销理念,并发表《从产品营销中解脱出来》一文,同时将服务率先应用于花旗银行的经营实践。现代商业银行的"服务"属性表现如下:

①以服务为导向。银行经营的过程就是银行服务职能实现的过程,能否认识银行服务的职能、提升服务理念,直接体现在银行是否以服务为导向。服务导向包含了银行服务消费的心理研究、服务市场细分、服务理念建树以及目标市场的选择。著名营销学者詹姆斯·库里敦(James Culliton)在《营销成本管理》(1948)一文中提出了营销组合理论,布姆斯(Booms)和比特纳(Bitner)(1981)又将组合扩展为"产品、定价、渠道、促销、人员、过程、有形展示"(简称"7P")七部分,特别是新的"7P"组合揭示了员工在服务中的重要作用,突出了服务的全过程。

②以创造企业与客户长久关系为核心。现代商业银行的服务不仅以引导创造消费为主,而且更加注重研究如何创造企业与客户之间长久的依存关系为主。因此,以提高顾客忠诚度为出发点,以客户关系为管理对象,服务的关键在于客户的满意程度。这直接导致了客户关系管理(Customer Relationship Management,CRM)和客户关系管理系统的开发与应用。

③以内部服务为基础。内部服务也称为内部营销,起于1981年Berry的定义,即内部服务是指"将雇员当作顾客,将工作当作产品,在满足内部顾客需要的同时实现组织目标"。克里斯汀·格罗路斯(Christian Gronroos)也同时指出:"只有内部客户得到满意,才能向外部客户提供高质量的服务"。内部服务包括服务态度、服务理念、服务沟通、服务技能等。

④以互动服务为重心,提供"网点+网上"服务。银行服务的过程存在着银行

与员工的内部服务、员工与客户的互动服务、客户和企业的外部服务三重服务组合。互动服务是银行所特有的,也是十分关键的服务环节之一。互动服务对客户的忠诚度和吸附力有着极为重要的作用。现代商业银行不仅要做好网点的各项服务,而且要全力打造网上银行服务,提供全天候、全方位、多功能的网上和网下银行服务。

(2)银行业在现代服务业中所占的比重。

根据现代服务业的定义和包括范围,并结合现行产业分类标准,本章在统计意义上的现代服务业包括物流业、信息传输和计算机服务及软件、批发和零售业、金融业、房地产业、租赁和商务服务业、科学研究和技术服务业、教育、卫生和社会保障、文化和体育及娱乐、公共管理和社会组织。以上海为例,从统计数据可以看出,金融业在现代服务业中占据着重要位置,其增加值平均占现代服务业增加值的20%左右,2010年上海市金融业增加值为1 950.96亿元,占现代服务业的比重为20.78%(见表3—7)。

表3—7　　　　　　　　上海市金融业增加值占现代服务业比重　　　　　　　单位:亿元

指标＼年份	2001	2005	2008	2009	2010
金融业	529.26	675.12	1 414.21	1 804.28	1 950.96
交通运输、仓储和邮政业	345.99	582.60	712.99	635.01	834.40
信息传输、计算机服务和软件业	176.72	359.21	562.59	601.73	675.98
批发和零售业	555.06	840.89	1933.65	2 183.85	2 594.34
房地产业	328.59	676.12	939.34	1 237.56	1 002.50
租赁和商务服务业	136.97	292.19	610.20	641.97	776.13
科学研究、技术服务和地质勘查业	114.91	212.91	327.02	364.90	391.28
水利、环境和公共设施管理业	32.59	53.38	41.98	45.06	50.19
教育	136.53	269.64	349.15	378.13	400.36
卫生、社会保障和社会福利业	72.27	144.63	208.86	227.47	250.41
文化、体育和娱乐	43.96	77.60	79.87	87.49	93.98
公共管理和社会组织	105.63	185.51	305.71	328.16	366.55
现代服务业合计	2 578.48	4 369.80	7 485.57	8 535.66	9 387.08
金融业占现代服务业比重(%)	20.53	15.45	18.89	21.14	20.78

资料来源:《上海统计年鉴》相应年份。

2. 现代服务业转型发展需要现代商业银行的系统支持

金融业是现代服务业的核心行业,其既内生于现代服务业,又对现代服务业发挥外生变量的推动作用,因此,金融发展对现代服务业的支持效应包括内生支持效应和外生支持效应。内生支持效应表现在金融体系和金融市场的自身发展是对现代服务业发展的贡献；外生支持效应表现在金融发展对现代服务业内部各行业提供经济资源转移途径、风险补偿和金融资源支持，有利于促进区域产业合理布局和区域现代服务业综合竞争力的全面提高。

(1) 现代服务业需要现代商业银行的内生支持。

所谓内生支持效应，是指商业银行乃至整个银行业体系的自身发展是对现代服务业发展的贡献。它是一个直接的过程，简述为：金融发展→现代服务业发展。目前，金融对现代服务业的内生支持效应明显。以上海为例，截至2010年年末，上海银行业资产总额6.95万亿元，同比增长11%；各项存款余额5.22万亿元，同比增长17%；各项贷款余额3.42万亿元，同比增长15.1%；不良贷款余额274.99亿元，比年初减少73.55亿元；不良贷款率0.8%，比年初下降0.38个百分点，再创历史新低；实现利润797.75亿元，同比增长33.9%，盈利增势强劲；拨备覆盖率达213.42%，较年初上升63.69个百分点；贷款损失准备率达235.73%，较年初上升24.08个百分点，风险抵御能力进一步增强。随着银行业的快速发展，它较好地发挥了核心服务业的引领作用，融通和分配社会资金能力大幅提升，有力地促进了就业水平的提高和地方经济的发展。

为了加强金融业对现代服务业的支持力度，应完善信贷政策，鼓励商业银行研发支持现代服务业发展的新型金融产品。鼓励商业银行发展针对现代服务企业客户的电子银行业务，优化对现代服务企业的结算服务，提高其资金运转效率。针对现代服务企业资产主要以应收账款为主的特点，允许现代服务企业灵活采取应收账款质押、股权和经营权质押、专利质押、知识产权质押等多种形式的短期质押、担保贷款。建议适当放宽现代服务业贷款上限，提高商业银行对现代服务业的贷款积极性。同时，扩大消费信贷，不断增加现代服务业的有效需求。引导商业银行适当简化房地产信贷审批手续，贯彻落实国家关于扩大商业性个人住房贷款利率浮动幅度等有关政策。鼓励金融机构研发、推广科技、教育、旅游等领域的消费信贷产品，推动农村消费信贷市场发展，不断增加现代服务业的有效需求，促进其健康发展。

(2) 现代服务业需要现代商业银行的外生支持。

所谓外生支持效应，是指银行业发展对现代服务业内部各行业提供经济资源转移途径、风险补偿和金融资源支持。它是一个间接的过程，简述为：金融发展→影响投资、储蓄→影响生产要素分配→影响现代服务业发展，即金融发展通过资金形成、资金导向、信用催化、行业整合、防范和化解风险等金融作用机制影响现代服务业发展。目前，信贷资金流向传统行业，对现代服务业外生支持作用总体偏弱。因此，应健全金融组织体系，加快推进民间资本融入现代服务业领域。采取由地方政策财政拨款等多种形式组建现代服务业发展基金和现代服务业风险投资基金。尽快健全科技型现代服务企业融资担保体系，依托省级、国家级高新技术和工业园区，扶持发展园区内科技型现代服务企业的信用担保互助组织，为现代服务企业提供全方位的信贷支持。积极拓宽小额贷款公司合作资金和融入资金的来源渠道，鼓励民间资本通过小额贷款公司、私募基金等合法金融机构流向附加值高、成长性好、风险较低的现代服务企业。银行支持现代服务业发展，一方面可以促进产业结构升级，促进国民经济健康持续发展；另一方面，银行为适应现代服务业发展而实施的经营转型也直接有利于自身可持续发展能力和国际竞争力的提升。

(二)上海现代服务业转型发展面临的金融支持挑战

银行业金融机构对上海现代服务业的金融支持应作为一项战略加以实施，同时需要坚持市场化导向，也需要政策的适当扶持。尤其是对那些在吸纳就业能力方面很强的中小型现代服务企业的发展，需要制定优惠鼓励政策，在资金、税收等方面给予支持，形成不同于传统行业金融支持的新型发展模式。但在当前及未来一段时间内，上海现代服务业快速发展还面临诸多的金融支持挑战。

1. 在宏观金融方面的挑战

当前，银行业金融机构在支持上海现代服务业转型发展过程中，还存在不少问题。

(1)金融对现代服务产业结构调整的作用还比较被动，处于从属地位，主动促进产业结构调整的难度还比较大，这方面需要政府财政政策的配合。

自2009年来，高额货币投放支撑了金融业利润的增长，但这种依靠规模扩张和垄断存贷利差的增长模式是不可持续的。首先是信贷规模扩张受到资本金约束。部分银行资本充足率已接近警戒水平，进一步放贷能力受到限制。更重要的是，规模扩张必须与风险管理相匹配，商业银行大量的信贷投放尚未经受经济周期波动的考验，不能有效推动现代服务业的转型升级和加速发展，存在信贷规模增加，而推动经济增长质量下降的现象。

(2)上海地区资金的使用效率有待提高。

上海市金融机构的信贷总量占全国的10%左右，资本市场融资和利用外资也高过全国平均水平，但占全国GDP的比重只有3.87%左右(2012年上海GDP为20 101.33亿元，全国GDP为519 322亿元)，大量资金集中在上海，创造的价值却有限。目前上海银行业近90%的利润仍来自于存贷利差，而国际大型银行不到50%。利率市场化将对银行利润增长产生较大冲击。同时，上海银行业之间同业竞争日趋激烈，传统存贷款产品同质化严重，迫使商业银行不断通过创新转型，拓展新领域与新市场。

(3)金融业自身存在着一些矛盾，不利于产业结构调整。

主要表现在经营机制尚不健全、资产质量低下、信贷资产凝滞等，从而使得金融调节的功能大大削弱。上海地区的银行业金融机构仍存在对大企业、大项目以及传统制造类行业的偏爱，新兴经济、民营企业、小企业等的融资渠道不畅，既不利于经济效率的提升和现代服务业的发展，也不利于银行业金融机构的转型发展。同时，金融市场的运行和发展过程中也存在着一些问题，影响其促进产业结构调整功能的发挥。特别是我国证券市场结构调整功能还十分脆弱，而证券市场的投机性也使其不能准确有效地反映和体现产业结构调整的方向。

(4) 短期的盈利要求限制了金融供给对一些有潜力行业尤其是新兴服务业的扶持。

银行业金融机构由于受短期盈利指标考核的影响,往往只追逐那些有政府隐性担保及当前看来较热的行业和企业,如市政建设项目、房地产项目等,这既带来了金融企业经营风险的积累,也不利于产业结构升级和现代服务业发展。

2. 在金融创新方面的挑战

当前,上海在金融创新方面尽管领先国内其他城市,但是在金融产品创新等方面仍然存在许多不足之处亟待改进。特别是,对于未来以现代服务业为核心的经济转型升级中产生的隐性和潜在需求,上海金融业在金融产品、流程改造、组织架构、风险管理、系统升级等方面的创新尚显不足。

(1) 自主金融创新不够,而模仿性创新较多。

(2) 能够产生高利润、高回报的金融创新产品较少,而低端的、附加值较低的创新产品较多。

(3) 知识产权保护制度不完善,导致金融创新产品大量复制,从而极大地损害创新者利益和创新积极性。

(4) 金融机构对金融产品研发投入水平较低,难以与国内外知名金融机构相竞争。

(5) 在先行先试等方面创新进展还不明显,制度、观念、机制、人才等方面的制约因素还比较多。

3. 银行业金融机构在支持现代服务业转型发展方面存在着现实难题

就银行业金融机构而言,在对非银行现代服务业领域的支持和介入上仍然存在不足。根据中国工商银行上海分行沈立强行长的观点,原因可以从以下几个方面加以分析:

(1) 外部环境的制约因素。

对银行业金融机构而言,环境包括非银行现代服务业以及整个现代服务业系统的外部环境。与制造业领域不同,现代服务业在行业发展特征、企业经营模式、金融服务需求等方面都表现出较大的异质性。现代服务业领域新生业态日益纷杂化,与之相配套的法律制度的出台和完善却相对滞后。

(2) 内部行为的影响因素。

从经营管理模式来看,商业银行对服务业企业的支持模式仍然依照制造业领域的传统,主要是归于信贷业务的融资支持。介入程度较为成熟的领域主要是基于城市公共建设、功能改造的资本密集型和垄断型现代服务业,信贷需求以项目融资或运营资金需求为主。

(3) 金融服务能力方面的制约。

总体上,国内商业银行在风险评估定价、新兴业务研发方面仍处于初级阶段,缺乏针对特定新兴服务业行业的技术顾问和专家团队,这与现代服务业企业特别是中小企业日益旺盛的多样化金融服务需求不相适应。

（三）银行业金融机构支持上海现代服务业转型发展的对策建议

银行业金融机构在支持上海现代服务业转型发展时，应结合上海现代服务业发展的总体要求和实际情况，结合宏观内金融政策和政府财政政策、产业政策、税收政策等，充分发挥银行业金融机构的资源配置、价格发现、润滑经济、方便交易的功能，从而大力推进上海现代服务业转型发展。

1. 深化金融改革，完善现代服务业转型发展的金融服务环境

一方面，要进一步深化金融机构各项改革，提升金融机构整体实力，为现代服务业转型发展提供更多、更完善、更便捷的服务。要通过金融改革，促进金融机构加快建立现代企业制度，完善法人治理结构和内控制度建设，形成有效的激励约束机制，促进金融机构通过改革开辟规范的、制度化的资本金补充制度。要加快地方中小金融机构改革发展，通过吸引海外资本和民营资本等投资入股中小金融机构。同时，要积极发展"总部经济"，吸引内外资金融机构向上海集聚，充分发挥金融机构的集群效应。

另一方面，要继续深化金融市场改革，改进和完善金融市场结构。要加大金融市场改革创新力度，完善金融市场法律法规体系，改进做市商和经纪商制度，不断推出新工具、新产品，充分发挥金融市场在集聚资金、促进投资、促进产业结构调整中的作用，从而带动现代服务业的快速发展。

当前，一是要重点发展企业债券市场，推动有长期增长潜力的现代服务业企业在资本市场发债，以此得到快速发展。二是要积极推进资产证券化业务，提高金融机构的流动性、资本比率和信用创造能力，达到转移信用风险和优化资产负债配置结构，从而提高其业务经营管理水平，更好地为产业结构升级和现代服务业发展提供匹配的资金支持。三是要发展产权交易市场，充分借助成熟的信息传递技术和网络交易技术，进行市场交易平台的创新。

2. 拓宽企业融资供给渠道，适应现代服务业转型发展的多样化融资需求

首先，要进一步完善间接融资体系。银行业金融机构要根据上海产业结构调整的方向，积极调整信贷存量，优化信贷增量，保持适当的信贷规模和增长速度，以资金的增量调整带动产业结构的调整，从而支持现代服务业快速发展。其次，要发展多层次的资本市场，扩大企业直接融资渠道。要充分挖掘资本市场支持上海产业结构调整和现代服务业发展的潜力，促进企业完善治理结构，改善资产负债状况，增强活力和竞争力。再次，要采取多种形式利用外资，促进上海产业结构的调整和现代服务业的快速发展。当前应关注外资在上海产业布局的变化，引导外资投向需要重点发展的现代服务业，并注意提高吸收外资的质量和水平，积极发挥外资支持上海现代服务业发展的作用。

此外，要适应国际产业发展的潮流，积极发展各种新型产业投资基金，为上海产业结构调整升级和现代服务业转型发展提供融资服务。一方面，要积极发展各种风险资本，支持中小型高新技术现代服务业发展；另一方面，也要稳步建立一些现代服务业战略性项目发展基金，为文化、教育、医疗和体育等公益性现代服务业

提供政策支持。

3. 大力发展航运金融,促进航运业与金融业联动发展

上海国际航运中心建设必须建立在规模金融市场上,没有规模性的融资和金融服务是难以胜任的。但同时,从国际经验来看,国际金融中心建设往往是以航运中心为基础的。国务院《关于推进上海加快发展现代服务业和先进制造业,建设国际金融中心和国际航运中心的意见》中关于国际航运中心建设的蓝图中,明确了三块主要内容:集疏运一体化、综合试验区(启运港等)和航运金融。

其中,以航运金融为主体的服务业是上海国际航运中心建设中较为薄弱的环节,也是上海国际航运中心建设的最高境界。但直至目前为止,两者之间仍然处于单兵突进的状态,相互之间的关联和支持不够,许多高端化的服务工具不能提供,金融创新活动试点不够,金融市场的规模、深度也有待拓展。因此,在未来,上海有必要通过产业关联实现这两个行业之间的功能耦合,推动金融、航运等领域的试点工作联动发展。

4. 多层次信贷产品创新,大力支持生产性服务业发展

生产性服务业主要为制造业服务,将原本依托于生产过程的部分服务环节,从制造业中分离培育,从而形成研发、设计、物流、融资、租赁、商务服务、技术支持等相关服务行业。上海在推进先进制造业和现代服务业转型发展中,加快发展生产性服务业是推进上海产业结构调整、加快产业升级的现实需要和较好选择。因此,要进一步加强金融业规划和调研,切实解决生产性服务业发展中面临的融资难等问题,在金融产品、流程改造、组织架构、风险管理等方面加快创新步伐,以更好地满足生产性服务业对金融服务和金融产品创新的多样化需求。

例如,现代物流业被誉为生产性服务的典型新兴服务业,可以通过加大对现代物流业的金融服务,带动制造业的经营效率提高和转型升级发展。因此,银行业金融机构应积极为专业物流园区建设、商品物流中心和连锁经营企业配送中心建设、电子商务发展等提供信贷支持和结算服务,为代储、代运企业重组发展成为现代化的第三方物流企业注入启动资金。

5. 区分现代服务业各子行业的金融服务需求,重点支持新兴服务业的快速发展

(1)加大对旅游会展业的金融扶持力度,支持一批知名旅游项目,大力发展旅游消费信贷业务。

(2)加大对广播、影视、出版、报业等文化产业龙头企业的金融支持力度,培育一批名牌文化产品。

(3)大力支持信息资源开发、信息咨询、电子商务等新型服务业的发展,积极增加对电子政务工程、企业信息化建设的信贷投放。

(4)稳步推进住房、汽车消费信贷业务,着力提高对普通商品住房、经济适用房和廉租住房建设的支持力度,继续稳步发展汽车消费贷款业务。

(5)提高对中介服务业的金融扶持力度,积极支持人才、劳动力、法律服务、会

计、评估等市场中介组织,为发展代理、代办、经纪、拍卖等业务提供资金结算、咨询等相关服务。

(6) 积极支持商贸流通业发展,重点扶持各种专卖店、便利店、连锁店和产地型农产品批发市场、专业特色市场建设等商业项目,对列入城市总体规划的在建或已建成的商业项目提供必要的流动资金支持。

(7) 支持餐饮服务业发展,主动适应餐饮业资金需求额度小、时间短、频率高的特点,积极提供合理、便捷、高效的信贷服务。

(8) 根据交通运输业发展的需要,扶持信息网络技术运用,提高行业现代化水平,着重加大对综合运输系统建设和运输企业集团化、连锁化经营的信贷投放力度。

6. 探索金融支持科技创新的切入点,重点推进科技金融业务创新

由于现代服务业已经或即将成为新技术的重要促进者,现代服务业的发展越来越离不开自身的创新活动,因此要积极探索金融支持科技创新的切入点,推动其成为经济和社会发展的"核动力"和"倍增器"。

(1) 要重点支持科技创新体系建设。要有目的、有计划地支持重点实验室、技术研究中心的组建和引进,使其成为信息产业技术创新的载体和骨干力量。

(2) 要重点支持信息产业园区建设。把园区建设作为金融支持重点,努力建成产业科技创新的载体和吸引域外智力和核心技术的载体。推动其逐步形成产业集群优势,不断延伸产业链,成为科技创新的重要基地。

(3) 要重点支持原始创新。不断加大对科技原始创新的支持力度,开发一批具有国际先进水平的自主知识产权项目。

(4) 要重点支持集成创新。重点支持企业由实现单品创新向研发和生产完全本地化的跨越。

(5) 要重点支持引进吸收消化再创新。在引进国外先进技术并消化吸收的基础上,重点支持企业自行研究开发拥有自主知识产权的新项目。

7. 各类型商业银行应结合各自业务优势,找准金融支持现代服务业发展的切入点

国有商业银行要充分发挥社会融资主渠道作用,积极转变经营理念,在支持服务业发展过程中调整客户结构,提高经济效益。股份制商业银行要发挥机制灵活、经营区域广等优势,优化信贷资源配置,提供特色化金融服务。城市商业银行要准确定位,以服务社区经济发展为己任,重点为中小服务业企业发展提供资金支持。农村信用社要立足"三农"、面向县域经济,大力支持农村服务业发展,拓宽农民就业和增收空间。

因此,银行业金融机构在支持其他现代服务业加快发展的同时,也要积极修炼内功,促进自身的发展和壮大。以建设上海国际金融中心为目标,上海金融部门要共同努力,通过丰富金融市场产品、增加金融市场主体、优化金融市场运行机制,做大上海金融市场;通过完善外部环境、吸引优秀人才,做强上海金融机构;通过减少管制、扩大开放,推进上海金融的国际化。

第四章

推进会计生态系统建设
助力上海国际金融中心

一、引言

(一)研究动机

在前期的研究过程中,我们将会计发展历程与国际金融中心城市变迁的历史相互对照,得到了一些初步的研究结论,"构建与上海国际金融中心建设相匹配的会计生态系统"具有以下一些基本界定:第一,从国际金融中心的发展历程看,会计是其在整个社会各个方面"融合协同,循序渐进"中不可或缺的基础组成部分,金融越发展,越会对会计的变革和创新提出要求;第二,国际金融中心的发展轨迹与会计发展轨迹存在不断重复的规律,即国际金融中心的路径和发展时期与会计中心转移的路径和发展时期高度吻合,而会计理论创新或制定准则话语权大多与该地区在金融中心中的地位高度相关;第三,上海建设国际金融中心的进程和会计作用、地位均处于我国国家战略执行期,两者的关系存在关联并基本匹配的特征;第四,构建上海金融中心建设需要的"会计生态系统"要从经济主体、内部环境、阶段性发展目标上齐头并进,并在多个方面形成与国际金融中心建设"相互磨合到相辅相成、良性互动"的进程。

为进一步夯实"会计生态系统"的系统研究基础,本章拟从理论、实务和实证三个方面为"会计生态系统"的可行性和科学性提供一定的佐证,并在此基础上,结合上海国际金融中心建设的现实需求及目前的发展进程情况,为进一步提升会计生态系统基础效应和发展效应提出若干框架性建议。

(二)研究路径

围绕前述四个研究内容,本章的研究路径如下:

首先,从理论基础的角度看,与"服务于国际金融中心建设的会计生态系统"相关的理论基础主要集中在需求反应与供给引导、系统集聚与规模经济、区位资源与金融生态三个方面。

其次,会计准则及其执行是会计生态系统"制度建设"模块的重中之重,而且也是本章第五部分将重点阐述的会计生态系统的"基础效应"和"拓展效应"能发挥实际作用的实践基础;另一方面,国际金融中心建设的核心关键点在于金融市场的构建和金融产品的丰富,而金融监管则责无旁贷地成为保障前两者顺利进行的制度保障。综合前述两方面,本文也正是将会计准则和金融监管的差异与协调作为从实务角度来分析会计生态系统为国际金融中心服务的立论点。在这一过程中,我们将对金融监管指标与会计准则规定差异的一般现状与经济后果进行特定角度的探讨,主要以《巴塞尔协议》从Ⅰ到Ⅲ的变迁过程为主线,挖掘金融监管标准的变化趋势,沿着这条主线探寻会计准则与同时期金融监管目标的差异与协调的演变路径,探讨导致其相互背离或趋同的主要动因。在这一过程中,我们试图囊括《中国银行业实施新监管标准指导意见》(2011)中所提到的资本充足率、拨备率、杠杆率、流动性四大监管工具。

再次,会计生态系统之所以能为国际金融中心建设服务,有一个基本的假设前提,即会计信息在金融市场中具有信息含量,并且应当被投资者所重视,因此,在本章第四部分,我们将以美国次贷危机为外部经济冲击事件,以 2007~2008 年为检验窗口期,测度投资者对上市公司的资本市场反应,并进一步挖掘上市公司的会计信息及外部宏观经济信息对上述市场反应的贡献程度。如果能从中得出会计信息和市场反应之间的相关关系,则能在一定程度上为会计生态系统的服务功能提供一定的实证依据。

最后,在理论、实务和实证分析的基础上,结合目前上海国际金融中心建设的现状与目标,提出本章的政策建议。

(三)本章结构安排

与前述研究路径相一致,本章的模块安排和层次分布如图 4—1 所示。

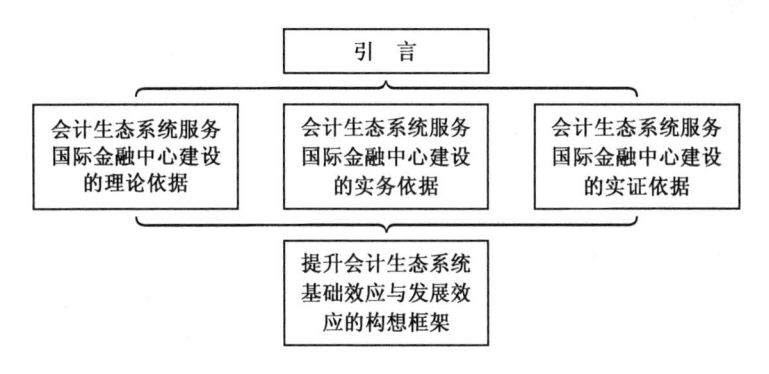

图 4—1 本章的内容与层次安排

二、会计生态系统服务国际金融中心建设的理论依据

本部分内容主要围绕上海国际金融中心建设的地域与时段特征和视野,梳理提炼"会计生态系统"的理论基础,具体包括以下三个方面:

(一)需求反应与供给引导

需求反应理论认为，会计生态系统的建设与上海经济、金融业增长和发展存在着因果关系，金融中心的形成及其会计生态系统的构建是顺应经济发展的结果与自然产物，并非单一由政府的意志和政策造成。通常，国际金融中心往往是经济发展较好且具有特殊优势的区域，而且是城市经济发展最高阶段的体现。"会计生态系统"建设则是城市经济发展自然结果集中度的标志，金融发展和经济增长之间的"门槛效应"必然会通过会计生态系统令人信服地存在并发挥作用。历史告诉我们，只有在经济与金融的规模达到一定要求后，会计体系才能对经济与金融的发展起到推动作用，现在正是上海金融中心加快会计生态系统助推的时机，抓住契机，十分难得。

供给引导理论认为，会计生态系统的行程并非完全是金融发展的自然结果，需要相关区域的政府相关部门或会计准则制定者进行人为设计，强调主导力量强力推进后产生。具体而言，首先，会计生态系统在金融中心2013～2020年的关键增长过程中产生了职能效应提升、效率显现的主动性；其次，会计准则的递进优化完善了金融发展的规范性；再次，政府推动或会计准则制定者形成了会计体系发挥作用的主导性。因此，供给引导理论认为，政府或会计准则制定者应该在上海金融中心未来7～8年的关键发展中发挥好主导作用，运用好政策促进会计生态系统发展，从而推进金融中心建设。

我们认为，支撑上海国际金融中心相匹配的会计生态系统，既有自然形成状态下的"需求反应"，也有有意识建设、利用相关的主导和推动产生的"供给引导"，两者的互相作用融合构成了理论上的第一块基石。

(二)系统集聚与规模经济

系统集聚理论认为，会计生态系统在上海金融中心建设进程中的系统集聚是过程与结果的有机结合。这里所说的过程，是在金融中心建设的动态变化中实现了会计资源与特定的上海地域条件的多维体系下的优化组合、配置与协调，实现了会计展现金融发展系统演变的进程，正是会计的总括与明细、分类与测算，聚集起金融中心发展的信息数据，体现出金融发展的动态系统演变。这里所说的结果，则是建立在过程之后带来的金融创新产品、机构、工具、政策成本和法则之间有机组合形成的会计现象和状态。会计生态系统将分别从宏观、中观和微观等视角将相关的过程与结果进行上海国际金融中心一定阶段目标的会计数据的综合集聚，使之为上海国际金融中心的发展提供基础性的量化依据，加强会计在中观和宏观的潜能开发，需要积极探索。

规模经济理论认为，上海国际金融中心应该是规模经济的规律型体现，同时是一个积累的循序渐进的进程，会计体系有责任揭示和预警市场的不确定性以及由于技术的快速进步或将带来的金融中心发展规模不够经济的突出问题，同样，会计体系更有责任通过"系统聚集"的中观、宏观效应，揭示各种垂直和水平的链接，为整体降低成本、减少投入发挥作用。

我们认为，推进上海国际金融中心建设的会计生态系统，既要在"系统集聚"上优化基础性量化依据的及时性、准确性和客观性的突出科学体现，更要在上海金融中心建设的"规模经济"中升华会计自身创新发展的"质量、分量和能量"，在区域的金融规模核算中，实现与上海金融中心的"协同成长"，两者的紧密联系则成为理论上的第二块基石。

(三)区位资源与金融生态

区位资源理论认为，区位优势和资源是上海金融中心建设的核心基础。通常，由时区优势、地点优势、交通优势和政策优势组成上海作为中国经济中心的"排头兵"，形成城市吸引力的基本内容，在城市地区经济规模与经济活力、已有的金融机构总数、股票市场的规模与交易份额、与世界和亚洲主要国家的双边贸易关系上已走在国家前列，与此相衔接的体现上海会计工作体系和经济结构布局也已经呈现出先进制造业、现代服务业双重跨越下的金融业一马当先的态势，具备了新企业会计准则的执行基础和系统优势。同时，上海也正被公认为我国最有发言权的会计准则应用实践基地，并聚集了培养会计高端人才的高等院校群体，成为持续产生会计创新理论和国际化培养基地的资源。上海金融先行、会计匹配的态势，形成了与上海金融中心协同成长的会计发展体系。因此，会计体系先行先试和创新发展的积累，正是上海会计生态系统的独有区位优势和资源。

金融生态理论认为，地处上海区域的金融组织为了生态发展，与其生存环境之间有着近二十年或者是历史悠久的密切联系和相互作用。在分工与合作的进程中，已经形成了初步稳定的结构特征，并不断优化着功能进步的动态平衡系统。目前，在反映一个地区金融生态评价主要指标的金融机构不良资产比率、金融机构资本回报率、本地金融资源占全国的比率和国际金融人才聚集等指标中，上海已无可争议地显示出"领先一步"的生态优势。同样，我们提出的与之相匹配的会计生态系统中的经济主体(各类金融市场、金融服务中介机构、金融市场监管机构、金融市场中的投资者)也已经不同程度地在相互间的会计信息沟通、会计领域的合作、会计资源的共享上初步形成了正生态的推进路径。良好的金融生态环境和会计生态系统正越来越突出地成为上海国际金融中心阶段发展的重心，展示出良性循环的前景。

我们认为，凸显上海国际金融中心建设特征的会计生态系统必须牢牢把握上海乃至长三角的区位资源，必须紧紧依托金融各要素星罗棋布的可持续提升的生态信息平台，从而构筑具有"上海特点，国家特色，全球特征"的会计发展与创新高地，奠定理论上的第三块基石。

三、会计生态系统服务国际金融中心建设的实务依据——基于会计准则与金融监管差异和协调的视角

会计准则制定目标和金融监管目标存在相应的不一致，前者是为投资者提供无偏的会计信息，后者则是实现金融稳定，这一点能合理地解释实务界存在的金融

监管标准与会计准则之间的差异。2007年美国次贷危机之后,金融监管的稳定目标得到加强,推动会计准则实现单目标向多目标的转型,朝着金融稳定的监管目标靠拢,体现出两者的协同性。

随着新会计准则的日益深化和巴塞尔金融监管协议(简称Basel)Ⅱ的全面实施和BaselⅢ的导入,关于银行业监管和会计准则关系的研究日渐成为学术界热议的焦点(中国金融会计学会,2010年),这为本章的选题提供了理论研究和实务需求层面的动力和契机。

如前文"研究路径"所述,本部分主要以Basel协议从Ⅱ到Ⅲ的变迁过程为主线,挖掘金融监管标准的变化趋势,并沿着这条主线探寻会计准则与同时期金融监管目标的差异与协调的演变路径,探讨导致其相互背离或趋同的主要动因,具体包括金融监管制度的变迁、金融监管与会计准则的差异、金融监管与会计信息的协调和依存三个方面。

(一)金融监管制度的变迁

Basel银行监管协议的初衷包括两个基本目标:要求银行保持足够的资本、吸收可能的损失,避免造成系统性的问题;创造银行间国际竞争的公平环境。但是从1994年正式实施的BaselⅠ开始,先后发生的亚洲金融危机、墨西哥金融危机及波及全球的次贷危机都说明原有的监管体系存在缺陷,无法实现金融体系的稳定,市场监管跟不上金融创新的步伐,存在一定漏洞成了此起彼伏的金融危机的必要条件,与此同时,金融监管制度也在不断地实现着自我完善。

1. BaselⅡ的主要缺陷

(1)资本充足监管的缺陷。

资本充足监管是BaselⅡ的核心,目标是要求银行保持最低资本应对非预期的损失。与BaselⅠ相比,虽然BaselⅡ将操作风险、市场风险、表外资产纳入风险资产的计量,但是监管模型缺乏对资产集中的惩罚机制,权重不反映资产组合的风险,同时资本充足模型对国别风险反应不足。谢平和邹传伟(2010)认为现行的资本充足监管的缺陷主要有三个方面:顺周期效应、交易类和证券化资产风险权重偏低、对流动性风险关注不够。

不同银行根据风险管理的实际情况,可以选择巴塞尔委员会或各国监管机构设定的不同类别资产的风险权重(标准法),或者采用外部评级法或内部评级法确定。标准方法的优点是可以将不同资产根据风险调整后简单相加,便于不同国家资本监管的比较,但是不能反映银行资产集中对资产组合风险的影响(Gordy, 2003)。因此该模型鼓励银行资产集中于低风险权重的资产,如政府债券、抵押贷款和金融机构之间的拆借,尤其是金融机构之间的拆借加剧了危机的传染效应,英国北岩银行的危机也证明了过度依赖批发市场为长期抵押借款融资模式造成资产与负债的不匹配是流动性风险的主要来源。

(2)微观审慎监管的顺周期效应。

顺周期效应的主要表现是金融机构在经济景气的时候低估风险,信贷资产规模迅速扩张,刺激经济进一步繁荣,而在衰退时高估风险,信贷资产迅速收缩,使衰退进一步加剧,加剧了经济周期波动的程度。谢平和邹传伟(2010)认为金融系统的顺周期效应包括三个方面:资本充足监管顺周期、贷款损失拨备顺周期和公允价值会计顺周期。除此之外,信用评级机构的评级结果也随着经济周期的变化而变动,从而加剧了金融机构的顺周期效应。

以上顺周期效应的前三个传导机制,根源在于银行业追求短期利润的经营模式。风险计量基于时点而非整个经济周期,往往在繁荣时低估风险,而在衰退时高估风险。由于银行业治理机制中存在事实上的政府担保承诺,管理层内部人控制下所制定的管理层薪酬方案鼓励短期追求短期利润,过度承担风险,经营失败的损失由后人管理者或政府承担,最终由纳税人承担。

(3)强调单一银行稳定监管与金融系统稳定监管的冲突。

美国次贷危机暴露出来的传染效应和交易对手风险所造成的危机在资本充足监管中没有得到充分的反映,追求单一银行稳定的监管模式可能造成金融系统的不稳定,也正是传统的微观审慎监管的缺陷,对单个金融主体稳定的监管不能充分保证整个金融系统的稳定(谢平,邹传伟,2010),主要原因在于个体理性与集体理性之间的矛盾,以及金融机构之间内在关联性的增强。

因此,银行业监管的目标应该发生转变,不是防止出现个别银行的危机,而是如何尽早发现可能出现危机的机构,避免个别机构的危机传染整个银行业体系,使之出现系统性危机。监管的目标应该单纯重视由微观稳定向重视宏观稳定的审慎监管的转变,这也是 BaselⅢ 的主要内容。

2. BaselⅢ 的改进

次贷危机的主要教训是单一银行资本充足监管无法实现银行系统的稳定,必须在微观稳定监管的基础上向宏观审慎监管转变。危机证明,银行业监管不应局限于单个银行稳定的监管目标,而应该更加注重银行业体系稳定目标,降低周期性的银行业危机爆发的概率或减轻危机的影响。宏观审慎监管的一个主要目标就是针对系统性风险的来源、银行高杠杆经营以及银行资产负债到期日错配进行监管,实现金融体系的稳定运行。为了实现宏观审慎监管的目标,2011 年 1 月正式发布的 BaselⅢ 主要进行了以下改革:

(1)高质量的资本基础界定。

危机表明,真正能够吸收损失的资本是普通股权益资本,资本质量从高到低依次是普通股权益资本、一级资本和二级资本。普通股权益是质量最高的资本,可以无限制地用于吸收损失。一级资本中包括普通股权益和类似于普通股权益的债券,前提是次级债券利息和优先股的股利支付是可由发行人决定的。此外,计入二级资本的标准更加严格,偿还顺序必须是在存款人之后,到期日不得短于 5 年并且无赎回计划。同时,从权益资本中扣除商誉、少数股东权益、递延所得税资产减负债、持有其他金融机构 10% 以上的股权(避免重复计算权益和交叉持股带来的资本虚增)。

（2）引入辅助监管指标，实现全面的风险覆盖。

BaselⅢ引入了流动性监管的指标应对流动性风险。简单有效的监管指标可以使监管者摆脱难以验证的困惑，为了使用更加简单有效的监管工具，将采用权益资本对全部资产比例（杠杆系数）作为监管指标之一，可以避免银行通过监管套利手段规避资本充足限制，同时可以限制银行在短期内资产的快速扩张。

（3）逆周期缓冲资本、谨慎缓冲资本，以预期减值模型要求来克服顺周期效应。

为了实现宏观审慎监管的目标，即对经济周期性波动进行削峰填谷，实现宏观经济稳定的主要监管手段包括谨慎缓冲资本、逆周期缓冲资本和贷款预期减值模型。

逆周期缓冲资本要求银行在经济繁荣时持有一定的缓冲资本，用于危机时吸收损失。银行贷款规模在繁荣时迅速扩张，各国监管机构可以设定贷款超过预定的与GDP之间的比率时，提高资本要求限制；银行资本接近监管最低资本要求时，银行分配利润、提高监管资本。积累的监管资本在危机时可以用于弥补资本需要而不是减少贷款规模，从而避免危机的加重。在经济景气时，通过限制发放股利、回购股份或送红股来积累资本，以便在危机时满足最低资本要求，避免信贷的过度收缩加深危机。同时可以实现宏观稳定监管防止银行出现周期性信贷过度扩张，各国可以根据本国信贷扩张上限实施逆周期缓冲资本要求，防止信贷风险的积累，逆周期资本比例要求仍然处于探讨中，最终从2016年开始实施。但是逾期减值具体模型仍然处于研究中。

（4）对流动性风险的监管。

银行资本能够吸收经营损失，起到缓冲作用，但是银行最低的风险是流动性风险，次贷危机中倒闭的机构主要是由于资产负债表右边的负债无法减少尤其是金融机构之间的负债减少导致大量出售资产满足流动性需要，被迫出售资产导致资产价格严重偏离内在价值，金融机构相互持股连锁反应引起螺旋下跌。因此，Basel引入流动性保障比率的目的是确保银行持有不受损失可迅速变现资产来满足30天现金流出的需要，满足短期存款人的提现需求，避免流动性危机的出现。BaselⅢ提出的流动性监管的基本工具是杠杆比率，即总资产相当于权益资本的倍数。两个辅助比率是短期流动性比率（LCR）和净稳定资金比率（NSFR）。对于新引入的流动性保障比率和NSFR资金比率，将经过2011年和2012年的观测期确定可能的影响，最终确定最低比例。

（5）系统重要性银行补充资本要求。

针对次贷危机中暴露出来的大银行过度承担风险问题，解决大银行所抱定的"大而不倒"的逻辑思维，认为最后会有中央银行或财政资金来提供最后的保障，过度风险暴露和高杠杆经营提高股东回报而将经营失败风险留给社会承担，要求这些在一国金融体系中具有重要影响的银行保持更高的资本比率，将外部性通过更高的资本要求内部化，限制过度承担风险从而维持金融体系的稳定。

系统重要性银行一旦发生流动性问题,由于其在金融系统中的高关联程度,往往会波及整个银行业体系的稳定,由于这些机构在同业拆借市场的地位和柜台交易市场的影响,流动性收缩使其交易对手面临流动性紧缩的压力,造成整个市场的流动性不足,严重时有流动性问题转换为清偿能力不足问题。因此各国可以根据金融成本在本国市场上的地位确定系统重要性银行,增加相应的额外资本要求,限制其过度承担风险而引发系统性危机。

3. 我国金融监管实务的最新进展

从当前国内的金融监管实务来看,现行的银行业监管体系是建立在资本充足监管、监管检查和市场约束"三大支柱"基础上的 Basel II。银监会自 2009 年年底开始结合国际银行业监管改革趋势,制定一系列新型监管工具,后被业界称为中国版"Basel III",其主要涉及资本充足率、杠杆率、拨备率、流动性四个方面。2011 年 5 月,银监会公布了《中国银行业实施新监管标准指导意见》,对上述四项监管新工具提出了新要求,8 月和 10 月银监会又向各家银行的相关职能部门下发了具体指标的内部征求意见稿。2011 年 10 月《商业银行流动性风险管理办法(试行)》(征求意见稿)公开征求意见,与 Basel III 的要求相一致,该征求意见稿中提出了两大指标:LCR 和 NSFR 比例。但是巴塞尔金融监管委员会当时尚在全球范围内进行银行压力测试,意大利、希腊等国家都深陷欧债危机的泥淖中,如果推出过于严苛的金融监管指标无异于火上浇油,因此 Basel III 中流动性指标的最低标准也迟迟未出。正是由于流动性覆盖率等指标的国际标准久久没有明确,前述征求意见稿迄今没有落定。

2012 年年初有消息称,前述四项监管新工具中的资本充足率、拨贷比和流动性指标均推迟执行,只有杠杆率或可能仍按时推进;2012 年 3 月,银监会主席助理阎庆民表示,"新资本监管协议已呈交国务院,争取在年内能全面实施银行业新监管标准。"此后的一年,《商业银行新资本监管办法》仍在进一步调整和细化中。

直至 2013 年 1 月 7 日凌晨,巴塞尔金融监管委员会正式明确全球首份流动性条例的细节。巴塞尔金融监管委员会监督小组一致同意,将放宽流动性覆盖率条例的要求,并推迟到 2019 年全面执行。

(二)金融监管与会计准则的差异

1. 从实务操作的角度

2008 年之前,金融监管机构始终坚持"金融稳定"的监管目标,会计数字仅仅是金融监管指标中很小的一部分。从欧洲银行业监管委员会、新加坡金管局、中国香港金管局、美国联邦金融机构检查委员会的相关规定来看,关键金融监管指标通常需要对会计数字进行调整,包括土地和建筑的重估、公允价值选择权、现金流量套期的会计处理等多个方面。与此同时,国际会计准则在制定的过程中尽管会征求金融监管机构的意见,但后者的真正影响并不大。

2008 年金融危机之后,尽管金融监管者和会计准则制定者的合作程度前所未有地提升了,但是两者的差异仍然是无法立即消弭殆尽的。

Basel 银行监管委员会在 2009 年 12 月 17 日发布新闻公报,发布了《加强银行体系稳健性》和《流动性计量标准和监测的国际框架》在内的两项议案,涵盖了 Basel Ⅲ 的三个主要部分:资本比率及最低资本要求的新界定、超额风险加权资本以及新的流动性要求。其中,资本比率及最低资本要求中包括了资本的定义、反周期缓冲、杠杆率、最低资本要求、系统性风险五项;超额风险加权资本部分包括交易对手风险、交易账户及资产证券化两部分;流动性标准部分包括 LCR 和 NSFR 两部分。在上述两份议案中,多次提到了新规与会计准则的协调(coordination)和区分(classification)之处,其中"协调"的方面主要是希望国际财务报告委员会(IFRS)和美国会计准则委员会(FASB)能注重公认会计准则在银行业主题的稳健性监管中的作用,"区分"的内容则分布在资本定义、或有资本、杠杆率、专项准备的计提、风险加权资产的计算等多个方面。

上述固有差异的根本原因在于两者有各自的不同定位与目标:

会计准则大体有四种目标:企业主导、私人投资主导、财政主导和宏观管理主导(罗勇等,2007)。林钟高、龚明晓(1998)将会计准则视为宏观管理的手段,提出"效率、公平和稳定"三大目标,他们认为这三大目标此消彼长。冯淑萍(1999)更关注会计准则为投资者服务的作用,认为会计准则旨在促使企业提供相关可靠、清晰可比的会计信息。

各国金融监管的目标大体有三个方面:维护金融业的安全与稳定、保护公众利益、维持金融业的运作秩序和公平竞争。在金融国际化、混业经营、金融产品风险杠杆率提高等因素的综合作用下,维持金融稳定的目标越来越重要(杨柏国,2009)。

2. 从理论研究的角度

戴文娟归纳了我国于 2006 年颁布的新会计准则(CAS)与金融监管的差异,具体包括如下五点:两者对银行资本的认定范围不同、对贷款损失的计提方法要求不同、对信贷资产证券化业务作为银行资本的态度不同、对商业银行设立交易账户和银行账户的要求不同、对宏观经济波动的影响不同。珠海林等(2004)和司振强(2009)则将会计准则的概念进一步细化到金融会计准则的视角上,详细分析了金融会计准则与金融监管标准之间的差异,主要分析了双方在以下领域的差异:资本确认、金融工具确认、公允价值计量、套期会计、贷款减值准备、信息披露方式、信息披露的频度、信息披露的侧重点等方面。杨树润等(2010)研究了我国银行业监管标准和企业会计准则的差异,将其归纳为负债与权益划分界限、公允价值计量、减值准备计提方式等八个方面。

(三)金融监管与会计信息的协调和依存

2008 年金融危机后,金融监管机构和会计准则制定机构的分歧和矛盾凸显出来,随后双方的合作速度也得到了前所未有的提高。研究表明,IFRS 正朝着有助于提高会计信息质量和维护金融稳定的方向发展(司振强,2010),这将有助于会计从基础职能到多层功能的转型,有助于会计与金融相互关联到两者协调和融合的转型(吴大器,2010)。

1. 国内研究

尽管从直觉上我们可以判断金融监管者必然也会参考银行的财务信息,但鉴于金融监管和会计规则之间固有的差异性,更多的国内理论研究仍然聚集在两者是否应当分离、分离程度如何等理论探讨的阶段,为数不多的几篇量化分析金融监管指标和会计规则指标差异的文章目前也暂时停留在一般性描述性统计阶段。

2. 国外研究

与此相对,国外已经有一些理论研究将触角伸到了金融监管和会计信息协调与依存程度的定量分析中:

有的研究试图将财务数据引入金融监管指标:GuoXiang Song(2013a)基于有效市场假设(EMH)MM定理和资本资产定价模型(CAPM)等理论基础,以美国商业银行1934~2011年的年报为数据来源进行研究。他在研究中发现,银行的资本结构取决于银行的总资产回报率(ROA)、ROA与借款成本(CC)之差(SPREAD),以及管理层预计到实现的股东权益收益率(ROE)。在此基础上,他认为在给定的ROA和SPREAD之后,银行的资本结构取决于要实现的ROE;另一方面,如果ROA和SPREAD变化了,那么银行的资本结构也会发生变化。有鉴于此,他认为目前正在讨论中的Basel Ⅲ所规定的杠杆率应当是可以随着银行的经营规模和经济动向的共同变化而变化的,而不应一刀切。此外,他还发现在次贷危机之前,银行采用了高于正常经营期间的杠杆结构,以期实现更高的ROE。

有的研究对会计规则和金融监管之间是否应当进行适度分离进行了定量检测:GuoXiang Song(2013b)通过将金融监管指标简化为可用会计指标衡量的若干公式,并采用财务会计中的勾稽关系将这些等式进行换算。他在研究中发现,无论是可持续性的公允价值计量属性(Recurring Fair Value Measurement)还是非可持续性的公允价值计量属性(Non-ecurring Fair Value Measurement),都会对LCR和NSFR在内的流动性指标产生顺周期的影响,目前IFRS中采用的贷款损失准备和商誉及其他无形资产减值的会计处理方法,对LCR无顺周期影响,而对NSFR则有顺周期影响。将由公允价值计量所带来的公允价值变动从损益中扣减出去的方法(即会计规则和金融监管相分离的方法)能有效地缓解NSFR上的顺周期性,此外,一直备受Basel推崇的预期损失模型仍然会对NSFR产生新的顺周期效应。

有的研究采用问卷调查的研究方法对会计信息对金融监管的有用性进行定量测度:Lindiwe Bakoro,Philip De Jager & Shaun Pasons(2012)以南非银行为研究对象,通过对金融监管管理者的问卷调查、关键信息访谈和监管文件的查询三方面的资料,对会计信息在金融监管过程中的使用情况进行研究。研究表明,金融监管者在监管过程中非常注重对财务信息的使用,但是金融监管中所普遍采用的审慎过滤机制在有些方面能有效地过滤公允价值可能产生的顺周期效应：现金流量套期的损益、流通在外的负债受自身信用状况影响而产生的损益、可供出售金融资产的公允价值变动所产生的损益、有形资产的价值重估；而在另外一些方面则无效，具体包括：交易性金融资产的公允价值调整以及公司对金融资产或金融负债行使了公允价值选择权的。

还有的学者对"公允价值"的"无偏性"进行了检验：Phillip De Jager(2012)的研究表明，尽管会计准则中声称公允价值的计量属性是"无偏的"(Un-biased)，但是在银行实际运用的过程中，管理层的盈余管理动机仍然会导致这一计量属性产生一定的偏离，具体表现为公允价值所产生的收益比其所产生的损失更容易获得管理层的认可，也更容易体现在财务报表上。

总结上述这些该研究领域定性定量的分析，可以发现目前定量分析的重点仍然集中在公允价值和贷款损失计提两方面。

(四)金融监管规则对会计准则的影响——基于国际比较的视角

我国会计准则规定的减值准备方法与国际会计准则完全一致，当存在客观减值证据时采用未来现金流折现方式按照单项或者贷款组合提取减值，银行的判断空间较大。而财政部2005年规定的贷款呆账准备基本上是按照风险贷款余额1‰差额提取，同时按照1‰比例差额提取部分按照现行税法准予税前扣除。由于得到税务处理的支持，在新会计准则实施前，银行基本上是按照贷款余额1‰比例差额提取呆账准备金。财务通则只规定一般准备的提取比例，而原人民银行的指引没有关于一般准则的提取比例规定，主要是针对专项准备按照五级分类方法规定的比例提取，这种专项准备提取方法得到了财政部金融司贷款呆账准备提取和核销的支持。为了使银行及时足额提取准备，财金〔2012〕20号将一般准备(财金〔2005〕49号称为呆账准备金)比例提高到不低于风险资产期末余额的1.5‰。

在贷款损失准备的会计处理上，有两种不同的做法：财政部金融司和原人民银行发布的规定要求提取一般准备作为利润分配，专项准备计入当期损益。金融司和人民银行规定的一般准备针对的是预期可能发生，但尚未证实的贷款损失，类似预期损失的概念，但不同之处是巴塞尔委员会和其他国家预期损失是按照历史统计数据对于某类资产可能发生的损失提取准备金，而不是采用我国的统一比率提取做法。会计准则没有一般准备的概念，即不承认资产负债表日后可能发生损失，与国际会计准则相同，采用的是"已发生减值"的观念。《企业会计准则》未规定一般准备金，只规定资产减值准备按照现金流折现提取计入损益，不同规定之间的差异会影响银行提取准备金的高低，不同的准备金会计处理最终会影响银行的损益和资产状况，而银行损益和资产状况则会影响资本充足监管的有效实施。

1. 商业银行贷款损失准备的会计计量与金融监管的差异

从我国现行的银行贷款损失准备制度规范来看，人民银行所发布的指引作为监管标准,是确定银行资本充足率的依据①。而会计准则和制度则是银行会计处理的直接依据,那么银行在实际提取贷款损失准备时是依据什么标准提取?会计标准提取的损失准备与监管标准准备金相比是否存在重大差异?本部分将通过14家上市银行2007~2010年的相关数据进行检验②。

我国金融监管机构出于审慎监管的目标出发,要求商业银行按照贷款五级分类的结果提取贷款损失准备,并且提出了拨备覆盖率监管标准,要求拨备覆盖率不低于100%。而按照现行会计准则的规定,从2007年开始商业银行要求按照现金流量折现方法提取减值准备,那么银行实际提取的准备金与监管要求是否一致?本部分采用会计准备与监管准备溢价比率来检验财务报告披露的专项准备与按照金融监管部门五级分类要求提取的准备之间的关系,溢价比率计算公式为:

会计准备对五级分类提取准备溢价比率=披露专项准备÷按照五级分类结果推算的专项准备③

如图4—2所示,14家商业银行的会计专项准备与监管准备的溢价比率都在逐年提高,其中浦发银行2010年提取的准备相当于监管准备的近6倍。2007~2010年平均溢价比率从1.43倍上升到3.58倍,主要原因是2008年金融危机后银行的贷款快速增长,新发放的贷款的不良贷款比率较低,从不良贷款比率变动中可以看出,14家上市银行的不良贷款比率从2007年开始呈现下降的趋势,虽然按照会计准则提取的专项准备金的不断增加有助于银行抵御风险,但是过度准备与银行不良贷款比率降低趋势之间互相矛盾。

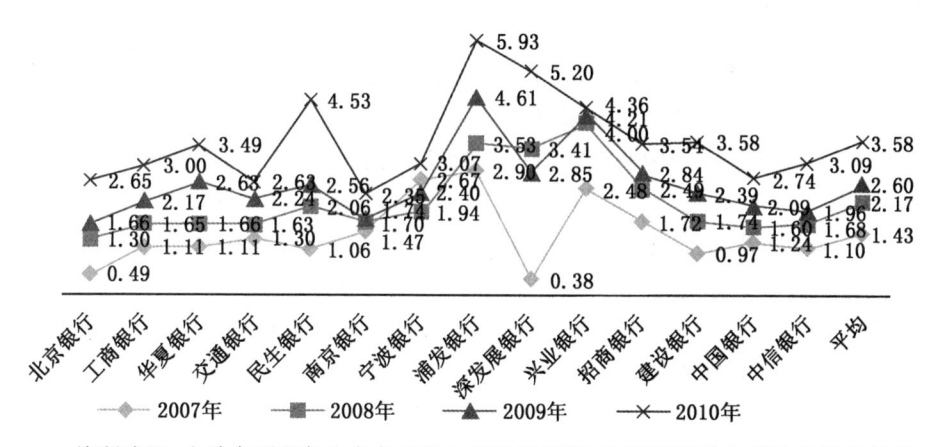

资料来源:会计专项准备金来自于各上市银行年报,监管标准的专项准备根据披露五级分类推算。

图4—2 会计专项准备与监管专项准备溢价比率

---

① 资本充足率只有在银行提足贷款损失准备后比较才有意义。
② 由于农业银行和光大银行2011年上市,数据不完整。
③ 五级分类中的专项准备关注、次级、可疑和损失率分别按照2%、20%、50%、100%提取。

2. 贷款损失准备监管要求与会计准则的协调

(1) 基于确认和计量损失的目的,监管机构对于监管报告的要求应该基于会计准则,银行的董事会应负责确保银行建立一套有效一致的内部控制制度。确保充足的贷款损失准备的提取是董事会的责任,完备的文件记载贷款损失准备提取的政策和方法及提取结果是对外公开信息披露的基础。证券监管机构需要会同准则制定机构、金融监管机构,制定明晰的有关贷款损失准备披露的规定,以规范各商业银行的贷款损失信息披露。

(2) 动态减值准备。财金〔2012〕20 号提出了动态减值准备,即在宏观经济上行周期、风险资产违约率相对较低时多计提拨备,增强财务缓冲能力;在宏观经济下行周期、风险资产违约率相对较高时少计提拨备,并动用积累的拨备吸收资产损失的做法[①]。目的是建立逆周期的减值准备制度,缓解金融机构准备金的顺周期效应,但是这一减值准备与会计的客观性原则相悖,在财金〔2012〕20 号中并未提出具体的方法,在实施中可能成为调节利润的"蓄水池",需要借鉴国外其他国家实施的经验,制定更加具体的办法,引导金融机构实施动态准备。

3. 动态减值与预期减值的国际实践比较

由于商业银行在金融体系中的重要地位,针对商业银行顺周期效应的讨论重点在银行的贷款减值和资本充足监管两个方面,贷款预期减值模式和逆周期监管资本要求作为两个重要的手段被提出,危机中一致意见认为贷款准备应该从已发生损失模式转向更具有前瞻性的预期损失模式。

在危机之前,一些国家在银行业监管报告中采用了动态减值模式,这首先由英格兰中央银行于 2002 年(Bank of England, 2002)提出,认为银行应该每年对贷款的未来损失进行估计,估计的期限可能超过目前贷款的期限。但是,"未来可能损失"这一概念在实际操作中有很大难度,银行首先根据历史统计数据估计贷款损失比率,在任何一年,如果当期按照现行办法提取的准备低于长期损失,则补提准备;相反,如果按照现行会计准则提取的准备高于长期损失比率,则转回原提取的动态准备。

(1) 国际银行业监管机构——巴塞尔委员会对于贷款减值的意见。

Basel Ⅱ 要求银行业估计(采用内部评级法)未来 12 个月的贷款违约的可能性,提取相应的准备作为监管资本(附属资本),不考虑贷款存续期内超过 12 个月的可能损失。这一方法需要有大量的数据支持和完善的内部模型来估计未来 12 个月的损失,对中小银行来说实施难度较大,这些银行被允许采用简化办法或者监管机构针对不同类别贷款按照统一的比率提取减值准备,我国商业银行采用的按照五级分类提取专项准备的方法属于简化方法之一。

2008 年危机后推出的 Basel Ⅲ 只是原则上支持预期减值概念,但是并没有对预期减值提出明确的框架,原因之一是国际会计准则理事会正在进行相关准则的

---

① 财金〔2012〕20 号第 3 条。

修订(Torsten Wezel,Jorge A. Chan-Lau 和 Francesco Columba,2012)。

(2)会计准则制定者——IASB 和 FASB 的意见。

预期减值和动态减值模型两者的出发点是一样的,即贷款损失准备要反映预期可能发生的损失,但是预计损失的时间长度不一致,FASB 和 IASB 针对单项资产或者资产组估计一定期间内可能发生的损失,即未来可能发生巡视的概率。而对各类贷款动态准备比率的估计期间涵盖一个完整的经济周期,是基于过去损失的概率提取动态准备。预期减值模式要求借款人在借款达成协议时和每个资产负债日都要估计贷款在剩余期限内可能发生的损失,不需要客观证据或者事项证明已经发生减值,只要经济环境发生变化使原贷款估计发生变化,就需要考虑提取(或转回)减值准备。

IASB 和 FASB 的预期减值模型:针对摊余成本计价的金融资产,预期损失是指在剩余期限内可能发生的损失,具体估计准备的期间取决于资产的风险程度:针对可能发生损失(或已发生)资产(Bad Book)的估计期间是剩余的期限,而对于其他金融资产(Good Book)的总估计期限为未来 12 个月。

预期减值模式在实际操作中存在一定的差异。IASB 和 FASB 减值准则的差异:对未来现金流折现的折现率,IASB 倾向于采用贷款发放时的实际利率而非现行市场利率,FASB 倾向于现行市场利率,采用 IASB 方法时减值只受到可能收回的未来现金流量变化的影响而不受市场无风险利率变动的影响,即只反映信用风险变动而不反映利率风险变动的影响。实际的效果取决于银行贷款的特征,即浮动利率或固定利率贷款的相对比重。

(3)动态减值在世界各国的实践。

现行大部分国家的动态减值准备是根据历史统计数据来估计各类贷款的损失概率的。严格来说,并不是预期减值,而是为了操作的方便根据上个经济周期的平均损失率来估计各类贷款的损失,优点是克服了经济周期波动的影响。而在危机中,西班牙的动态减值模式得到大力推崇,并且在拉美国家率先得到响应。

①西班牙。西班牙于 2000 年首先推出了动态减值模型[①],西班牙出台动态准备制度的背景是为了实现加入欧元区的要求目标:降低与德国的通胀率差异;保持稳定的财政政策。而西班牙的真实利率在 1999 年加入欧元区后保持在 0 左右。低利率刺激信贷的快速增长,20 世纪 90 年代保持在 5%～10%,1998～2000 年增速 15%以上,同期的房价年增长 10%以上。通货膨胀率从 1997 年的 1.9%增长至 1999 年的 2.2%、2000 年的 3.5%[②]。欧洲中央银行(UCB)利率在 20 世纪 90 年代末保持在 4%,由于 UCB 统一利率而西班牙通胀率较高导致宽松的货币政策,信贷快速扩张。失去了利率这一重要的货币政策工具,西班牙将动态准备(或者统计准备)作为抑制信贷扩张和保护银行业免受宽松政策而导致损失的重要工

---

① 对于西班牙动态减值模型的内涵存在一定的争议。
② 数据来源:Fernandez de Lis and Garcia-Herrero(2010)。

具。

传统的贷款准备制度基本上是不良贷款的函数，虽然有的国家用一般准备进行调整，而一般准备是保持贷款余额的百分比。在经济快速增长时期，不良贷款比率较低，贷款准备余额较低，同时由于物价上涨使得抵押物价值上升，借款人的借款能力提高，信贷扩张进一步加剧 GDP 的增长。而在衰退时期，不良贷款比率上升，要求提取更多的准备，银行的放贷能力受到限制，信贷紧缩，加剧经济衰退。1991～1999 年间西班牙的拨贷比与 GDP 增长率之间的相关系数为 −0.97(Jesús Saurina, Loan Loss Provisions in Spain. A Working Macroprudential Tool)，为了克服贷款准度顺周期效应，西班牙中央银行决定自 2000 年 7 月开始实施动态准备制度。

a. 西班牙 2001～2004 年的动态减值准备模型。西班牙在 2000 年 7 月份推出的动态减值基本模型如下：

$$TLLP = SP + GP + (Lr - SP)$$

其中：$TLLP$ 为全部准备；SP 为专项准备；GP 为一般准备；Lr 为潜在损失；$Lr-SP$ 为逆周期或者统计准备。

商业银行可以使用内部模型和覆盖一个完整周期的历史统计数据确定 Lr，前提是同样使用该模型和数据进行信用风险管理并向央行申请批准；或者使用央行统一的比率。但是，直到目前为止，没有银行采用自己的内部模型提取动态减值准备。

这一减值准备模型受到了 IASB 的批评，认为该模型在经济周期不同阶段调节利润，掩盖了银行的真实状况。同时，西班牙银行业也认为与欧洲其他银行相比，其准备比率过高，削弱了竞争能力。截至 2004 年，拨贷比达到了 2.5%（其中专项准备的比率低于 0.5%），拨备覆盖率达到了 500%[①]。

b. 2005 年后的模型。为了应对批评西班牙中央银行决定改革贷款损失准备模型，合并一般准备和逆周期准备，统称为一般准备。从 2005 年开始采用新的贷款损失准备模型为：

$$\Delta GP = \sum_{i=1}^{6} \alpha_i \Delta C_{it} + \sum_{i=1}^{6} (\beta_i C_{it} - \Delta sp_{it})$$

或：

$$\Delta GP = \sum_{i=1}^{6} \alpha \Delta C_{it} + \sum \left(\beta_i - \frac{\Delta sp_i}{C_{it}}\right) C_{it} [②]$$

其中：GP 为一般准备；sp 为专门准备；$0 \leq \alpha \leq 2.5\%$，α 反映各类贷款周期潜在的损失比率；$0 \leq \beta \leq 1.64\%$，β 反映一个周期内贷款统计的平均损失比率；C_{it} 为 t 期末各类贷款余额；GP 上限为贷款组合内的损失 125%。

---

① 西班牙中央银行统计数据。
② 六类贷款一般准备和动态准备比率（α 和 β）分别是：无风险贷款 0%(0%)、低风险贷款 0.6%(0.11%)、中低风险贷款 1.5%(0.44%)、中度风险贷款 1.8%(0.65%)、中高风险贷款 2.0%(1.1%)、高风险贷款 2.5%(1.64%)，括号内是 β 系数。(Banco de España 2004, annex IX)。

2004年以前的模型被IASB批评为调节利润的手段,无法反映银行的真实状况。改革后2005年的模型的第一部分反映当前新增贷款的内在损失,α系数反映跨周期的平均损失概率,不受经济周期变化的影响,即贷款的内在损失比率;第二部分反映当期的各类贷款的规定准备与实际提取的专项准备之间的差额,具有逆周期作用。β系数反映上一个周期内各类贷款平均的损失概率。在经济衰退时期,实际损失概率超过平均损失概率,$\left(\beta_i - \dfrac{\Delta sp_i}{C_{it}}\right)$为负值,银行可以使用前期提取的准备$\sum_{i=1}^{6}\alpha\Delta C_{it}$,减轻对当期利润和资本的压力。

西班牙的动态准备制度是一种面向过去规则导向的制度,初次实施时α和β由中央银行根据以往15年贷款分类统计数据制定[①],西班牙的动态准备实质上是基于历史数据的统计准备制度,并非是面向未来预计损失比率的预期减值准备制度(IASB,FASB,2009)。但是西班牙中央银行认为,从长期趋势来看,历史统计损失概率代表了未来不同种类贷款的可能损失概率。准备随着银行信贷规模的波动自动调整,中央银行也可以根据情况调整各类贷款的准备比率,采用统一平均损失比率不能反映各银行的信用风险程度和风险管理水平。

IASB和FASB(2009)认为,2005年后西班牙的准备制度是基于规则导向(确定的公式)制度,透明度较高,给予投资者可比的补充信息,可以贷款发放早期提前积累准备用于经济衰退时,起到逆周期调整的作用。从对利润表的影响来看,2008年危机之前每期提取的动态准备约占经营利润的10%,累计动态准备占到总资产的1.3%(IASB,FASB,2009)。

②乌拉圭。乌拉圭于2001年9月开始实行贷款动态减值准备(Torsten Wezel,2010),基本的方法是按照不同类别贷款规定减值准备的比率提取准备,与当期实际贷款损失进行对比,实现贷款准备的逆周期调整。动态准备的基本模式如下:

$$\Delta DP_t = \sum_{i=1}^{5}\dfrac{1}{12}\beta_i C_{it} - LL_t \quad ②$$

其中:β_t为五类贷款的准备比率(0.1%～1.8%);C_{it}为五类贷款期末余额;LL_t为贷款净损失,等于当期提取的专门准备加上贷款迁徙到更高风险类别提取的专门准备,减去收回已核销的贷款。

乌拉圭动态减值准备启动不久,2002～2003年即发生了金融危机,动态准备消耗殆尽,随着经济的回复,动态准备不断增长,达到了工商业贷款总额的2.7%,相当于不良贷款的5倍(Torsten Wezel,2010)。乌拉圭动态减值准备制度类似于中国2001年金融企业会计制度和人民银行规定的基于贷款五级分类制度上提取

---

① 西班牙中央银行下属的西班牙中央信贷登记机构(CCR)保留了1968年以来的信贷损失数据,据此制定各类贷款的α系数。无此数据,西班牙动态准备就无法实施(IASB,FASB,2009)。
② 五类贷款动态准备比率分别是:有公共部门保证的贷款(0.1%)、有其他担保的贷款(0.5%)、其他贷款(1%)、消费贷款(1.4%)、信用卡贷款(1.8%)。

的减值准备,只是没有中国规定的不低于贷款余额1‰的一般准备。

③哥伦比亚。哥伦比亚于2007年6月开始实施动态贷款减值准备,其特点是金融监管机构根据经济情况确定不同的违约概率和违约损失参数,按照以下模型动态调整:

$$P = OVL \times DP \times LOD$$

其中:OVL为贷款余额;DP为违约概率;LOD为违约损失。

分别适用于扩张时期和衰退时期指标:扩张时期银行要保持逆周期准备使准备达到高违约概率时需要的准备,以便衰退时期可以动用,金融监管机构决定是使用A计划(低风险)或者B计划(高风险)决定模型中的相关参数,同时决定何时启动提取逆周期准备。引入逆周期准备后,哥伦比亚银行准备包括三部分:专项准备与不良贷款挂钩、逆周期准备和贷款余额1‰的一般准备。

2007年6月针对商业贷款,2008年扩大到消费贷款,占总贷款的90%。哥伦比亚的动态准备的基本特点是监管机构采用相机抉择的模式确定贷款准备的相关参数,对监管机构判断经济周期阶段提出了比较高的挑战,批评者认为金融监管者的相机抉择引入了新的不确定性。因此2010年后监管机构朝着西班牙规则导向模式进行转换。

2010年后商业和消费贷款只提取专项准备和逆周期准备(B计划),逆周期准备启动取决于4个指标:

a. 信贷资产组合质量恶化率:$(Pro_t/Pro_{t-3}-1) \geqslant 9\%$,Pro是专项准备。

b. 效率:$PNR/Int \geqslant 17\%$,PNR是当期专项准备减去回收贷款的净额,Int是当期利息收入。

c. 稳定性:$0\% \leqslant PNR/MFBa \leqslant 42\%$,MFBa是当期提取专项准备净额、折旧和摊销前利润。

d. 信贷增长率:$(CB_t/CB_{t-1}-1) \leqslant 23\%$,CB是信贷余额。只要银行其中一个指标不达标,就要启动逆周期准备。

④秘鲁。秘鲁于2008年11月启动基于GDP增长的周期准备,2009年9月暂停,2010年10月重新启动持续12个月,经济下行时暂停周期,银行可以动用积累的周期准备减少所需提取的专项准备。

$$周期准备 = PD \times LGD \times C$$

GDP低增长时期要求保持较低的准备,而在GDP高增长时期提高周期准备。周期准备只要具备以下三个条件之一就能启动:

a. 过去30个月年度GDP增长超过5%;

b. 如果GDP增长率已经超过5%,过去12个月GDP同比变动超过2%;

c. 如果GDP增长率已经超过5%,周期准备暂停超过18个月。

秘鲁的周期准备是一般准备的一部分,与GDP增长挂钩,因此与贷款增长无关,如表4-1所示。

表 4—1　　　　2008 年和 2010 年启动周期准备前后一般准备的提取比率

2008 年 9 月			2010 年 1 月		
贷款类别	启动前(%)	启动后(%)	贷款类别	启动前(%)	启动后(%)
工商业贷款	0.7	1.2	股份公司	0.7	1.10
			大型企业	0.7	1.15
			中型企业	1.0	1.3
微小企业贷款	1.0	1.5	小型企业	1.0	1.5
消费贷款	1.0	2.0	消费循环贷款	1.0	2.5
			消费非循环贷款	1.0	2.0
抵押贷款	0.7	1.1	抵押贷款	0.7	1.1

资料来源：根据 Santiago Fernández de Lis and Alicia Garcia Herrero(2012)整理。

⑤玻利维亚。玻利维亚于 2008 年 12 月引入规则导向的逆周期准备制度，该制度在专项准备的基础上按照贷款类别提取逆周期准备。基本规则如下：

$$CP_n = 2.78\% \times n \times TRCP$$

$$RPR = \sum_{k=A}^{H} \alpha_k c_k$$

其中：CP 为当期提取的逆周期准备；$TRCP$ 为规定的逆周期准备，不同类别贷款的提取范围为 1.5%～5.5%；RPR 为专项准备比率；α 为某类贷款的实际准备比率；c 为该类贷款的比重，$A\sim H$ 为贷款的种类。

2008 年 12 月启动逆周期准备后，每月按照 2.78% 提取，36 个月达到规定的总逆周期准备。启动逆周期准备后，如果连续 6 个月贷款质量下降（$RPR_t/RPR_{t-1} \geqslant 1$），则银行可以用逆周期准备抵消所需提取的专项准备；反之，如果贷款质量连续 6 个月上升，则需要按月提取逆周期准备。

从以上国家的经验可以看出，现行的动态准备制度大部分都是规则导向的，即都要有监管机构的给定的比率，尤其是对发展中国家金融机构，缺乏完整的历史数据和完善的内部风险管理。统一的动态准备比率有助于提高动态准备机制的透明度，限制金融机构管理层盈余管理和操纵资本充足监管；自动调整机制减轻了金融监管者对经济周期判断的压力。但是统一动态准备比率监管容易产生反向激励，由于动态准备与特定银行实际的贷款风险程度无直接关联，尤其是秘鲁实行的与 GDP 增长挂钩模式，金融机构更倾向于发放高风险贷款、获取高收益，而贷款风险对于动态准备没有直接影响，不利于金融体系的稳定。

4. 动态减值在我国的推进

2011 年 7 月，我国银监会下发《商业银行贷款损失准备金管理办法》，中国的动态拨备制度正式实施。我国的贷款减值模式只是监管机构规定将拨贷比和拨备覆盖率作为监管指标，而并没有对具体的贷款减值准备提取方法作出明确规定，这主要与我国的会计监督体制有关,财政部制定了会计准则和实施指南,金融机构按照财政部的规定提取准备,而在实际的操作中由于缺乏详尽的指南,银行提取准备的方法存在比较大的差异(贾建军,2012)。银行实际操作中参照的原金融企业会计制度和人民银行发布的五级分类提取准备的方法比较接近于动态准备的方法,但是这一方法与会计准则中要求按照现金流量折现方法提取准备存在矛盾,造成银行贷款损失准备会计的不透明,不利于金融监管和投资者决策。需要会计准则制定者与金融监管机构共同制定更加详尽的贷款减值会计指南,提高银行贷款减值会计信息的质量。

四、会计生态系统服务国际金融中心建设的实证依据——基于会计信息在金融系统中解读的经验证据

(一)研究内容及研究目的

2007年爆发于美国的次贷危机最终演变成波及全球的金融危机,以银行监管为重中之重的金融监管体系前所未有地将风险传染[①]作为重点监管对象,这一点从Basel Ⅱ向Basel Ⅲ的转变可见一斑,前者注重微观审慎监管,后者则注重金融机构的风险传染特征的宏观审慎风险监管层面。

基于上述现实背景,我们拟以美国次贷危机整个过程中的若干重大事项为外部冲击因素,采用事件研究的方法,以我国A股上市公司为研究对象,研究上市公司面对外部经济冲击后的业绩表现[②],并试图进一步解析出资本市场在判断公司业绩表现过程中的若干驱动因素。

换言之,本节的研究目的可归纳为:在外部经济冲击下,企业微观主体的会计信息和宏观经济信息等因素是否能传导到金融市场中,被投资者所解读。如果上述问题的答案是肯定的,那么会计信息能够为金融市场所察觉并解析,进一步而言,会计生态系统所提供的数据信息对资本市场和金融系统都可能具有重大意义。

(二)研究方法

我们以沪市和深市市场中的2 342家A股上市公司为研究对象,以2007~2008年为检验窗口,检验在此窗口期间内美国次贷危机中的若干事件对上市公司资本市场表现的影响,并试图从微观和宏观两个层面(即会计指标和宏观经济指标两个方面)分解出投资者对资本市场判断的主要信息来源,换言之,即在资本市场中,企业自身的财务数据和宏观经济数据分别是如何在金融系统中流转以及被解读的。

1. 外部冲击事件的界定

以下将2007~2008年次贷危机过程中的标志性事件汇总在一起,具体的事件、时间和内容如表4—2所示。

[①] 包括金融系统内部的风险传染以及金融系统向实业的风险传染甚至扩散。
[②] 此处的业绩表现更多立足于资本市场对上市公司的评价,而非公司的财务业绩表现,因为前者能更及时高效地对上市公司作出评价,而且受到后续宏观经济和产品市场的影响较小,而财务业绩方面的表现则在前两点上不存在优势。

表 4—2　　　　　　　　　　　次贷危机中的标志性事件

所属阶段	日　期	具体事件
次贷危机	2007 年 6 月 7 日	Bear Stearns 告知投资者其推迟实施高等级结构性债券战略提高杠杆率基金计划
	2007 年 7 月 31 日	Bear Stearns 清算旗下两只投资各类按揭抵押债券（MBS）的对冲基金
	2007 年 8 月 6 日	美国房屋抵押投资公司申请破产保护
	2007 年 8 月 9 日	法国最大的银行 BNP Paribas 停止实施三项投资
	2007 年 8 月 16 日	惠誉国际信用评级有限公司下调了 Countrywide 金融公司的债券评级至 BBB+
	2007 年 9 月 14 日	英国财政部准许英格兰银行向英国第五大房地产抵押商北岩银行提供流动性资助
	2008 年 3 月 16 日	Bear Stearns 被收购
	2008 年 9 月 17 日	联邦住宅金融管理局对房地美、房利美进行政府保护
	2008 年 9 月 15 日	美国银行宣布收购美林证券,雷曼兄弟申请破产保护
	2008 年 9 月 16 日	美联储核准纽约联储银行借款给 AIG
	2008 年 9 月 19 日	美联储宣布成立 AMLF 拓展非援助性贷款
	2008 年 9 月 21 日	美联储批准 Goldman Sachs 和 Morgan Stanley 从投资银行转到银行控股公司
	2008 年 9 月 25 日	储蓄管理局关闭华盛顿互换银行,由 JP Morgan 收购
	2008 年 9 月 29 日	FDIC 宣布 Citigroup 收购 Wachovia 公司的银行业务
	2008 年 10 月 14 日	政府债券部门宣布 TAPR 计划,购买金融机构资本
	2008 年 10 月 29 日	IMF 宣布为市场可入性国家提供短期流动性资助项目
	2008 年 11 月 18 日	福特、通用和克莱斯勒高管在国会答辩,要求获得 TARP 贷款
	2008 年 11 月 23 日	美国债券部、美联储和 FDIC 联合宣布 Citigroup 提供资助

资料来源:根据 Phillip De Jager(2012)中的表 9 整理所得。[①]

2.基本假设的建立

自 BaselⅡ实施之后,世界各地的金融危机并未停止过,但是真正促动其向 BaselⅢ转变的最大动因则是 2007 年开始的美国次贷危机以及此后所演变成的世界性的金融危机。但是在此次次贷危机之前,金融监管系统并未将宏观金融审慎性纳入监管重点,在事发之前,我国的资本市场也可能并未预期到在何时、何地,在遥远的美国可能会发生如此一场大规模的金融危机,出于对金融风险传导的担忧,资本市场会对金融危机各种标志性事件作出负反应,而这种负面的反应更可能只是基于其所投资的国内上市公司的历史财务信息及当期的宏观经济指标,然而两者对投资者的影响孰轻孰重,则无法预计。此处所谓的"外部风险"是针对次贷危机而言的具体风险,美国金融机构的风险在向中国资本市场传递的过程中必然涉及美元汇率波动和国内贷款利率的波动等。

基于上述分析,提出下列假设:

H1:国内 A 股市场投资者对美国次贷危机中的各项标志性事件的市场反应是负的;

H2:投资者能够基于上市公司的历史财务信息和外部风险,对不同上市公司

[①] 原文中的表 9 是为检测规模不同的银行对同一事件是否有不同的市场反应,此处仅仅借鉴了该表格中关于时间和事件的信息。

抵御外部经济冲击风险的能力作出判断。

3. 变量定义

变量定义汇总表如表4—3所示。

表4—3 变量定义汇总表

性质	类别	分类	名称	含义	公式或定义
被解释变量	累计超额收益率	主要被解释变量	ar	事件日当天的超额累计收益率	以事件日前120天至前30天为参数估计期，估计公司的正常收益率
		T检验或敏感性测试中所使用到的被解释变量	car_5	事件日后第五天超额累计收益率	
			car_10	事件日后第十天超额累计收益率	
			car_15	事件日后第十五天超额累计收益率	
解释变量	微观主体财务变量	上市公司规模	sizea	上市公司会计规模	年末总资产的自然对数
			sizem	上市公司市场规模	年末总市值的自然对数
		上市公司盈利能力	basiceps	基本每股收益	税前净利润/流通在外普通股股数
			diluteps	稀释的每股收益	考虑发行在外的潜在的普通股后的每股收益率
			rona	净资产收益率	净利润/期末净资产
		上市公司财务风险	lta	财务杠杆比例	期末总负债/期末总资产
		上市公司增长性	incsales	营业收入增长率	（本年末营业收入—上年末营业收入）/上年末营业收入
			incasset	总资产增长率	（年末总资产—上年末总资产）/上年末总资产
			incequity	股东权益增长率	（年末净资产—上年末净资产）/上年末净资产
		上市公司历史	agefound	成立年限	公司成立年度至事件日所在年度
			agegopub	上市年限	公司上市年度至事件日所在年度
		跨境上市背景	dumcrosslist	是否跨境上市	如果仅发行A股，则为0；否则为1
	中观变量	市场类型	mkttype	是否沪市A股上市公司	如果为沪市A股上市公司，则为1；否则为0
	宏观经济变量	汇率风险	exdollar	美元汇率	每100美元兑换的等值人民币
		利率风险	loanshortrate	短期利率	6个月至1年的公司短期贷款利率
			loanlonrate	长期利率	5年及以上的公司长期贷款利率
控制变量		行业	indtype		如果对所涉及的14个行业设计13个虚拟变量，则在回归分析中发现这13个虚拟变量之间的相关性过高，因此此处仅设计一个虚拟变量，金融业①取值为1，非金融业取值为0

---

① 此处为何将"金融业"单独作为一类，而将其余的行业合并为一类，可参见"超额收益率的T检验"中的相关内容。

4. 统计结果描述

(1)超额收益率的 T 检验。

我们对事件日之后 20 个工作日的超额收益率进行了 T 检验,检验结果如表 4－4 所示。

表 4－4　　　　　次贷危机中标志性事件的市场超额收益率

交易日距宣告日	所有 A 股上市公司 均值	T 值	金融类上市公司 均值	T 值	非金融类上市公司 均值	T 值	金融类与非金融类上市公司均值比较 wilcoxon 检验 Z 值
0	−0.050 1***	−28.07	−0.066 6***	−6.01	−0.049 8***	−27.57	−6.218 8***
1	−0.036 6***	−2.65	−0.105 3***	−5.81	−0.035 4**	−2.51	−4.399 3***
2	−0.040 9***	−2.81	−0.105 9***	−5.59	−0.039 7***	−2.68	−3.485 5***
3	−0.051 8**	−2.48	−0.126 6***	−6.13	−0.050 4**	−2.37	−3.0372***
4	−0.07***	−2.89	−0.1747***	−7.01	−0.068***	−2.76	−3.215 3***
5	−0.059*	−1.76	−0.1907***	−7	−0.056 6*	−1.66	−3.1621***
6	−0.067 6***	−3.29	−0.176 2***	−6.38	−0.0656***	−3.13	−2.396 8***
7	−0.052**	−2.07	−0.165 5***	−5.81	−0.049 9*	−1.95	−2.089 7**
8	−0.043 3	−1.59	−0.160 4***	−5.39	−0.041 1	−1.49	−2.025 9**
9	−0.053 7	−1.37	−0.184 1***	−6	−0.051 3	−1.29	−2.177 3**
10	−0.054 4	−1.54	−0.199***	−6.05	−0.051 7	−1.44	−2.082 5**
11	−0.060 2**	−2.46	−0.168 8***	−4.99	−0.058 2**	−2.34	−0.8775
12	−0.055 5**	−2.28	−0.164 3***	−4.77	−0.053 5**	−2.16	−0.8711
13	−0.040 3	−1.24	−0.15***	−4.25	−0.038 2	−1.16	−0.724 1
14	−0.037 6	−1.11	−0.139 1***	−3.91	−0.035 7	−1.04	−0.479 6
15	−0.029 5	−0.77	−0.136 2***	−3.73	−0.027 5	−0.7	−0.636 9
16	−0.001 03	−0.02	−0.127 6***	−3.45	0.001 31	0.02	−0.887 5
17	−0.006 21	−0.13	−0.127 4***	−3.41	−0.003 97	−0.08	−0.923 5
18	0.006 42	0.12	−0.118***	−3.15	0.008 72	0.16	−0.878 4
19	0.010 2	0.23	−0.096 5**	−2.54	0.012 2	0.27	−0.668
20	0.021 5	0.45	−0.085 4**	−2.19	0.023 5	0.49	−0.594 1

注：* 表示在 10%的水平上显著，** 表示在 5%的水平上显著，*** 表示在 1%的水平上显著。

从表 4－4 的分析结果可以看出,对于所有的 A 股上市公司而言,投资者对次贷危机的外部经济冲击作出了负面的评价,具体表现为超额收益率为负,但是这种负效应在事件日之后的 7 个交易日后则减弱。

如果考虑行业因素,美国次贷危机正是酝酿自金融行业,对其本国金融业的冲击也远远比其他行业更快、更严重。基于金融风险在国际金融机构之间传导的考虑,我们将 41 家金融类上市公司单独作为一个样本组,对其市场的超额收益率进行分析。从表 4－4 的分析结果可以看出,金融类上市公司的市场表现也显著为负,这种负效应甚至在消息公布的首个交易日就已经立即得到体现,甚至绵延到事件日之后的 20 个交易日之后,这也是我们在回归分析中以金融业为所有行业虚拟变量为 0 的基础的判断依据。

相应的对比情况如图 4—3 所示。

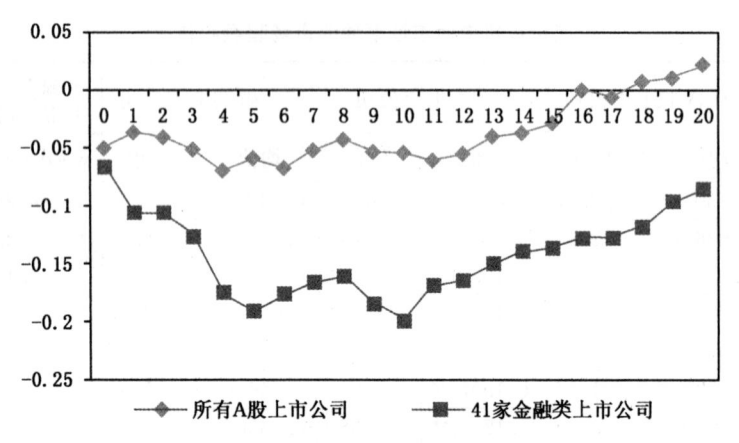

图 4—3　金融类上市公司与总体样本的市场反应比较

此外,我们还对金融类和非金融类上市公司的市场表现进行了 wilcoxon 非参数检验比较,结果表明从事件日开始后的前 10 个交易日,两者间的市场表现存在显著差异,金融类上市公司的市场表现显著差于非金融类上市公司。

相应的对比情况如图 4—4 所示。尽管在图中事实上有 3 条折线,但是由于总体样本的超额收益和非金融类上市公司的超额收益之间的差异过小,导致两者的折线几近重合,只有金融类上市公司的超额收益与前两者有较大差异。

上述分析结论符合本节所提出的第一个假设检验。

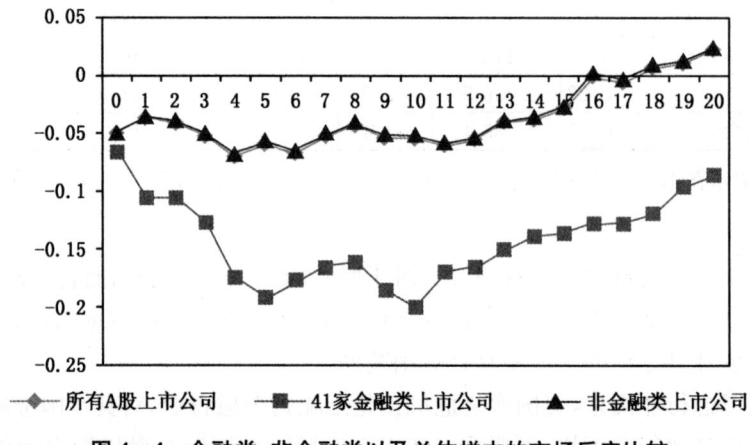

图 4—4　金融类、非金融类以及总体样本的市场反应比较

第四章 推进会计生态系统建设 助力上海国际金融中心

(2)回归分析结果。

考虑到美国次贷危机的风险对中国资本市场的辐射可能需要一定的市场消化期,因此本部分选择事件公布日后第5个交易日的累计超额收益率为被解释变量,分别设计了包括银行财务指标、银行金融监管指标和外部经济风险三个层次的解释变量,具体变量含义和计算方法见表4-3。

为了杜绝各类解释变量之间的线性相关所带来的模型拟合度过低等问题,本章事先对2007~2008年财务数据和宏观经济变量等解释变量分模块进行了Pearson相关性检验和Spearman相关性检验,确保相关性过高的变量不同时出现在同一个拟合模型中,检验数据表可参见本章附录中的表4-7和表4-8。

回归分析的结果如表4-5所示。

表4-5　　　　　　　　次贷危机中市场反应的动因分析

因变量	ar					
自变量	系数	T 值	VIF	系数	T 值	VIF
Intercept	-4.019 84***	-15.53	0	-3.686 86***	-13.88	0
exdollar	0.006 51***	17.16	1.037 19	0.005 98***	15.56	1.012 55
loanshortrate	-6.394 8***	-18.99	1.037 19			
loanlontrate				-6.511 38***	-18.69	1.012 55
mkttype	0.003 81	0.91	1.030 75	0.002 83	0.66	1.021 26
sizea	-0.003 69**	-2.08	1.140 07			
sizem				-0.000 262 77	-0.12	1.281 68
basiceps	-0.011	-2.74	1.128 52			1.309 64
diluteps				-0.016 58***	-3.66	
rona	0.000 054 58	0.12	1.225 82	-0.000 011 26	-0.02	1.299 3
lta	-0.000 154 48	-0.27	1.011 5	0.000 081 14	0.14	1.004 46
incsales	0.000 752 69*	1.76	1.045 82	0.000 772 3*	1.76	1.052 34
incasset	-0.002 27	-0.99	1.112 47	-0.002 87	-1.21	1.127 89
incrcf	0.000 208 18*	1.84	1.029 44	0.000 242 48**	2.12	1.038 25
agegopub				0.001 53**	2.83	
agefound	0.001 15**	2.13	1.015 61			1.037 67
group	0.011 88	0.32	1.221 16	0.030 93	0.72	1.290 48
F 值	48.64***			47.74***		
R 平方	0.034 4			0.035 2		
调整 R 平方	0.033 7			0.034 5		

注:*表示在10%的水平上显著,**表示在5%的水平上显著,***表示在1%的水平上显著。

从回归结果来看,资本市场的负反应和上市公司的历史财务数据相关,其中尤以企业规模、主营业务收入增长、现金流增长、公司存续历史等因素为主要显著性因素。

另一方面,资本市场的负反应和宏观经济指标也有显著的相关性,体现在美元汇率风险和国内人民币利率风险两方面。

这一点与本节所提的第二个假设基本一致。

五、提升会计生态系统基础效应与发展效应的构想框架——基于助力上海国际金融中心建设的视野

会计是现代经济的基础性系统,经济越发展,会计越重要。构建与上海国际金融中心相匹配的会计生态系统,是上海国际金融中心关键建设阶段不可或缺的支撑型基础。伴随着上海金融牵一发而动全身的人民币国际化和资本项目可兑换发展的推进,同时伴随着中国上海自由贸易实验区的启动与试点,会计生态系统如何创新会计效应、思考先行先试的内容、构筑全新的会计效应体系,确实具有策划引领、协同推进的现实价值,值得深入探索。

(一)提升会计效应的基本布局

我们认为,以国际金融中心所在地的典型代表伦敦、纽约匹配建设会计生态系统的成功经验为借鉴,依照国际会计准则并在我国运行具有阶段进程的特点,拓展上海国际金融中心建设的"会计生态系统",应该从操作效应上做分类、分步的谋划,真正体现其基础支撑、程序运行和功能创新与效应提升。

我们构想的会计效应布局构思图如图4-5所示。

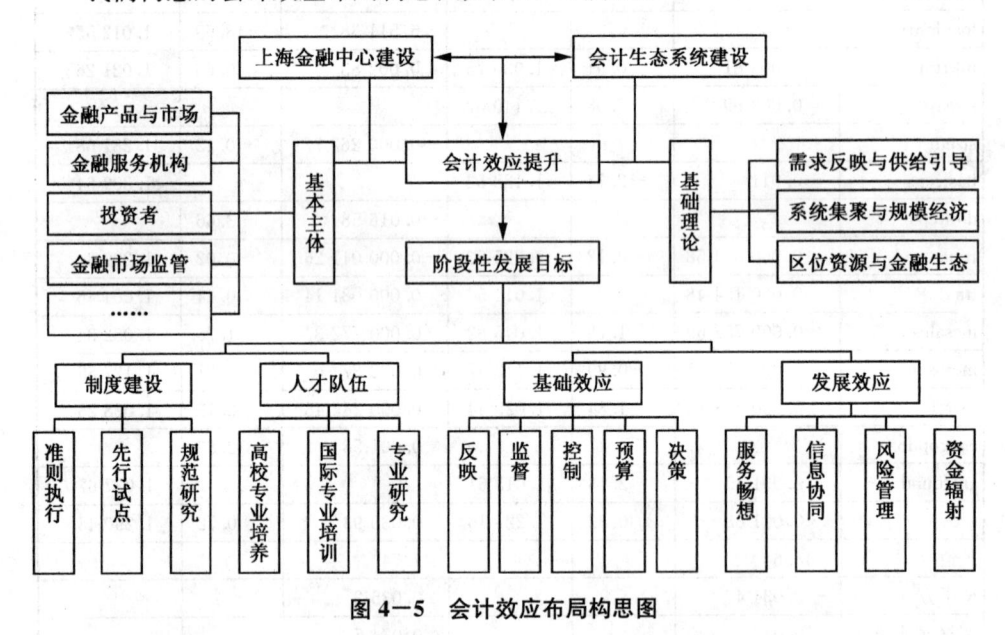

图4-5 会计效应布局构思图

我们提出的"会计生态系统提升会计效应"布局构思图是对上海国际金融中心建设特定阶段加强会计作用的建议,总体上说,提升会计效应的基本主体群在本文前述的基础理论的引领下,分别围绕会计生态系统的阶段性发展目标,先后从制度建设、人才队伍建设、会计基础效应和会计发展效应上开展分类、分步相互联系的作用和探索。本节将着重对阶段性发展目标基础效应和发展效应做相应的描述。

(二)上海会计生态系统建设的阶段性发展目标

从相应成熟的国际金融中心的发展历程看,其会计体系的成长、会计准则制定与话语权的权威体现有着阶段进程的轨迹。按照上海国际金融中心战略的目标看,会计效应的阶段目标可以按初步建设的雏形期、平稳发展的成熟期和形成实效的鼎盛期确定。我们构想以2020年上海基本建成国家战略下的区域性国际金融中心目标为限,将上海会计生态系统的提升会计效应分为三个阶段,具体如表4-6所示。

表 4-6　　　　　　会计生态系统提升效应的三个阶段

设想阶段	基本目标定位	基本目标
2014~2015年	初始建设,迎头赶上	实现基本效应(反映、监督、控制、预算、决策)均衡化,微观会计标准化,确立发展效应(服务中介、信息共享、风险管控、资金辐射)明晰化,中观程序典型化
2016~2018年	平稳发展,体现特色	实现基本效应精致型、理论实践前沿型、体现发展效应普惠型、会计功能跨越型
2019~2020年	个性优势,全面领先	优化基本效应,规范强效,系统领先,凸显发展效应,功能转型,志在高峰

从表4-6可见,"三步走"定位,明确了在会计的基本效应上要突出不同阶段"均衡—精致—领先"的转型,在会计的发展效应上要突出不同阶段"起步—跨越—高峰"的转型。归根结底,"三步走"服从上海金融中心发展的解决问题与满足要求,也是客观经济规律的循序体现。

(三)会计生态系统的基础效应

与上海国际金融中心相匹配的会计生态系统,归根结底是上海国际金融中心建设进程中不可或缺的基础型元素,它是上海国际金融中心建设的每一个经济主体、每一个基本项目、每一项综合或单体的决策事项,在每一次的国际、国内经济活动中不无遗漏地出现、展示并发挥作用。在国际经济全方位活跃的上海金融的每时每刻、每地每会,会计都在国际经济惯例、国际会计准则的导向下,在国际通用会计基础理论的引导下,行使着金融运行中所需要的会计的反映职能、监督职能、控制职能、预防职能和决策职能,并保障会计发挥相应的效应。我们把这些会计理论和实务工作中的五项职能都列入会计生态系统的基础效应范畴,并在2014~2020年的"三步走"阶段进程中,给予了不同阶段以基本定位和基本目标的规划。对此,我们将另文做专项细化论述。这里需要特别强调的是,上海国际金融中心建设的每一个主体(特别是微观主体)都必须首先在会计工作中发挥好基础效应。通常行使五项职能不仅仅是刚性规范,产生效应才是会计生态系统的本色,强调效应的真实本质就在这里。

(四)会计生态系统的发展效应

提出与上海国际金融中心相匹配的会计生态系统的会计效应的重要价值是提出了发展效应,其基本的出发点是在保障会计服务微观经济主体的基础上,提升、放大会计服务中观、宏观的视野,设想中的"发展效应"由服务中介、信息共享、风险管理和资金辐射四个单元组成,对此我们将另文详述,这里仅做概念性介绍。

1. 服务中介

上海金融中心的阶段发展尤其鲜明的特点是，从现在至 2020 年的六七年间，上海金融机构的大量集聚呈现持续不断、阶梯发展的状态。由此，带来阶梯状的金融服务和中介的需求和效率。除了传统的汇兑、结算、保管、资金融通等形式领域，更会大幅增加证券投资、资产管理、管理咨询、信托、期货等新业态，提供高质量、国际化的会计服务与中介势在必行，对上海国际金融中心的基础环境而言，会计的服务中介成为发展的基础呼唤。有关资料显示，目前已有的资源远远不能满足几何增幅的需求。通常，会计的服务中介效应体现出金融中心国际化发展的速度和高度。

2. 信息共享

上海金融中心是金融机构、人才和技术的集聚地，上海乃至长三角本身就是我国经济的核心地区，是我国重要的信息腹地。会计生态系统不仅仅成为上海金融中心国际、国内交易双方经济往来的基本工具手段，更是交易双方了解、获取相关信息的数据载体。通常提升会计系统的信息共享水平，也就从本质上降低了信息不对称及其信息的搜索支出，会计的信息共享效应在信息集聚、提升上海乃至长三角的区域发展效率上体现出金融中心科学化发展的宽度和深度。

3. 风险管控

上海金融中心作为我国金融市场的战略重地，是金融要素最为集中齐全的区域，证券、借贷、期货、信托、外汇、保险、黄金、融资租赁，应有尽有，品种繁多，成为金融多样化组合创新的投资市场。有关数据显示，上海金融中心是我国金融创新更为活跃的"盈利地带"，按照盈利与风险形影不离的"双刃剑"逻辑，上海同时也应该是"风险地带"。会计生态系统发挥出风险管理效应，就可以在微观经济主体的多样化投资组合方面，提供相应的风险管控方法和量化的防范数据，从而体现出金融中心安全化发展的强度和厚度。

4. 资金辐射

上海国际金融中心的资金辐射是国家战略促进区域社会储蓄向资本转化，为区域发展提供充足资本，实现资源的优化配置的核心体现。会计生态系统要把资金的集聚和辐射效应，在带动长三角投资繁荣、产业扩张、交易集聚和创造就业等方面带来持续性影响，从而体现出金融中心此起彼伏的关联度。

(五)基本结论

综上所述，支撑上海国际金融中心建设进程的会计生态系统需要在开阔的视野中发展，丰富其理论基础，加强需求反映与供给引导、系统集聚与规模经济、区位资源与金融生态的理论研究及其建设，必将能科学引领其应用实践，有效推动会计效应的创新与发展。

会计生态系统的发展效应，应该成为上海国际金融中心未来 6～7 年评价会计工作的主要方面。只有把会计的发展效应放到与金融中心建设同步匹配的地位，才能实现"协同效应"的预期目标。

会计生态与金融生态共同推进上海国际金融中心的科学发展，让我们共同努力。

附 录

表 4—7 财务指标的相关系数检验
（左上方为 Pearson 系数，右下方为 Spearman 系数）

	sizea	sizem	basiceps	diluteps	rona	lta	incsales	incasset	incequity	incrcf	agefound	agegopub
sizea	1.00	0.81	0.26	0.25	0.00	−0.10	0.00	0.15	0.02	−0.07	−0.05	−0.01
sizem	0.73	1.00	0.40	0.38	0.00	0.01	0.00	0.16	0.02	−0.08	−0.05	−0.02
basiceps	0.35	0.47	1.00	0.99	−0.02	0.02	0.03	0.18	−0.07	0.06	−0.12	−0.19
diluteps	0.33	0.44	0.93	1.00	−0.02	0.02	0.03	0.18	−0.07	0.07	−0.12	−0.18
rona	0.24	0.43	0.73	0.66	1.00	−0.01	0.00	0.00	0.00	0.08	0.00	0.00
lta	−0.18	0.07	0.12	0.12	−0.03	1.00	−0.01	−0.01	−0.02	−0.02	−0.06	−0.07
incsales	0.20	0.26	0.36	0.32	0.31	−0.02	1.00	0.02	0.00	0.01	0.01	0.00
incasset	0.39	0.40	0.53	0.50	0.38	0.02	0.43	1.00	0.07	0.03	0.02	0.03
incequity	0.32	0.45	0.56	0.52	0.55	0.09	0.37	0.62	1.00	0.00	0.00	0.01
incrcf	0.07	0.13	0.26	0.25	0.16	0.05	0.17	0.39	0.30	1.00	0.00	−0.01
agefound	0.02	0.02	−0.22	−0.20	−0.08	−0.21	−0.09	−0.13	−0.03	−0.08	1.00	0.74
agegopub	0.07	0.05	−0.28	−0.26	−0.12	−0.18	−0.12	−0.13	−0.05	−0.12	0.77	1.00

表 4—8 宏观经济指标的相关系数检验
（左上方为 Pearson 系数，右下方为 Spearman 系数）

	exdollar	loanlontrate	loanshortrate
exdollar	1.000 0	0.119 9	0.100 3
loanlontrate	−0.420 1	1.000 0	0.996 2
loanshortrate	−0.440 1	0.997 9	1.000 0

表4—9 以自变量为事件日超额收益率进行敏感性分析

因变量					ar							
自变量	系数	T值	VIF	系数	T值	VIF	系数	T值	VIF	系数	T值	VIF
Intercept	−3.590 89***	−13.94	0.00	−4.119 98***	−15.43	0	−3.693 73***	−14	0	−4.014 27***	−15.42	0
exdollar	0.005 94***	15.84	1.01	0.006 56***	16.86	1.037 19	0.005 95***	15.59	1.012 55	0.006 53***	17.11	1.037 19
loanshortrate	−6.448 7***	−18.97	1.01	−6.456 96***	−18.7	1.037 19	−6.470 55***	−18.69	1.012 55	−6.422 6***	−18.96	1.037 19
loanlontrate	0.003 81	0.91	1.03	0.002 83	0.66	1.021 26	0.003	0.7	1.021 96	0.003 51	0.83	1.031 39
mkttype	−0.003 69**	−2.08	1.14							−0.004 55**	−2.53	1.136 85
sizea				−0.000 26	−0.12	1.281 68	0.000 766	0.35	1.274 54			
sizem	−0.011***	−2.74	1.13	−0.016 58***	−3.66	1.309 64	−0.016 69***	−3.73	1.288 91	−0.011 45***	−2.83	1.140 92
basiceps	5.46E−05	0.12	1.23	−1.1E−05	−0.02	1.299 3	−5.6E−05	−0.11	1.296 7	0.000 101 88	0.22	1.228 07
diluteps	−0.000 15	−0.27	1.01	8.11E−05	0.14	1.00446	−4.4E−06	−0.01	1.002 6	−0.000 092 22	−0.16	1.012 59
rona	0.000 752 69*	1.76	1.05	0.000 772 3*	1.76	1.052 34	0.000 745 61*	1.7	1.053 35	0.000 774 52*	1.81	1.044 59
lta	−0.002 27	−0.99	1.11	−0.002 87	−1.21	1.127 89	−0.003 12	−1.32	1.125 65	−0.002 04	−0.89	1.113 9
incsales	0.000 208 18*	1.84	1.03	0.000 242 48**	2.12	1.038 25	0.000 248 42**	2.18	1.037 3	0.000 203 13*	1.79	1.029 84
incasset												
incrcf	0.001 15**	2.13	1.02	0.001 53***	2.83	1.037 67	0.001 14**	2.09	1.012 67	0.001 73***	3.25	1.026 66
agegopub	0.011 88	0.32	1.22	0.030 93	0.72	1.290 48	0.031 86	0.74	1.290 39	0.009 74	0.26	1.221 35
agefound												
group												
F值	48.59***			47.79***			47.26			49.27		
R平方	0.034 4			0.035 3			0.034 5			0.035 2		
调整R平方	0.033 7			0.034 5			0.033 8			0.034 5		

表4—10 以自变量为事件日后一日的超额收益率进行敏感性分析

因变量	car_1									
自变量	系数	T值	VIF	系数	T值	VIF	系数	T值	VIF	
Intercept	−2.337 83***	−8.19	0	−2.978 14***	−10.07	0	−2.978 14***	−10.07	0	−2.383 3***	−8.14	0
exdollar	0.004 39***	10.58	1.012 55	0.005 23***	12.13	1.037 19	0.005 23***	12.13	1.037 19	0.004 39***	10.38	1.012 55
loanshortrate										
loanlontrate	−9.162 9***	−24.32	1.012 55	−9.134 4***	−23.89	1.037 19	−9.134 4***	−23.89	1.037 19	−9.179 56***	−23.9	1.012 55
mkttype	0.002 27	0.49	1.030 27	0.001 99	0.42	1.020 94	0.001 99	0.42	1.020 94	0.002 42	0.51	1.021 65
sizea	−0.003 87**	−1.97	1.139 39							
sizem				−0.002 53	−1.03	1.281 26	−0.002 53	−1.03	1.281 26	−0.001 61	−0.67	1.273 9
basiceps	−0.013 84***	−3.11	1.128 3	−0.018 1***	−3.61	1.309 44	−0.018 1***	−3.61	1.309 44	−0.017 88***	−3.6	1.288 65
diluteps										
rona	7.51E−05	0.14	1.225 82	0.000 156	0.29	1.299 31	0.000 156	0.29	1.299 31	0.000 108 76	0.2	1.296 71
lta	−0.000 27	−0.42	1.011 57	−1.4E−05	−0.02	1.004 46	−1.4E−05	−0.02	1.004 46	−0.000 098 25	−0.15	1.002 6
incsales	0.001 15**	2.44	1.045 82	0.001 21**	2.49	1.052 33	0.001 21**	2.49	1.052 33	0.001 17**	2.4	1.053 34
incasset	−0.002 62	−1.03	1.112 44	−0.003 18	−1.21	1.127 85	−0.003 18	−1.21	1.127 85	−0.003 37	−1.28	1.125 6
incrcf	0.000 237 96*	1.89	1.029 45	0.000 255 35**	2.02	1.038 25	0.000 255 35**	2.02	1.038 25	0.000 260 09**	2.06	1.037 3
agegopub				0.001 76**	2.94	1.037 76	0.001 76**	2.94	1.037 76			
agefound	0.001 66***	2.78	1.015 55							0.001 68***	2.77	1.012 64
group	−0.001 43	−0.03	1.221 19	−0.007 25	−0.15	1.290 5	−0.007 25	−0.15	1.290 5	−0.007 24	−0.15	1.290 41
F值	57.93***			56.43***			56.43***			56.15***		
R平方	0.040 7			0.041 4			0.041 4			0.040 8		
调整R平方	0.04			0.040 7			0.040 7			0.040 1		

第五章

中小企业融资性担保业规范发展比较研究

一、绪 论

(一)研究背景与意义

1. 研究背景

1993年,我国第一家全国性专业担保公司——中国经济技术投资担保公司,经国务院财政部批准成立,这标志着我国正式启动担保行业。近年来,我国融资性担保行业在国家相关部门、各级政府的重视下,取得了不错的进展,在缓解中小企业融资难、管理和分散信用风险方面发挥着积极作用。

长期以来,我国融资性担保行业存在着资本实力弱、抗风险能力差、违规经营及缺乏有效监管等问题,经过一系列规范整顿工作的推进,融资性担保行业在合规经营、风险管理和内控制度方面有所提升。但是,融资性担保行业监管仍然停留在粗放阶段,尤其是担保机构的风险监控指标体系尚未建立,离科学、审慎、长效的专业性发展目标存在较大的差距。

目前,全球经济尚未从金融危机中恢复,就又面临着"欧债危机"、信用评级下调、信用风险加剧。一些担保机构因违规经营,造成资金链断裂,致使个别单位非法抽逃资本金、非法经营金融业务,钢贸业务老板集体"跑路"等,使得融资性担保行业遭受"信用危机"。更有2012年2月发生的"中担事件",银行与担保业的合作面临断裂风险,融资性担保行业的系统性风险可能会面临"连锁反应"。因此,亟需建立起"防火墙"式风险评价指标体系,以防范融资性担保行业可能出现的业务萎缩系统性风险。

本文将着重建立融资性担保机构的风险评价指标体系,以监测和预防担保机构的风险,优化中小企业融资环境,特别是要引导和支扶融资性担保行业为科技型、创新性企业服务,为"三农"融资。

2. 研究意义

开展融资性担保机构风险评价指标体系研究工作的现实意义在于:可以有效降低融资性担保机构面临的风险;通过对融资性担保机构面临的风险进行控制,及时预警和防范可能出现的担保风险,促进未来融资性担保行业的发展。其目的不仅使监管部门能够采用标准方法对融资性担保机构进行风险评价,也可以有效提高融资性担保机构自身的风险管控水平。

开展融资性担保机构风险评价指标体系建设工作的现实意义在于：

(1)政策扶持的基础。中小企业发挥着重要的作用，是一个经济发展的动力。据统计，2012年共有5 000万家中小企业，占中国企业数量的98%以上。中小企业在我国经济社会发展中的作用之大可见一斑。扶持、规范发展中小企业融资担保行业对中小企业发展具有举足轻重的作用。为了提高政策扶持的针对性，加强对小微企业和重点扶持产业的服务力度，有必要对融资性担保公司的股东背景、治理结构、经营业绩、风险处置、经济贡献、服务对象等进行综合评价，对优秀机构给予政策扶持。

(2)建设金融核心内容主战场的客观需求。以上海国际金融中心的金融市场体系为核心，试点和完善金融发展环境，重点拓展金融市场的广度和深度，形成国内和国外投资者参与的目标、国际化程度提高，以及交易、定价和信息为特色的多功能、多层次的金融市场体系，满足多样化的需求。

(3)进行分类监管的基础。随着地方金融机构数量的增长，不同机构之间出现了很大的经营差异，特别是风险差距越来越明显。例如，互助性、综合性、集团化背景的担保公司经营特点和风险程度各不相同。客观上要求建立合理的指标体系，对机构风险进行评判，以此为基础进行分类监管。

(4)开展经济统计的需要。融资性担保公司与地方经济结合紧密。不仅本身可以创造税收、解决就业，而且还支持"三农"和小微企业发展，间接的好处是显著的。对这些机构的风险进行评判，是目前经济统计的新课题，也是提高金融增加值的有效途径。

(二)国内外文献综述

最近30多年来，融资担保理论一直是金融经济学研究的主要热点之一。著名的经济学家Barro和Stiglitz等都在此领域作出过非常重大的具有奠基性的研究成果，开创了以博弈论、信息经济学和契约理论为分析工具，从宏观经济、公司治理和债务契约等方面研究融资担保相关问题，取得了硕大的研究成果。例如，Barro(1976)曾提出融资担保的交易成本理论，Stiglitz和Weiss(1981)曾提出融资担保中产生的逆向选择理论与道德风险理论，Chan和Kanatas(1985)曾提出融资担保中的信号传递理论和资信评价担保理论。

1. 融资性担保机构面临的风险和风险管理研究

中小企业信用担保机构，与保险、银行业一样经营的都是风险，风险管理和控制是担保机构要解决的重要问题，直接关系到该行业是否正常和健康发展。担保机构的风险，通常被认为来自两个方面：一是担保机构内部风险，刘妹含、唐海滨(2008)认为包括资本风险、内控风险、管理风险、操作风险和犯罪风险等，周宇、雷汉云(2008)认为担保机构资金、人才的缺乏可能导致安全隐患。二是外部环境的风险，潘爱萍(2008)认为包括政策风险、法律风险、社会欺诈风险等，李德久(2010)认为也包含来自协作商业银行的风险。

在融资担保风险管理上，大部分学者如方晓霞(2004)、庞加兰(2007)、肖扬清

(2008)建议,一方面可以通过担保机构与贷款银行之间的风险共担以及建立再担保方式来分散融资担保风险,另一方面也可以考虑运用反担保机制来有效地降低风险。

梅强(2002)提出可以用一系列财务指标来控制中小企业信用担保机构的信用风险,包括资本金、代偿率、追偿损失率、担保规模等。通过分析这些财务指标之间的关系,就可以基本确定恰当的担保放大倍数和担保规模,有利于控制风险。

张建波(2010)认为,如果要完善并发挥中小企业信用担保的市场功能,有效控制信息不对称所产生的逆向选择,可以通过分析信用担保配给机制和担保市场逆向选择来取得。

付俊文、赵红(2004)认为,中小企业如果没有抵押品,担保机构虽然可以部分解决信息不对称的问题,但它解决不了所产生的道德风险和逆向选择,相反更可能加重道德风险和逆向选择,从而形成信用担保悖论。但是,如果中小企业提供了足够的抵押品,那么信用担保机构的存在就具有现实意义。

IlhyoekShim(2006)比较了亚洲政策性担保机构与商业担保机构在提供信用担保过程中的表现,得出政策性担保机构的表现较差,并建议建立信用评级系统和完善信用担保制度。

张篙武(2011)建议,对担保机构的反担保条件进行更为严格的要求,提出以变现性强弱、价值浮动大小为原则,选择贷款法人个人信用记录作为担保参考方法来提供中小企业还贷积极性,并有利于代偿后追偿,更有利于担保机构提升自身信用等级。

崔焕萌(2010)认为,应对中小企业信用担保机构,需要建立全面的风险管理框架,以全面风险的管理思想作为指导,及时建立健全的组织体系、改善流程和良好的方法论指导。

2. 融资性担保机构的风险评价指标体系研究

王清刚(2011)认为,风险作为可能产生影响的不确定性因素,有可能造成实际结果与预期目标发生偏差,对各种风险因素加以分析和控制,用内部控制来实现企业目标。

林大城(2004)认为,可以通过加强建立监控预警系统和风险监测指标,对可能引发的担保风险进行风险预测、风险评估、风险警示,并建立风险的补偿机制。一方面提取担保风险准备金,另一方面建立政府补偿机制。可以通过政府财政预算和资金注入的方式来增加资本金、采取优惠税率和利润返还的方式,当担保机构为企业提供的担保出现代偿问题时,若经有关调查符合相关规定,则可以从政府所建立的补偿机制基金中提取一定比例作代赔付。

高世原、彭灿(2005)认为,中小企业作为一种综合评价的信用担保机构评级,有许多因素影响其评价值,各个因素之间的关系是分层次的综合体系,而不是平行的关系。中小企业信用机构评级可以归类为三层次、多指标的综合评价问题,可以用三级综合模糊模型对此作评价。

陈志莲、张淑焕(2007)认为,可以运用模糊数学理论对担保项目的评审构建出一种风险评价指标体系,担保机构专业化的信用风险管理得以探索。

席升阳、赵阳(2009)认为,对中小企业信用担保机构作信用评级,可以通过选取综合实力和社会作用来构建评价指标体系。选取战略能力、核心业务能力、人力资本实力作为综合实力的评价因素,而对于社会作用方面,则从经济和社会两个方面选取指标。

尹靖华、曾兴、何敏(2010)在借鉴风险预警管理理论中信号等模型的基础上,从微观层面构建了我国信用担保企业的风险预警机制,并从纵观行业层面和宏观国家层面提出了配套措施。

樊锰、汪媛雏、张竹海、仇新卫(2010)认为,我国担保公司和商业银行的信用评估方法目前尚处于比率分析阶段,参照大企业标准对中小企业的信贷作评级。为对中小企业信用状况作出公正客观的评价,他们从中小企业信用评级方法的选择和比较入手,用AHP分析法作为核心,成功构建了多级模糊综合评价模型。

曹盈佳(2012)认为,中小企业融资难的问题长期制约着我国中小企业的发展。作为信用中介机构的担保公司,在中小企业融资渠道上起关键作用。通过立足于担保公司业务特征,对担保公司内外部控制管理及经营贷款业务的信用风险度量,可以有效完善担保业管理。

(三)研究思路与研究内容

1. 研究思路

运用文献查阅、座谈、问卷调查、深度访谈等,依据分类监管指导的思路,按照不同业务类型和治理结构的融资性担保公司,在经营流程、风险管控等方面,发现和梳理风险评价指标体系关键性问题。对融资担保相关银行及评级机构进行访谈调研,从担保业务关联方和第三方角度,分析融资性担保风险评价指标。融资性担保行业的风险是客观存在的,而如何预警和监管风险就是金融监管机构所面临的最主要的问题。只有有效地监管担保行业风险,才能实现担保行业的持续经营和稳定发展。建立有效的风险评价指标体系是监管担保行业和机构风险的最重要措施。

2. 研究内容

研究内容第一部分为绪论,主要阐述了本文的研究背景与意义、国内外文献综述、研究思路、研究内容及需要解决的关键问题;第二部分介绍了担保行业现状;第三部分论述了融资性担保机构的风险分析和风险管控;第四部分承接第三部分,论述了最关注担保机构风险的机构——银行和评级机构目前所采用的主要风险评价方法;第五部分就上述论述中现行风险评价指标体系存在的问题及成因,分别从非现场监管指标(实际控制人风险指标、安全性指标、风险集中度指标、风险分散能力指标、认可度指标、其他指标)以及现场监管指标(团队经营能力指标、经营合规性指标)等方面进行论述,构建了担保行业风险评价指标体系;第六部分为文章的总结部分,主要阐述本文的研究成果及不足之处。

3. 需要解决的关键问题

担保公司与保险公司、银行业等一样都是经营风险的公司,但后者已经形成严格的风险管控指标体系,而担保公司到目前为止,没有一套真正意义上的风险管控指标体系。担保机构虽然日益壮大,但其风险却不容小觑。为降低行业自身风险,也使融资性担保行业的发展规范性得以提高,需要我们加紧构建一套完整的、适合担保公司的风险评价指标体系。担保机构可运用此标准方法,通过有效的风险管理措施来规避和防范此类风险,降低不必要的风险损失;同时也有利于行业监管方对担保公司作出评判。

二、融资性担保机构行业发展状况和监管问题分析

(一)融资性担保行业概况和发展进程

1. 融资性担保行业基本情况

截至 2011 年年末,上海浦东新区共有 13 家持牌经营的融资性担保机构,包括 2 家国资控股,1 家事业单位,10 家民营机构。净资产总额 40 亿元,担保责任余额 116.7 亿元,在保客户 940 家。相对于上海浦东新区庞大的中小企业数目和经营规模,当前融资担保企业数量和资产总额都比较有限,并不能满足中小企业融资和发展的需要,行业发展空间较大。

2011 年年末,上海浦东新区融资性担保机构注册资本共 39.98 亿元,各家机构的银行存款 20.2 亿元,应收账款 1.1 亿元,其他应收款 0.9 亿元,存出保证金 24.7 亿元,存入保证金 4.1 亿元,预付账款 0.03 亿元,其他应付款 4.1 亿元,应付账款 0.008 亿元。未发现抽逃注册资本、虚假出资、资金质押冻结情况。具体如表 5—1 所示。

表 5—1　　　　　上海浦东新区融资担保公司 2011 年注册资本

单位名称	公司类型	注册金额(万元)	币种
上海神陆融资担保有限公司	有限责任公司(国内合资)	40 000	人民币
上海中科智融资担保有限公司	有限责任公司(外国法人独资)	5 850	美元
上海东方惠金融资担保有限公司	有限责任公司(国内合资)	10 000	人民币
上海融真融资担保有限公司	有限责任公司(国内合资)	70 000	人民币
上海银信融资担保有限公司	有限责任公司(国内合资)	10 000	人民币
上海普信融资担保有限公司	有限责任公司(国内合资)	30 000	人民币
上海元易信融资担保有限公司	有限责任公司(国内合资)	10 000	人民币
上海中财融资担保有限公司	有限责任公司(国内合资)	10 000	人民币
上海广信担保有限公司	有限责任公司(国内合资)	43 000	人民币
上海融和融资担保有限公司	有限责任公司(国内合资)	10 000	人民币
上海联合融资担保有限公司	有限责任公司(国内合资)	50 000	人民币
上海汇金融资担保有限公司	有限责任公司(国内合资)	40 000	人民币
上海张江中小企业信用担保中心	事业单位	30 000	人民币
合　计		353 000	人民币
		5 850	美元

资料来源:2001 年各融资担保公司年报。

2. 融资性担保机构业务状况

融资性担保机构担保费收入比例较低,2011年上海浦东新区融资性担保机构全年担保业务发生额167.3亿元,实现担保费收入仅1.58亿元,只占业务发生额的近1%,与其承担的高风险并不对称,担保费收入比例有待提升。融资性担保机构目前的担保放大倍数仅2.59,与发达国家的10倍数相差甚远,担保放大倍数最高的是日本(60倍)、美国(50倍),可见担保机构业务能力并没有得到充分发挥,与目前市场中的高风险低收益率密切相关。

其中,融资性担保机构对钢贸类担保的投入较多,业务集中度高。2011年,上海浦东新区钢贸类担保业务发生额86.75亿元,占全年担保业务总量的51.8%。普信担保、融真担保、广信担保和神陆担保钢贸业务较集中。具体如表5-2所示。

表5-2　　　2011年上海浦东新区融资担保公司业务规模与结构情况　　　单位:万元

类型		钢贸类企业	其他类企业	合计
上海神陆融资担保有限公司	金额	53 973.00	87 708.00	141 681
	比例(%)	38.09	61.91	100
上海中科智融资担保有限公司	金额	56 100.00	52 937.88	109 038
	比例(%)	51.45	48.55	100
上海东方惠金融资担保有限公司	金额	—	14 552.50	14 553
	比例(%)		100	100
上海融真融资担保有限公司	金额	558 620.67	1 485	560 106
	比例(%)	99.73	0.27	100
上海银信融资担保有限公司	金额		550	550
	比例(%)	—	100.00	100
上海普信融资担保有限公司	金额	54 578		54 578
	比例(%)	100.00	—	100
上海元易信融资担保有限公司	金额		41 640	41 640
	比例(%)	—	100.00	100
上海中财融资担保有限公司	金额	1 985	39 805	41 790
	比例(%)	4.75	95.25	100
上海广信担保有限公司	金额	115 755	48 300	164 055
	比例(%)	70.56	29.44	100
上海融和融资担保有限公司	金额	2 100	6 300	8 400
	比例(%)	25.00	75.00	100

续表

类　型		钢贸类企业	其他类企业	合　计
上海联合融资担保有限公司	金　额	2 100	6 200	8 300
	比例(%)	25.30	74.70	100
上海汇金融资担保有限公司	金　额	11 000	326 242	337 242
	比例(%)	3.26	96.74	100
上海张江中小企业信用担保中心	金　额	8 270	191 540	199 810
	比例(%)	4.14	95.86	100
合　计		920 581.67	817 260.38	

资料来源：根据金融统计局资料，已做数据修正。

3. 融资性担保行业从业人员情况

中小企业信用担保行业对从业人员普遍要求较高的综合素质，通常需要复合型人才。我国信用担保行业相对起步较晚，现有的人力储备尚不能充分满足担保机构迫切的用人需求。目前只有60%的融资性担保行业从业人员有从业资格认定。担保行业对被担保客户常常不接受审查，盲目做大业务，这一方面与保险、银行的风险精细化管理存在很大差距。

目前，上海浦东新区13家融资性担保机构的从业人员共379人，本科及以上学历253人，占比66.7%。其中研究生学历35人，占比不足10%，相比其他金融行业，高层次人才比较缺乏。具体如表5-3所示。

表5-3　　　　　　上海浦东新区融资担保公司从业人员情况　　　　　单位：人

单位名称	研究生	本科	大专以下
上海神陆融资担保有限公司	0	14	7
上海中科智融资担保有限公司	6	22	3
上海东方惠金融资担保有限公司	2	8	2
上海融真融资担保有限公司	1	26	23
上海银信融资担保有限公司	2	5	8
上海普信融资担保有限公司	2	18	4
上海元易信融资担保有限公司	2	5	11
上海中财融资担保有限公司	4	12	23
上海广信担保有限公司	2	20	10
上海融和融资担保有限公司	2	3	6
上海联合融资担保有限公司	5	58	20

续表

单位名称	研究生	本科	大专以下
上海汇金融资担保有限公司	5	13	9
上海张江中小企业信用担保中心	2	14	—
合　计	35	218	126

资料来源：行业内部资料，由金融统计局获得，已做数据修正。

4. 融资性担保行业与银行合作情况

商业银行与融资性担保行业合作的意向明确，为其提供了可观的担保授信额度。共有3家银行向上海浦东新区融资性担保机构提供了总额为275.55亿元的担保授信。授信额度排名前三位的银行分别是中国工商银行36.5亿元、交通银行27.3亿元和中国建设银行21.5亿元，占总授信额度的31%。但是，商业银行提供的授信额度实际使用率不高，截至2011年年末，额度的实际使用率为37.6%，情况稍好的是兴业银行、中信银行、光大银行，实际使用率分别为65.44%、60.53%、57.93%。

但是，银行与担保公司之间的风险共担机制尚未实现，主要风险仍由担保公司承担，阻碍担保行业发展，使得行业从业人员对担保行业的发展前景感到迷茫，信心不足。各家银行通常需提供担保金额的10%~30%作为保证金，个别银行的比例已经高达45%~50%。在风险分担方面，除张江担保与合作银行有0~10%的风险分担之外，其余都由担保公司承担100%风险。这不仅会导致担保公司不对等的责任与权利，而且也弱化了银行对企业的调查和评估，增加了整体风险，严重制约着担保行业的业务发展。具体如表5—4所示。

表5—4　　　　　上海浦东新区融资担保公司与银行合作情况　　　　单位：万元

单位名称	在保金额
上海神陆融资担保有限公司	151 681
上海中科智融资担保有限公司	48 175
上海东方惠金融资担保有限公司	13 270
上海融真融资担保有限公司	387 897.67
上海银信融资担保有限公司	560
上海普信融资担保有限公司	52 278
上海元易信融资担保有限公司	39 740
上海中财信融资担保有限公司	39 949
上海广信担保有限公司	73 835
上海融和融资担保有限公司	—

续表

单位名称	在保金额
上海联合融资担保有限公司	8 250
上海汇金融资担保有限公司	201 384
上海张江中小企业信用担保中心	52 837
合　　计	1 069 857

资料来源:行业资料,已做数据修正。

5. 融资性担保机构发展进程

中小企业融资担保行业的发展趋势将会渐进体现四大阶段性特征,即规模化、专业化、规范化、信息化,体现规律,确保实现先发效应。

第一,规模化满足需求。目前中小企业的数量庞大,融资担保行业需规模化发展与其配套。政府也鼓励各种力量为中小企业提供贷款担保。

第二,专业化方向发展。当前担保市场出现了新趋势,担保行业正向商业化、专业化的方向挺进。

第三,规范化支撑进程。融资担保行业将会在法制化的轨道上,形成高效、标准化的监督体系,逐步形成与银行之间的科学联动机制与风险补偿机制,建立科学定价方法,维护市场健康有序发展。

第四,信息化凸显保障。在目前信用体系不健全的背景下,积极推进担保机构的信息化建设是大势所趋。为保证融资担保行业的健康发展,可以为中小企业建立信用档案和数据库,实现信用信息联网查询功能。

(二)融资性担保行业存在问题和发展"瓶颈"分析

1. 融资性担保机构承保能力相对不足

首先,最突出的问题是小股本,承保能力不足。与西方国家相比,我国融资性担保业起步较晚,股权资本较小。截至2011年年底,上海浦东新区13家融资性担保机构总注册资本合计35.3亿元人民币,相对于数量众多、规模大的中小企业,承保能力相对有限。其次,截至2011年年底,上海浦东新区融资性担保机构担保放大倍数仅为2.59倍,相比国外担保机构担保资金的放大倍数较小,业务量比较有限,没有起到应有的放大作用。再次,注册资本的补充机制不尽完善,多数情况下是政府财政或企业法人的一次性注入,然后多年维持不变,对企业的融资担保请求只能爱莫能助。

2. 担保业务集中度较高

2011年,上海浦东新区融资性担保机构全年担保业务发生额167.3亿元,实现担保费收入1.58亿元。其中,钢贸类担保业务发生额86.2亿元,占全年担保业务总量的51.5%。普信担保、融真担保、广信担保和神陆担保钢贸业务较集中,其中普信担保钢贸担保业务比例为100%,融真担保也高达99.73%。钢材流通作为一个资金密集型的行业,资金一直是困扰钢铁流通行业中小企业发展最重要的问题。但现实情况是,钢铁贸易和钢铁企业通常用抵押从担保公司取得贷款,一些钢贸企业为了获得更多的贷款,往往反复质押,部分钢材贸易获得的资金不是用于操作钢铁贸易主业,而是用于炒作。钢铁贸易炒作的回报有可能远远高于主业的回报,这使更多钢铁贸易企业愿意承担巨大的风险,从实体经济拿出更多的钱,实业变得中空化,为危机埋下了"种子"。上海浦东新区融资担保机构钢贸类担保业务的高比例,导致行业风险集中度尤其突出。

3. 担保资源的使用缺乏明确的标准和引导

信用担保是一种稀缺资源,应该是合理的,并且可以配置的最大效用,投资于和国家产业政策相配合的项目。但是,目前中小企业信用担保机构的运作看起来很难做到这一点。2011年,上海浦东新区融资性担保机构对中小企业提供的担保总额达161.96亿元人民币,占比99.57%。其中,对高新技术产业的担保额仅为17.66亿元人民币,占比10.85%;对"三农"产业的担保额则更加有限,只有500万元人民币,占比0.03%。由此可见,对信贷资源的投向缺乏必要的宏观指导,担保组织信贷担保资源的使用对全局性、长远性的宏观问题考虑甚少,更多地只是侧重于集团目标、部门目标和眼前目标。

4. 融资性担保行业风险分担机制不健全

国外担保机构承担责任的比例,日本和德国分别为50%～80%,美国是80%,加拿大则是85%。目前,上海只有张江担保与合作银行有0～10%的风险分担,其余都是担保公司承担100%的风险。我国银行需要担保机构承担100%风险的做法,使众多担保机构背负过多的贷款风险,这一点完全不符合国际惯例。

担保人与借款人之间也要适当分散风险,如借款人需向担保人提供必要的反担保措施,这些措施对防止借款人在担保下的道德风险是有帮助的,但反担保措施必须适度,否则担保也就失去了存在的意义。目前,上海浦东新区13家担保机构中只有1家参与再担保业务,再担保业务空间有待挖掘。

5. 融资性担保机构业务创新能力欠缺

担保行业是一个朝阳产业,具有融资需求的中小企业的潜力非常大,除了直接贷款担保、融资租赁、吸引外资、进出口信贷、典当等,都可以寻求担保机构的支持。然而,除了贷款和承兑汇票,担保机构的新业务发展很少。担保机构业务创新的制约,可以概括如下:一是担保风险补偿机制不健全。目前,在全市甚至全国范围内没有成熟的再担保机构,且在商业银行对担保机构过度甚至完全依赖的背景下,担保机构没有多少意愿涉足新的业务。二是相关联企业的依赖度过高,担保业务大量地为关联企业提供服务支持,业务创新的动力明显不足。三是复合型人才的储备不足,大部分担保机构缺少既具有专业知识又能适应市场发展的人才,在短时间内很难全方位开展各类担保业务。

6. 信用评级机制相对滞后

我国的信用体系尚未建立,信用评级机制需要加以改进。第一,商业银行有自己的一套独立的信用评级体系,担保机构为他们的客户担保,也有担保资质等级评定的问题,评级相对较低的担保机构的担保能力会受到相应限制。第二,商业银行和担保机构的评级系统，信息资源互不共享，在企业提供服务时经常单独评估、单独定级，由此带来重复评估、重复收费的问题，相应增加了企业的负担，一些企业不能承担巨大的评级成本，因而放弃了贷款打算。

(三)融资性担保行业的监管模式比较和监管难点分析

融资性担保行业有100多年的发展经验，目前已有超过100个国家和地区建立了政策性担保体系，监管政府和市场失灵，促进经济发展，维护社会公正，促进外贸发展。商业性担保机构也发现了自身的发展领域，已成为现代担保业务发展的核心力量，显示出强大的发展活力。在商业性担保业务不断丰富、国家政策性担保体系不断提高的同时，各国已经建立和完善了担保监管体系。在过去几年中，融资性担保行业监管实施了多项措施，初步建立了系统的审慎监管标准和行业标准的开发框架。通过了解国外的监管模式，可以透析出政策性担保监管模式和商业性担保监管模式的不同之处。

1. 政策性担保监管模式

根据发达国家的经验，政策性担保的监管模式，可以考虑以法律的规定，成立专门的政府监管机构，形成标准操作模式。

首先，融资性担保机构，由有关法律法规确定其业务范围、运作模式、信息披露和管理做法，如监督管理的内容。其次，中小企业管理局是中小企业融资担保的专业管理机构，为中小型企业提供经营模式。对小企业管理，以确保中小企业管理局的活动与有关法律法规相一致，基于小企业管理局的政府机构属性，总检察长办公室有权要求审查中小企业管理局的业务账务、报告等，报告每年在国内公开，并在大会上两次报告，包括中小企业管理局在过去6个月内所有重要的活动和工作内容。美联邦政府责任署有权监管中小企业管理局的业务活动、资金支出等。上述规定及监管机制将确保其信息披露的执行和效力的有效发挥。

2. 商业性担保监管模式

根据发达国家的经验，商业性担保监管模式是建立在行政监督的基础上，由行业协会作主导，同时由市场监管的行业自律。

首先，在美国，经营担保业务的公司必须在州保险部门登记，通过州保险监管机构的严格审核，并在经营过程中仍接受州保险部门的持续监管。每年，美国财政部金融管理局(金管局)按照国家有关政策，发布公告宣布一批有资格向联邦政府提供担保服务的保险公司、再保险公司和担保公司及其业务规模。如合格公司中的担保业务规模大于财政部金融管理局公布的业务规模上限，则由合格的再保险公司为其超限额部分提供再保险。除财政部外，还有美国交通部、美国总务管理局等部门有权对提供担保业务的保险/担保公司实施监管的权力。

其次，除了行政部门的监管，行业自律、行业协会领导和市场监管担保行业的监管过程也起着不可替代的作用。市场保证的自由选择，也迫使担保公司自我约束。担保公司是商业化运作，追求利润肯定是先赢得了客户的利益最大化。在信息透明、专业的信用评级机构的市场环境中，美国担保公司自身就有提高公司业务能力、改善经营、公司治理、风险控制能力,以争取客户的原动力。按照行业标准的担保公司,以创造一个可持续发展的健康和有序竞争的市场环境,为企业提供持续和健康的商业环境。美国的一些州已经成立了州担保行业协会、全国的担保行业协会及美国担保行业协会。这些地区和国家的行业协会,对担保公司业务经营的监督和管理起到了指导作用。

3. 行业监管难点分析

自担保公司于20世纪90年代末推动发展以来,行业监管问题一直是困扰政府部门的难题。2009年推出的相关政策,明确规定按照"谁审批设立,谁负责监管"的原则,授权地方政府双权合一。考虑到有可能地方政府力量不一,从行业协调与管理的角度来看,担保业务监管部际联席会议制度的建立,由中国银行业监督管理委员会与工业和信息化部、发改委、财政部、工商总局、人民银行、法制办等部门负责人参与。因此,融资性担保行业已经取得了一个良好的开端、有效的监督,但是监管融资性担保行业还存在着一些困难。

第一,中国的担保行业发展法律和法规是不完善的。尽管担保法管辖的债权人、债务人、担保人有关各方的权利和义务得到了规范,对中小企业发展的政策和配套措施也在不断完善,但是由于担保行业的审批、设立等直接相关的行业监督管理办法尚未出台,目前担保行业的风险、发展现状、监管机构数量尚未找出,担保行业处于法律指导不够的监管状态,监管约束大大减弱。没有行业的限制和完整的法律规范和法规,也没有规范公司运作,促使其健康发展的体制框架。

第二,地方准入制度与监管标准的差异较大。虽然地方政府根据当地情况,实行灵活性标准,但在标准行业管理办法尚未出台的前提下,监管标准和准入条件必然存在一个很大的区别,这将会给未来的行业标准带来更大的难度与风险。

第三,监管要求地方政府必须具备较高的专业级水准。由于担保机构是一类特殊的机构,其为企业取得融资,是通过信用放大和信用增级实现的,具有金融属性,对这样的机构需要一个更强大的专业能力的市场监管,保证其合规性,并有能力识别行业风险。与此同时,中国银行业监督管理委员会既不是审批者,又不是监管者,他们的主观能动性显而易见将大打折扣。从前面分析的情况看,部际联席会议制度的影响是极其有限的,因此地方政府面临着更大的监管挑战。

第四,管理职能应该与监管职能混合。风险的承担者必须与监管部门分离。我们的政府作为风险的最终承担者,采取行业管理职能是必要的。监管机构应该由一个独立的第三方对合规活动的监督负主要责任,同时肩负行业准入标准和监管标准的制定工作。

三、融资性担保机构的风险分析和风险管控

(一)融资性担保机构的风险分析

融资性担保风险是指融资担保机构由于各类内外部或主客观因素的不确定性,而致使融资担保机构在实际担保业务的运营过程中遭受各类赔付损失的可能

性。融资担保是公认的高风险行业，其高风险性不仅来源于被担保方——中小企业这一复杂而特殊的群体，还可能来源于融资担保机构自身受到的各种内外部风险因素的影响。

融资性担保风险依据风险来源，可以分为系统性风险和非系统性风险。来自外部环境的担保机构的系统性风险(Systematic Risk)，是由整个社会的政策环境、信用环境和法律环境风险的变化，宏观经济政策受到其他因素的变化而引起的；系统性风险是外部风险，是独立的风险，与担保机构自身风险管理体系无关。来自担保机构自身的内部风险的非系统性风险(Nonsystematic Risk)，是由担保机构决策失误、经营等微观因素引起的。在外部环境没有显著变化时，担保机构可通过有效的风险管理措施，避免和防止此类风险，减少不必要的损失风险。

1. 融资性担保机构的系统性风险

融资性担保机构的系统性风险主要有政策风险、法律风险和利率风险。

(1)政策风险。指相关金融经济政策的改变所造成的担保风险。政策的改变，对企业的影响是显著的，尤其是对中小企业，甚至事关生死，由此导致了融资担保安全的不确定性。

(2)法律风险。担保业务的法律合同包括委托担保合同、担保合同、反担保合同等，每个合同的公平性、严谨性和合法性，都直接关系担保机构风险因素。不仅债务人与担保机构存在着法律风险，债权人与担保机构之间也存在着法律风险，如果债权人施加不合理和不公平的代偿要求给担保机构，不能按比例与担保机构承担风险，担保机构的风险也会增加。

(3)利率风险。市场利率变动会直接影响被担保债务人的偿债财务风险，随之对担保机构造成巨大影响。尤其是当基准利率上调时，企业需要偿还的利息也相应增加，提高了企业的财务风险，而对于担保机构，担保收入并不会有所改变，而面临的风险却在增大。

2. 融资性担保机构的非系统性风险

融资性担保机构的非系统性风险包括信用风险、反担保风险、抵押物和质押物风险、流动性风险、管理风险。

(1)信用风险，是指银行借款方因种种原因，不愿意或无力按期还本付息而构成违约，致使银行和融资担保机构遭受损失的可能性，也被称作代偿风险。信用风险是融资担保业务面临的主要风险，也是担保公司风险管理工作的重点。

(2)反担保风险，也称第三方信用风险，是指债务人代偿的风险发生时，债务人未履行其偿债义务，由担保机构代偿后，再签订一个第三方信用反担保公司或个人，但不按照担保机构的要求履行其反担保义务，从而对担保人造成损失的风险。

(3)抵押物和质押物风险，是指对抵押物和质押物设置不够明确，债务人无力履行银行债务时，在通过相关法律程序执行抵押物和质押物后，仍不能完全履行代偿的债务，由此对担保人造成经济损失的风险。

(4)流动性风险，是指面临代偿担保机构没有足够的流动资金支付代偿款的风险。控制流动性风险,对担保机构至关重要,这种风险是不常发生的,但一旦发生,将直接关系担保机构的生存,并可能引发一系列连锁反应。

(5)管理风险,是指担保机构内部部门职责划分不清、监管不严、制度不健全而发生的超流程行事、越权管理、干扰决策等行为,给担保机构带来损失的风险。融资性担保机构的主要管理风险有实际控制人风险、运营风险等。

信用风险、反担保风险、抵押物和质押物风险、流动性风险都是可以量化的风险,可通过对借款人进行现金流量分析、财务分析、抵押物市场价值分析、反担保分析等方法,借助盈亏平衡分析法、概率分析法、借款风险度法等风险计量方法,求得其相应的信用风险值。

(二)融资性担保机构的风险管控

风险管理是指通过风险识别、风险评估、风险评价、风险控制等一系列活动,防止风险的管理工作。在担保行业的风险管理过程中,同样通过上述管理环节去识别风险、控制风险、规避风险。担保机构所面临的客户大多是高风险群体——中小企业,担保机构承担很大的代偿风险,需要予以明确的事前、事中、事后风险管理。担保机构一般可以分为以下三个风险管理模块,即风险防范、风险控制、风险补偿。

1. 风险防范

风险防范(Risk Prevention)是积极的风险管理,是对风险的事前管理,亦即防患于未然。这一步对于降低整个系统的风险以及风险管理成本有着至关重要的作用。具体包括风险管理和环境建设、客户风险和评价以及项目风险的评估三部分内容。风险防范主要在担保业务受理、调查、审查阶段进行。在担保项目受理阶段,主要应用中小企业信用风险评价方法对申请担保的企业进行初评;担保调查,重点调查被担保方的道德风险、财务风险、运营风险和操作风险;项目评估是抵押担保业务最终决定之前的研究,是融资担保公司核心竞争力和技术水平的综合反映,需要建立严格的风险评估系统,成为保证担保事前风险的最后保障。

2. 风险控制

风险控制(Risk Control)是担保机构风险管理系统全程的核心部分。选择应对策略、实行追踪考核等,要考虑风险目标的重要程度。该模块涉及风险评估、风险应对、活动控制、信息与沟通以及风险监控。此时的风险评估已经不同于风险防范模块中风险评估的目的。上一模块中的风险评估是预期风险发生的可能性,并做好防范措施。本模块中的风险评估是在对客户或者项目的追踪考核中评估风险是否发生,以便能及时采取补救措施。风险控制主要发生在担保业务的实施阶段,即担保机构经过风险评审会审批后,与贷款银行签署保证合同,与贷款企业签署委托保证合同,落实反担保措施制定和实施放款的过程。风险控制的内容包括账务定期审核、现场考察、建立和谐关系、自身参数审核。风险评估、风险应对、活动控制这几个方面能较好地结合信息与沟通和风险监控两个主要因素,通过反复接触客户、掌握客户的确切资料作为首要前提,使信用风险和经营风险得以控制和降低;自身参数考核则从担保机构的角度衡量经营风险和内部管理风险。

3. 风险补偿

风险补偿(Risk Compensation)是为了缓冲代偿损失而设计的模块。由于风险与收益的不对称性,担保机构承担着主要的代偿责任,为了担保机构的持续发展,必须确保有能力为受保企业偿付债务。该模块包括反担保措施、追偿、风险准备金、财政补偿。风险补偿措施的设置都是为使风险对担保机构的损害降到最低。该模块为担保业必不可缺的风险管理步骤,因此更具有担保行业风险管控特色。

四、融资性担保机构风险评价方法

融资性担保机构的风险评估应遵循审慎、全面、系统的原则和指导方针。担保机构的评价,要在全面系统收集信息的基础上进行,从而实现对全行业系统的充分了解;评价过程中,应充分考虑在指数选择上的差异性,并有针对性地确保评价指标体系的科学性;通过明确区分行业的优劣,发布评价结果,促进担保机构自律,在行业规范导向上发挥引导作用。

融资性担保机构的风险评价方法应遵循以下原则:定性分析与定量分析相结合,实地考察与数据分析、动态分析与静态分析相结合,相对指标和绝对指标评价相结合等。考虑融资性担保机构业务和不同层次的业务资产的优劣差距,各地区经济发展有好坏等客观因素,指标评价体系一定要注重各类机构的差异化和保持评价标准一致性两者的完美结合,通过适时调整指标的比重,对风险管理能力及不同机构的业务水平进行全面完整的评价。

融资性担保公司通过完善的规则、程序以及内部审计制度和决策程序,健全公司治理结构,保持公司治理的有效性。在内部结构上,一般有业务部、综合部、法律部、风险控制部。在从事开展业务的过程中,融资性担保公司应当建立符合审慎经营原则的决策程序、担保评估制度、风险预警机制和应急机制后的追偿和处理系统,同时制定严格的业务规范,加强对担保项目的风险评估和管理。

对于融资性担保机构评价的目的,可以归纳为促进行业的健康发展、提高行业的透明度和风险防范、有效地实施监管措施等几个方面。

银行和评级机构是最关注担保机构风险的机构。

(一)银行——综合评价法

银行作为直接将风险转移给融资性担保机构的行业,当然非常关注融资性担保机构的代偿风险,这种关注程度甚至超过许多担保客户。目前银行业普遍采用综合评价法评估担保机构的风险。综合评价法以定性分析结合定量分析,对评级企业作出全面性、综合性的评价。具体表现为:综合评价法的特点是指标评价过程不是一个顺序完成的,而是通过一些特殊方法对多个指标的评价同时完成;在综合评价的过程中,一般都要加权处理各指标的重要性;评价结果不是具有明确含义的统计指标,而是以指数或分值来表示的参评对象"综合状况"的排序。

综合评价法的评级步骤：首先，确定担保机构指标系统，明确评价内容和方式；其次，建立恰当的评价指标体系；最后，根据对评级内容作出的系统性分析，对担保机构的未来经营业绩变化作出发展趋势的预测。

目前，综合评价法是大部分银行对担保机构风险评价的主流方法，此方法以借鉴美国著名的评级公司穆迪为主。综合评价法的基本原则之一是定性分析和定量分析相结合，通常强调定性分析。当然，定量分析是必要的、最根本的分析，定量分析广泛应用于财务分析和部分指标预测。在评级中则大量应用定性分析，结合各种因素和专家意见，以获得相应的评级结果，从而全面反映担保机构的风险构成。

银行综合评价法主要采用以下指标：代偿能力、经营稳定性、控制人风险、流动性风险、风险集中度、累计担保责任余额/担保机构存入的基金数额等。

构成综合评价法的要素有：评价者（这里所说的评价者可以是某个人，也可以是某团体）、被评价的对象、评价指标（评价指标体系是从多个角度和多个层次来反映特定评价客体数量水平与数量规模的）、权重系数（综合评价结果是否可信和权重系数的合理确定与否关系密切）、综合评价模型（多个评价指标值通过特定的数学模型"合成"为一个整体性的综合评价值）。

综合评价法存在如下缺点：由于其主观性很强，因此在一定程度上对信用风险的评估缺乏一致性，所得出的评级结果很大程度上依赖于评级人员的经验，相对来说对评级人员的综合判断能力要求较高，不同的评级人员可能由于其经验、偏好和习惯的不同，而得出不同的风险评估结果。我国的担保行业正处于快速发展时期，监管机构刚刚成立，仅用信用评级来揭示担保机构的履约能力，显然是不够的，也不足以全面反映该行业信息。另外，国内相关主体所采用的评级角度各自不同，许多仅考虑本地区或本部门的需求，评级结果之间缺少一致性和可比性。

（二）评级机构——信用计分法

国际公认的专业信用评级机构只有三家，即穆迪、惠誉国际和标准普尔。国内公认的专业信用评级机构有五家，即大公、上海新世纪、东方金诚、中诚信、联合。担保机构的风险评级机构通常采用信用计分法评估。信用计分法和综合评价法有类似的地方，如都采用定性分析和定量分析相结合。但两者之间的本质区别是，后者将定量分析和定性分析均数量化，标准化各项指标，并采用专家打分，使不同量纲的指标之间可以相互加减。信用计分法在计算出信用的总分值后才能依据评级机构设定的标准，获得该分值相应的信用评级。

通常评级机构对担保机构的信用级别设置都采用三等九级制，即：AAA、AA、A、BBB、BB、B、CCC、CC、C（如表5－5所示）。但是在评级实务中，很少有信用级别较低的担保公司委托评级机构进行资信评级，同时评级机构也很少愿意对信用级别低的担保公司进行资信评级。因此B级以下等级（包括B级）的设置并无实际意义。

表 5—5　　　　　　　　　　　担保信用评级等级表

等 级	含 义
AAA	代偿能力最强,绩效管理和担保业务风险管理能力极强,风险最小
AA	代偿能力很强,绩效管理和担保业务风险管理能力很强,风险很小
A	代偿能力较强,绩效管理和担保业务风险管理能力较强,尽管有时会受经营环境和其他内外部条件变化的影响,风险较小
BBB	有一定的代偿能力,绩效管理和担保业务风险管理能力一般,易受经营环境和其他内外部条件变化的影响,风险较小
BB	代偿能力较弱,绩效管理和担保风险管理能力较弱,有一定风险
B	代偿能力较差,绩效管理和担保风险管理能力较弱,有较大风险
CCC	代偿能力很差,在经营、管理、抵御风险等方面存在问题,有很大风险
CC	代偿能力极差,在经营、管理、抵御风险等方面存在严重问题,风险极大
C	濒临破产,没有代偿债务能力

资料来源:标准普尔、穆迪、惠誉国际的信用等级符号含义。

　　一般来说,评级机构对担保机构进行风险评价的业务流程有:评级准备、实地调查、评级项目分析、项目评估、项目结果反馈、公布项目评级结果、跟踪评级项目和项目信息归档八个环节。

　　现行的评级机构对担保机构的风险评级指标体系主要包括六部分,分别从担保资产质量与风险控制、资本的充足性与偿债能力、可盈利能力、经营与发展能力、发展前景、综合素质与风险控制六个方面来对担保公司的资信状况作出全面评价。

　　(1)担保资产质量与风险控制。主要包括担保责任余额倍数、A 级信用以上客户担保率、单项担保比率。

　　(2)资本的充足性与偿债能力。主要包括货币流动比率、资本充足率、货币资本充足率、责任准备金充足率、风险准备金充足率。

　　(3)可盈利能力。主要包括担保业务利润率、资产报酬率、净资产收益率。

　　(4)经营与发展能力。主要包括营业利润增长率、资本收益率、担保收入增长率。

　　(5)发展前景。主要涉及担保公司的战略发展规划。

　　(6)综合素质与风险控制。包括综合素质和风险控制指标。综合素质包括担保公司人员素质、法人治理结构、制度建设等。风险控制指标主要涉及风险管理措施。

　　以上六大指标实际可划分为两大类风险评价指标体系:核心风险管理能力评价体系和经营控制能力风险体系。核心风险管理能力评价体系包括担保资产质量与风险控制、资本的充足性与偿付能力;而经营控制能力风险体系包括可盈利能力、经营与发展能力、综合素质与风险控制以及发展前景。

　　信用计分法有以下缺点:首先,信用评级的根本目的不是其他类型的投资风险,如利率风险、通货膨胀风险、再投资风险及外汇风险等,而在于揭示受评对象违约风险的大小;其次,信用评级所评价的目标不是企业本身的价值或业绩,而是经济主体按合同约定到期履行债务或其他义务的能力和意愿；再次，信用评级不能代替资本市场投资者作出自己的投资选择，它只是一个独立的第三方使用其自己的技术和专业知识，对各经济主体和金融工具的信用风险大小发表的专家意见。

（三）上海市融资性担保机构目前的主要风险评价指标

当前，我国中小企业生存普遍困难。因此，实现融资性担保行业规范健康发展是各监管方监管工作的重点。

目前上海市对融资性担保机构的风险评价指标主要有以下几个：

（1）融资性担保公司基本情况指标，包括公司结构、业务情况、经营情况、资金使用情况等。

（2）融资性担保机构风险状况指标，包括风险拨备情况、在保余额逾期情况、担保代偿情况等。

（3）融资性担保机构业务结构指标，包括行业结构（担保余额）、额度结构（担保余额）、期限结构（担保余额）、反担保结构（担保余额）等。

（4）融资性担保机构监管指标，包括流动性、放大倍数、代偿情况、损失情况、拨备覆盖情况、不良资产情况、对外投资占净资产比重、集中度情况、资本充足率等。

这些指标的设立虽然能很好地了解被监管融资性担保公司的现状，但各指标的设立主要是采用银行和评级机构的方法，没有自成体系，数据的采集相对来说又流于片面，所以我们需要从更全面的角度，为该行业设计一套针对该行业特征的风险评价指标体系。

融资性担保行业的风险是客观存在的，而如何监管和预警风险就是金融监管机构所面临的最重要的问题。要想实现担保行业持续经营和稳定发展，就必须有效地监管已经存在的担保行业风险。建立有效的风险评价指标体系是目前监管担保行业和机构风险最重要的举措之一。

五、融资性担保机构风险评价指标体系的构建

融资性担保机构风险监管指标的选择，应遵循四项基本原则，即客观性原则、实用性原则、稳定性原则和独立性原则。

第一，客观性原则。客观性原则是指在实施风险评估过程中，要以完备的事实为依据，尽量排除人为的干扰。指标在评估担保风险时应体现公正性、客观性，尤其要排除指标被人为操纵的可能性，以保证随后的风险监管是有科学依据的。

第二，实用性原则。影响受保企业信用评价的因素很多，有直观的、潜在的，有直接的、间接的。要把这所有的因素考虑进来，绝非易事。对于担保业务而言，对企业进行信用评价最重要的是考虑还款来源和还款愿望，在确保评价结果全面性、客观性的前提下，所需要的数据都要容易收集，不论是对定量评价指标而言还是定性评价指标而言，都必须选择可靠的数据信息来源。

第三，稳定性原则。在进行项目评估时，可能由于选择不同的方法，或者不同的标准，所得出的评估结果差别很大。因此，我们要得到真实的、适用的评估结果，应当

谨慎地选择是采用一种还是几种评估方法,怎样准确地确定评估的结果。另外,在遇到可能存在的风险或者损失时,要采取稳健性原则,以保证担保机构的利益。

第四,独立性原则。担保机构在进行项目评估时,要有独立性,不能受到利益各方的影响,摆脱内部或者外部当事人的干扰。

基于此,本文设计出了非现场监管指标体系和现场监管指标体系,以此构建出一套完整的全面的风险评价指标体系。

(一)非现场监管指标体系

非现场监管应当采取审慎原则,全面和持续地收集、监控和分析风险信息,制定出不同的监管程序,对不同监管对象的主要风险隐患进行及时预警风险、处置,实施一系列的监管措施。督促融资性担保机构采取多种有效措施,加强各监管可能出现的风险。

非现场监管程序主要包括监管计划的制订、监管信息的收集、分析日常监管、风险评估、现场检查、监管落实措施、信息归档和管理7个阶段。

担保行业非现场监管的发展目标是,能够更全面、更敏感地识别、度量和反映担保行业的风险,提高担保机构稳健运行的能力,帮助和促进担保机构防范系统性风险的能力。

非现场监管的不同指标如表5－6所示。

表5－6　　　　担保机构非现场监管的主要指标及体系

非现场监管指标	实际控制人风险指标	股东加权信用绩点
		关联担保占比
	安全性指标	资产流动性比率
		担保保证金放大系数
		担保规模率(放大倍数)
	风险集中度指标	融资性担保业务风险集中度
		客户集中度
		行业集中度
	风险分散能力指标	反担保比例
		再担保比例
		银行风险分担比例
	认可度指标	银行授信认可度
		评级机构信用级别
	其他参考指标	代偿率
		追偿率

1. 实际控制人风险指标

实际控制人风险指标包括股东加权信用绩点和关联担保占比。

(1) 股东加权信用绩点。

股东加权信用绩点是指每一股东的信用等级与其所占股份百分比的加权平均值。

$$股东加权信用 = \sum(股东信用 \times 股份占比)$$

信用与绩点换算表如表 5—7 所示。

表 5—7　　　　　　　　　信用与绩点换算表

信用	AAA	AA	A	BBB	BB	B	其他
绩点	4.0	3.7	3.3	3.0	2.7	2.3	0

股东加权信用绩点的正常范围应为 3.0～4.0。

(2) 关联担保占比。

关联担保是特指发生于有关联的或间接关联企业之间的担保。在我国,公司关联担保的形态主要有三种,即关联公司之间互相担保、潜在关联公司之间互相担保、无关联公司之间连环担保。

关联担保占比是指近 2 年股东关联担保额度与近 2 年总担保额度的比率的百分数。

$$关联担保占比 = \frac{近 2 年股东关联担保额度}{近 2 年总担保额度} \times 100\%$$

正常范围的本指标值应为 0～50%。

2. 安全性指标

安全性指标包括资产流动性比率、担保保证金放大系数和担保规模率(放大倍数)。

(1) 资产流动性比率。

资产流动性比率是流动性资产与短期认可负债的比率。

资产流动性比率是对担保机构进行风险监管的重要指标,是担保机构进行风险等级评定的重要组成部分,是反映担保机构资产流动性强弱的指标,对监督和评价担保机构的资产流动状况、考核担保机构是否具备足够的资金储备以防范市场风险具有重要意义。

$$资产流动性比率 = \frac{流动性资产}{短期认可负债} \times 100\%$$

正常范围内,流动性比率应大于等于 25%。资产流动性比率越高,则表明该公司资产的流动性越好,公司运用其资产的效率也就越高。

(2) 担保保证金放大系数。

担保保证金放大系数是担保公司责任余额与存入银行保证金的比率。

许多担保机构往往由于担保放大倍数不够,而致使担保业务的盈利能力相对低下,最后甚至出现亏损。

$$担保保证金放大系数 = \frac{担保公司责任余额}{存入银行保证金}$$

累计担保责任余额和担保机构存入的基金数额以近3年业务为准。

通常情况下,担保保证金放大系数小于1倍时,说明该公司属不可信任阶段,也就是说该担保机构无形资产积累未能完成;当担保保证金放大系数处于1~3倍之间时,说明该公司属半信半疑阶段,可认定该担保机构的风险控制能力已逐步显现;当担保保证金放大系数大于3倍时,说明该公司属可信任阶段,我们可以充分信任该担保机构的风险控制能力。

(3)担保规模率(放大倍数)。

担保规模率(放大倍数)是公司总担保额度与公司净资产两者比率的百分比。

$$担保规模率 = \frac{总担保额度}{净资产} \times 100\%$$

担保放大倍数是指担保资金与担保贷款两者之间的放大比例。我国规定,国内担保机构的担保放大倍数大多都未超过10倍,即1亿元的担保资本金最多可以担保10亿元的银行贷款。

通常来说,担保放大倍数越大,表明该担保机构对社会的贡献度更大;同时也预示着该担保机构要承担更大的风险,也就对该担保机构在风险识别、风险控制和风险管理能力方面有更高的要求。所以担保放大倍数不能无止境地放大,过大的话,会不利于风险的控制;同理,放大倍数过小的话,则不利于提高担保机构的效率,无法发挥担保机构的效能。一般而言,对于一个已经运转5年的担保机构来说,5倍的放大率是一个比较合理的水平;而对于一个已经运转7~10年的担保机构来说,则放大倍数可望达到10倍左右。

3. 风险集中度指标

风险集中度指标包括融资性担保业务风险集中度、客户集中度和行业集中度。

(1)融资性担保业务风险集中度。

融资性担保业务风险集中度是融资性担保业务收入与全部业务收入的比率的百分比。

$$融资性担保业务风险集中度 = \frac{融资性担保业务收入}{全部业务收入} \times 100\%$$

其中,担保业务收入是指担保机构一定时期内开展担保业务所收取的担保费、项目评审费、手续费等相关收入的总和。担保业务收入是担保机构的主要业务收入,除担保业务收入之外,担保机构还可以通过开展其他业务服务取得其他业务收入,如咨询费收入。其他业务收入是担保机构经营效益重要的补充。担保机构的业务结构变化主要看担保业务收入在总收入中的占比。

融资性担保业务收入及全部业务收入的统计数据以最近2年内业务数据为准。

集中度风险是指来自同一机构的担保和相关风险暴露过大,如同一业务领域、同一客户、同一产品的风险暴露过大,有可能对担保机构形成巨大的损失,甚至有可能威胁担保机构的声誉、持续经营能力,甚至担保机构的生存。一般来说,集中度风险与担保机构自身的风险偏好有着紧密关系。

(2)客户集中度。

客户集中度是融资性担保额度前3位客户额度之和与总担保额度的比率的百分比。

$$客户集中度 = \frac{融资性担保额度前3位客户额度之和}{总担保额度} \times 100\%$$

担保额度以近2年内的统计口径为准。

客户集中度指标主要反映了担保机构是否采用风险相对分散的原则来经营担保业务,可以评价项目风险的分散或集中程度。担保项目客户集中度应保持在一个合理的水平内,这是防止不可预知的事件,甚至导致担保风险集中爆发的有效措施。我们在计算该指标时,通常选取前3户作为最大客户的户数;如果在保项目的数量超过100户时,最大客户数量则可适当追加,但最多不应超过10户。

(3)行业集中度。

行业集中度是融资性担保额度前3位行业额度之和与总担保额度的比率的百分比。

$$行业集中度 = \frac{融资性担保额度前3位行业额度之和}{总担保额度} \times 100\%$$

担保额度以近2年内的统计口径为准。

行业集中度指数(Concentration Ratio,CR3)越大,表明该担保机构的行业集中度较高,市场可能趋于垄断竞争的可能;相反,行业集中度越低,市场往往会变得更有竞争力。行业集中度是衡量担保机构所处市场环境的一个非常重要的指标。

4. 风险分散能力指标

风险分散能力指标包括反担保比例、再担保比例和银行风险分担比例。

风险分散能力主要是反映担保机构当前在担保业务中风险转移、分散的能力。

(1)反担保比例。

反担保比例是当前在担保业务的反担保资产总值与总担保余额之间的比率的百分比。

$$反担保比例 = \frac{当前在担保业务的反担保资产总值}{总担保余额} \times 100\%$$

相对于担保而言,反担保是在既存本担保关系的基础上所设立的。反担保的对称是本担保,是指仅限于"第三人替债务人向债权人提供的担保"。

(2)再担保比例。

再担保比例是当前在担保业务的担保资产总值与总担保余额之间的比率的百分比。

$$再担保比例 = \frac{当前在担保业务的担保资产总值}{总担保余额} \times 100\%$$

再担保是指对担保的担保。目前,再担保机制是担保体系中能够分散和转移已担保风险的一个重要方式。如果担保公司能将部分风险转移给再担保公司,对担保公司而言将意义重大。这一点与保险公司的再保险有类似之处。再担保比例越高,说明该担保公司分散风险的意愿越大,对风险的把控也越好。

(3)银行风险分担比例。

银行风险分担比例是当前在担保业务中银行负债的担保损失总余额与总担保余额之间的比率的百分比。

$$银行风险分担比例 = \frac{当前在担保业务中银行负债的担保损失总余额}{总担保余额} \times 100\%$$

目前担保业务风险太大。据了解,一般的担保机构除了支付 10%～20% 的保证金外,还承担 100% 的担保风险,但银行几乎不承担任何风险。虽然我国有《担保法》,但它不提供对特定银行的风险分担比例。在这种情况下,相对规模较小的担保公司,是无力承担有一点风险的业务的。因此银行需要适当分配风险分担比例,这样既有利于监管,也平衡了几方的利益。

5. 认可度指标

认可度指标包括银行授信认可度和评级机构信用级别。

认可度指标反映第三方对融资担保机构的风险评估。

(1)银行授信认可度。

银行授信认可度是指担保机构的最大银行授信额度与资本金之间的比率的百分比。

$$银行授信认可度 = \frac{最大银行授信额度}{资本金} \times 100\%$$

在银行贷款中,授信是一种授信贷款。银行主要有额度类贷款和单笔贷款。银行对所有单一客户提供的各类信用余额之和均不得超过该客户的最高综合授信额度。不同信用级别的客户,一般都会核定不同的最大银行授信额度,如有对 AA 级以上客户的最高综合授信额度的核定、有对 A 级客户的最高综合授信额度的核定、有对 B 级与 C 级客户的最高综合授信额度的核定。

(2)评级机构信用级别。

通常情况下,信用等级是基于对评估对象的信用、品质、资本以及偿债能力等做的一个指标级别,信用评级机构一般采用既定的符号,来标识担保机构未来在业务发生风险时偿还债务的能力以及偿债意愿可能性的级别判定。

评级机构对担保机构的信用级别设置采用三等九级制,具体如前所述(见表 5—5)。

6. 其他参考指标

其他参考指标包括代偿率和追偿率。

(1)代偿率。

代偿率是统计担保机构近 2 年代偿总额与近 2 年担保责任总额之间的比率的百分比。

$$代偿率 = \frac{近 2 年代偿总额}{近 2 年担保责任总额} \times 100\%$$

担保代偿率是衡量担保业务质量的最重要的指标,能够反映该担保机构已解除的担保额中已出现代偿支出的比例。担保代偿率越低,表明该担保机构在经营担保业务时的成功率会更高。担保代偿率根据计算期限的不同,可分为年度担保代偿率和累计担保代偿率这两项指标。①

(2)追偿率。

追偿率是统计担保机构近2年追偿收入额与近2年代偿总额之间的比率的百分比。

$$追偿率 = \frac{近2年追偿收入额}{近2年代偿总额} \times 100\%$$

追偿率是担保机构在被担保企业违约情形下对债务的回收量,它反映了债权人优先求偿权的大小。

(二)现场监管指标体系

现场监管指监管人员直接深入到担保企业内部,对相关制度、业务进行检查以及对风险进行判断,对非现场监管中发现的问题和疑点进行核实和清查,以达到更深入的了解。现场监管是一种实地检查方式,可以对担保机构内部经营风险进行掌控,是一种非常重要的金融监管手段和方式。

进行现场监管的方式有多种,如约谈相关人员、核查账表和档案、查阅文件等,其中要对担保机构的资产质量、风险管理能力、合规经营、财务状况等做重要检查,分析和评价这些数据,以此对该担保机构经营风险情况作综合评价,直至形成现场检查的结论。

担保行业现场监管指标体系是对非现场监管的辅助和补充。不仅可以通过综合现场监管全面、实地了解担保机构的全面综合性风险状况,还可以通过专项现场监管发现担保机构可能或者已经出问题的特定风险。担保机构必须随时接受各项专项的现场检查。

为此,我们设计了担保机构现场监管指标,具体分为两大类:团队经营能力指标和经营合规性指标。具体如表5—8所示。

表5—8　　　　　　担保机构现场监管主要指标体系

现场监管指标	团队经营能力指标	经营者素质
		团队专业性及从业经验
		产品研发能力
	经营合规性指标	风险管理制度建设与执行
		财务制度状况
		资产安全性
		法律合规性

---

① 担保代偿率的正常水平应低于1%。

1. 团队经营能力指标

团队经营能力指标包括经营者素质、团队专业性及从业经验、产品研发能力。

(1)经营者素质。

一般担保机构的经营者主要指董事和高级管理人员,担保企业的高管人员必须具备企业家般的敬业精神、较好的组织协调能力以及丰富的担保行业管理经验。现场检查中除了解担保经营者的经营管理素质外,还要重点了解经营者业务发展战略思路以及合规经营的意识。

(2)团队专业性及从业经验。

团队的专业性主要评价担保机构管理团队的知识结构、技术水平和业务能力。担保相关金融行业的从业经验是衡量整体团队专业性的另外一个主要指标,从业经验可以以团队平均担保从业年限定量评价。

(3)产品研发能力。

担保机构的产品研发能力是担保企业可持续发展的重要创新动力。评价担保机构的研发能力主要从以下几个方面进行:研发人员占全部员工的比例、研发投入占机构收入的比例以及研发新产品的实际市场转化率。

2. 经营合规性指标

经营合规性指标包括风险管理制度建设和执行、财务制度状况、资产安全性以及法律合规性。

(1)风险管理制度建设和执行。

这主要是针对担保机构的内部风险管理,保证担保业务涉及评估、跟踪、决策、追偿制度建设和执行方面的评价。可以分为两个方面,即制度建设和执行力评估。制度建设方面主要考察担保机构风险内控制度编制是否规范,管理办法和实施细则流程是否具有可操作性,风险内控责任和岗位是否明确,有无清晰的审计考核评价标准,有无重大突发事件的处理机制。风险管控执行力评价主要看担保机构组织设计是否遵循制约性原则,审核监督机制是否发挥作用。

(2)财务制度状况。

我们既要深入担保机构内部,检查担保机构的会计核算资料所反映的业务是否合理,内容是否真实,数据是否准确、是否有弄虚作假,担保单证的核销是否规范等情况;还要注重检查应收、实收的担保费收入,是否真实计提了代偿准备金,是否合理计提了未到期准备金。

(3)资产安全性。

资产安全性重点检查担保机构投资资产账户,具体为:有无违规投资资产,投资资产的范围和比例有无超标;是否存在虚假投资情况;担保机构的投资是否涉及内幕交易,有无编造虚假交易记录、投资财务信息及其他资料。

(4)法律合规性。

评价担保机构是否遵循适用于担保业务活动和职能的法律、监管规则以及担保行业组织制定的标准或行为准则。

现场监管指标通过给团队经营能力指标和经营合规性指标进行评估打分进行定量评估,其评分标准如表5—9所示。

表5—9　　　　　　　　　现场监管指标评分标准

得分＼指标	团队经营能力(50%)	经营合规性(50%)
81%～100%(很好)	专业构成合理,岗位职责清晰,研发能力强,团队稳定	制度完善,体系健全,制度执行力强;信息披露完善,合规投资
61%～80%(良好)	专业构成比较合理,岗位职责较清晰,研发能力较强,团队稳定	制度比较完善,体系比较健全,制度执行力良好;信息披露比较完善,合规投资
41%～60%(一般)	专业构成尚可,岗位职责模糊,研发能力一般,团队稳定	制度不够完善,体系不够健全,制度执行力一般;信息披露一般,合规投资
21%～40%(较差)	专业构成单一,岗位职责不清晰,研发能力较弱,团队稳定	制度欠缺,体系不完整;制度执行力差;信息披露较差,投资有违规
0～20%(差)	专业构成单一,岗位职责混乱,无研发能力	无制度和体系建设;存在严重违规投资;信息披露极差

(三)现场监管方式向非现场监管方式的过渡

目前,现场监管是担保行业监管的主要手段。现场监管的缺点是过于高昂的监管成本,如果监管资源稀缺,则这种频繁的检查应该避免。在地方金融监管方对担保行业的实际监管中,由于监管人员不足、监管成本高等客观限制,导致现场监管缺乏连续性、现场检查监管重点不明确、现场监管效率不高、资源浪费等问题。具体表现为:现场监管流于运动式检查,历次检查缺乏有机联系和系统连续性;现场监管没有明确的针对性、目的性,对风险不同的担保公司采用同样的项目检查,不能有效地发现和控制风险。

相对于现场监管而言,非现场监管是一种持续型、资源集约型的监管。当前,非现场监管是银行业保险业监管的重要方式。在金融和保险业,非现场监管在早期主要是对现场监管作为一种补充,但由于金融业的进步和监管水平的提升,非现场监管也成为一种越来越重要的监管方式。在相当多的国家,非现场监管甚至成为银行业和保险业监管的核心方式的变革。金融行业非现场监管工作的本质和核心是更好地为风险监管服务,为风险早期识别、早期判断、早期预警、早期控制提供有力支持,因此是今后担保行业风险监管的主要发展方向。

为实现担保行业监管由现场监管向非现场监管过渡,提供监管效率和质量,应当着重做好以下几个方面的工作:(1)提高非现场监管数据的真实性、全面性。监管方应制定统一完善的非现场监管数据体系,使这些数据能全面反映担保机构担保业务风险、盈利状况、资本充足性、市场风险状况及管理状况等方面的信息;进一步完善数据统计制度和审慎会计准则,数据口径要真实反映担保公司的经营及风险状况,担保公司董事会管理层要对数据的真实性和准确性负责;加强对数据真实性的检查核实和责任追究。(2)完善非现场监管指标体系和分析模型。监管部门应进一步补充完善非现场监管指标和统计标准,充分反映担保各方面的风险;针对不同类型的担保机构的业务特点,设定合理的监管标准值区间;研究并建立对非现场监管指标体系的风险评价体系及模型,实现对风险的早期预警。(3)建立网络化的非现场监管信息管理系统。实现对担保机构监管指标等监管信息集中管理和资源共享,监管人员通过该系统对金融机构实现连续监控和动态分析。

担保行业非现场监管的发展目标是:能够更全面、更敏感地识别、度量和反映担保行业的风险,提高担保机构稳健运行的能力,帮助和促进担保机构防范系统性风险的能力。

六、总结

传统的商业银行往往是将高风险、难以把握的贷款企业交由担保公司进行担保,这种做法实质上是担保公司间接承担了全部风险,而商业风险则被成功转嫁。融资性担保公司在对地方经济的贡献不断放大的同时,其自身风险也有所积累。融资性担保属于高风险金融行业,如何最大限度地降低担保业务赔付数额,已是目前担保业持续健康发展的关键。

然而与行业的快速发展相比,我们的管理模式还停留在粗放阶段。相比银行业、保险业,其专业化程度亟待提高,风险监测、防范和化解的能力有待加强。在提高专业化能力的同时,对融资性担保机构的风险进行评价与控制,是提高地方金融管理水平的有效途径,有利于分配监管资源、开展业务创新、设计扶持政策等各项工作的开展。

本章重点围绕评价融资性担保机构的风险展开研究,力求初步建立一套客观的风险评价指标体系,主要研究内容为:

第一,浦东新区融资性担保行业及相关机构的调研。首先,通过座谈、问卷调查、深度访谈等,按照不同业务类型和治理结构的融资性担保公司,在经营流程、风险管控、合法合规以及社会服务等方面,发现和梳理风险评价指标关键性问题。其次,对融资担保相关银行及评级机构,进行访谈研究,从第三方担保业务的角度,对融资性担保机构风险评估进行分析。

第二,设计融资性担保机构风险评价指标体系。在对现有的监管统计和评价方法进行梳理的基础上,设计出一套风险评价指标体系。评价指标体系涉及两个方面:非现场监管指标和现场监管指标。指标体系的设计重点围绕担保机构的整体偿付能力、风险集中度、经营波动性等展开。

本文以直接调查和间接调查相结合,收集掌握各项资料,在方法上力求做到客观、深入和具体:

(1)采取深度访谈、问卷调查、案例分析、量化分析、实地考察等方法,深入融资性担保公司、银行、评级机构及监管部门展开调研,获取数据、了解诉求、排查问题、听取建议;

（2）采取学习考察、文献分析等方法,借鉴成功经验和有效措施；

（3）运用财务、管理相关知识,分析研究担保机构的行业风险,并以此为依据设计出风险评价指标体系。

担保业是经营风险的行业,面临多种风险,这些风险最终会影响公司的发展甚至生存。一旦担保企业没有充足的偿付能力,就不能保证贷款方的利益和担保公司自身的发展,甚至还会影响社会的经济秩序。

担保行业的高风险目前已被社会广泛关注。国内外学者对融资性担保机构所担保业务（被担保的中小企业）的风险及其风险进行评价,这部分研究已经相当成熟；但对担保机构面临的安全风险,以及如何评估这些风险,基本上仍是空白。在本文中,针对融资性担保机构的风险,我们进行了风险评价指标体系的构建,这对于及时预警和预防可能出现的担保系统性风险、促进融资性担保行业的未来发展,具有深刻的现实意义。

对融资性担保机构建立风险评价指标体系,使用标准的方法组织业内机构进行风险评价,使监管机构和行业的利益相关者充分了解行业情况和担保机构的经营状况,有利于提高行业透明度和业内区分度,形成生存的优胜劣汰的激励机制和约束机制。评价结果可作为监管当局进行融资性担保机构的监督、绩效考核、风险预警与政策扶持的重要参考,也为银行和其他金融机构对融资性担保机构的理性选择、扩大业务合作拓展起到重要作用。

最后,需要指出的是,由于客观条件的限制,对数据的采集只选取了上海浦东新区的担保公司,这里虽然设计了以非现场监管和现场监管两大指标为主线的融资性担保机构风险评价指标体系,但主要都是在研究考察基础上提出的解决存在问题的可行方案,到目前为止还没有有效的实证研究。

第六章

上海"四个中心"在融合发展中坚实前行 金融中心的核心引领作用日益凸显

一、上海"四个中心"目标的确立与由来

(一)上海"四个中心"目标的提出(20世纪90年代初期)

1990年,国务院确立浦东大开发的战略方针,并于1992年党的"十四大"报告提出"尽快把上海建设成为国际经济、金融、贸易中心之一,带动长江三角洲和整个长江流域地区经济的新飞跃"。

1995年,党中央、国务院作出建设上海国际航运中心的重大决策,并于1996年党中央再次提出"要建设以上海为中心、以江浙为两翼的上海国际航运中心"。

20世纪90年代,党中央、国务院初步提出国际航运中心建设与其他三个中心建设并立,从而初步把"四个中心"建设确立为上海经济发展的基本框架。

(二)上海"四个中心"目标确立为国家战略(以2001年为标志,约从1997年至2005年)

上海在深入落实并推动浦东大开发、建设社会主义现代化国际大都市的目标指引下,于1992年开始组织编制新一轮上海城市总体规划,在一系列专题研究、征询意见和专家论证的基础上,于1999年年初编制完成。

2001年5月,国务院正式批复并原则同意《上海市城市总体规划》(1999~2020年),明确指出要把上海建设成为现代化国际大都市和国际经济、金融、贸易、航运中心之一,为上海描绘了二十年的发展蓝图。

"十五"期间,上海围绕"四个中心"的发展目标,着力夯实其发展基础,为"四个中心"的深入建设发展构架初步的发展框架。尤其是强化上海国际金融中心的建设,基本确立国内外金融机构主要集聚地的地位,建立了比较完善的金融机构体系;基本确立国内体系完善、辐射力强的金融市场中心的功能,建立了比较完整、辐射全国的金融市场体系;基本确立公平、公正、公开的金融发展环境,金融生态环境综合评价排名全国第一,从而奠定了以市场中心为主要特征的国内金融中心地位。

"九五"至"十五"时期,得到国务院批复的《上海市城市总体规划》,确立了建设成为现代化国际大都市和国际经济、金融、贸易、航运中心的目标,初步构建了"四

个中心"建设的基本框架,标志着上海"四个中心"目标确立为国家战略。

(三)上海"四个中心"目标的深化("十一五"至"十二五"时期)

2006年,胡锦涛在"两会"期间,对上海提出的要求和期望是:上海要建设的"四个中心",包括国际经济中心、国际金融中心、国际贸易中心、国际航运中心;在提出"四个中心"任务的同时,还提出了"四个率先"的要求,即率先转变经济增长方式、率先提高自主创新能力、率先推进改革开放、率先构建社会主义和谐社会。"两会"期间,党中央对上海的发展明确定位为:到2020年,上海要基本建成国际经济、金融、贸易、航运中心之一和社会主义现代化国际大都市。

"四个中心"是根据上海已有基础提出的要求,然而要真正实现其"国际"二字赋予的任务和目标,上海还将付出极大的努力和艰辛。"四个中心"乃为目标,"四个率先"则为保障。

为实现"四个中心"的奋斗目标,上海市在经济战略布局上进行了一系列规划和调整。2006年,在《上海市国民经济和社会发展第十一个五年规划纲要》中,上海提出要在2010年,即"十一五"期间,初步建成"四个中心"的基本框架,这不仅是上海"十一五"发展的主要目标之一,还是上海城市国际竞争力提升的重要标志。

在"十一五"期间,经过四年的努力,上海建设"四个中心"的框架初步形成。国务院在对上海四年来的"四个中心"建设的调研基础上,于2009年发布了《国务院关于推进上海加快发展现代服务业和先进制造业建设国际金融中心和国际航运中心的意见》的文件,明确了上海建设国际金融中心和国际航运中心。

在"十二五"规划中,上海提出:到2020年,上海要基本建成与我国经济实力和国际地位相适应,具有全球资源配置能力的国际经济、金融、贸易、航运中心,基本建成经济繁荣、社会和谐、环境优美的社会主义现代化国际大都市,为建设具有较强国际竞争力的长三角世界级城市群作出贡献。

2012年2月,国家发展改革委员会正式印发《"十二五"时期上海国际金融中心建设规划》。

在2009年国务院正式确立国际金融中心、国际航运中心建设后,2009年上海又成立课题组,研究深入推动上海国际贸易中心,并随后出台了相关文件。到2013年4月,国务院总理李克强到上海调研,并积极推动上海自由贸易园区的建设。

总体而言,在"十一五"时期、"十二五"时期以及到2020年,上海处在推进、落实基本建成国际经济、金融、贸易、航运中心之一和社会主义现代化国际大都市目标的深化发展阶段。

二、上海"四个中心"的内涵及国际金融中心的核心地位分析

(一)上海经济中心的内涵

从总量上来看,近十多年,上海GDP占全国GDP总量一直维持在4%~5%之间,上海人均GDP是全国人均GDP的2~3倍,高于全国各省市的人均GDP(如表6-1所示),排名在长三角地区人均GDP的最前列,因此总量上作为长三角经济发展

的"排头兵"毋庸置疑，对长三角及全国其他地区均表现出经济的示范作用。

表6—1　　　　　　　　　　上海经济总量发展情况

年　份	1998	1999	2000	2001	2002	2003	2004
上海市 GDP(亿元)	3 801.09	4 188.73	4 771.17	5 210.12	5 741.03	6 694.23	8 072.83
全国 GDP(亿元)	84 402.28	89 677.05	99 214.55	109 655.2	120 332.7	135 822.8	159 878.3
上海 GDP 占全国 GDP 的比重(%)	4.50	4.67	4.81	4.75	4.77	4.93	5.05
上海市人均 GDP(元)	25 206	27 071	30 047	31 799	33 958	38 486	44 839
全国人均 GDP(元)	6 796.03	7 158.502	7 857.676	8 621.706	9 398.054	10 541.97	12 335.58
上海人均 GDP 是全国的倍数	3.71	3.78	3.82	3.69	3.61	3.65	3.63
年　份	2005	2006	2007	2008	2009	2010	2011
上海市 GDP(亿元)	9 247.66	10 572.24	12 494.01	14 069.87	15 046.45	17 165.98	19 195.69
全国 GDP(亿元)	183 617.4	215 904.4	266 422	316 030.3	340 320	399 759.5	472 115
上海 GDP 占全国 GDP 的比重(%)	5.04	4.90	4.69	4.45	4.42	4.29	4.07
上海市人均 GDP(元)	49 648	54 858	62 040	66 932	69 165	76 074	82 560
全国人均 GDP(元)	14 185.36	16 499.7	20 169.46	23 707.71	25 607.53	30 015.05	35 181.24
上海人均 GDP 是全国的倍数	3.50	3.32	3.08	2.82	2.70	2.53	2.35

在国际影响力方面，上海已站到与纽约、东京、巴黎等国际化大都市相提并论的高度，上海的 GDP 在2008年超越新加坡、2009年超越我国香港、2011年超越日本东京和韩国首尔，在经济总量上已完全是名副其实的中心。从上海在国际的影响成就来看，上海已成为中国在国际大都市的名片。在经济总量与经济影响力方面，上海的经济中心地位持续巩固。

上海在对传统产业进行结构调整和优化升级的基础上，把着力点放在新一代信息技术、高端装备制造、生物医药、新能源、新材料、节能环保、新能源汽车七大战略性新兴产业的发展上。在第三次工业革命浪潮下，以成为国际经济中心为目标的上海，把以数字化、智能化、网络化为特征的国际先进制造业和现代服务业放在更加突出的位置。

现代制造业向产业的前后两端延伸，前端涉及策划、研发、设计等领域，后端已经延伸到品牌管理、物流配送、售后服务等领域。国家商务部的研究成果表明：在全球制造业中，产品在生产过程中停留的时间只占其全部循环过程的5%不到，而处在流通领域的时间要占95%以上。制造业的服务化或者服务型制造既是制造业增加值的主要来源，也是全球制造业发展的一个重要趋势。目前，在上海市各主要制造业集团的业务收入中，服务板块收入只占总量的20%甚至10%以下，而国际上先进制造企业的这一比例普遍超过25%，其中有19%的制造企业服务收入超过50%。这表明,上海制造业离先进制造业的转型升级还有一定的差距。

在外部发展环境日益严峻和自身转型发展压力持续加大的形势下,上海主动提出减少"四个依赖",加快发展现代服务业。2012年,上海的第三产业比重达到60%,标志着上海服务经济时代已经到来。除了发展先进制造业外,包括生产性服务业和生活服务业在内的现代服务业将是上海今后发展的一个重点。

一个地区经济要健康持续发展,必须有强大的产业研发和创新创业活动来支撑。上海经济中心建设要把国际产业研发和创新创业中心建设放在更加优先的位置,而产业研发和创新创业属于生产性服务业,是现代服务业的重要内容。从上海的区位优势和发展定位来看,无论未来新的工业革命和产业变革的走势如何,上海都应成为国际产业技术研发和创新创业领域的"中枢型"城市,打造有国际竞争力的产业研发和创新创业中心,形成研发、销售"两头在沪",制造在外的经济发展模式。

就上海国际经济中心建设内涵来看,上海在具备强大的经济总量、很高的国际影响力的基础上,着力调整产业结构,打造真正的先进制造业,发展现代服务业,并推动经济中心与服务实体经济建设的金融中心、航运中心和贸易中心的协同发展,是上海国际经济中心建设的本质。

(二)上海"四个中心"的内在作用机理

上海国际经济中心的关键是建设国际先进制造业和现代服务业中心。在上海产业结构调整中最重要的内容,是发展现代服务业及先进制造业服务业,而发展现代服务业,就必须首先发展金融业。

从经济学角度观察,现代经济中"金融中心"指挥、引导、服务实体经济,航运中心则既是贸易中心的基础,又是拉动金融服务的重要动力,同时也是组成经济中心的必然要素。将国际金融中心和国际航运中心放在"四个中心"建设的首要位置,突出上海贸易自由园区的建设,提高国际贸易中心的建设力度,从而形成以发展国家金融中心、航运中心、贸易中心并配合服务国际经济中心的上海"四个中心"建设格局。

1. 航运中心的作用

金融中心发展源于航运中心,世界著名的五大国际航运中心——纽约、伦敦、东京、新加坡和中国香港同时也都是著名国际金融中心的成功经验表明,国际航运中心与国际金融中心不是彼此孤立的,而是一种相辅相成、相互融合、兴衰与共的关系。

上海国际金融中心的建设离不开航运业的发展。发展航运业离不开金融业的支持,而金融业的发展同样也离不开航运业。资金的本性在于流动,资金流动才能增值。金融业的资金只有在服务于经济的过程中才能不断增值。航运企业通过金融业募集到的资金,或者吸引的境内外投资,反过来也为金融中心注入了新鲜血液。航运业的投融资项目一般都数额巨大,这些大量的资本注入能够帮助金融中心不断壮大。离开航运业的发展,金融业的生存基础就会被动摇。

2. 国际贸易中心的作用

上海国际航运中心的建设必须以相当规模的国际贸易为支撑,全球价值链的产业配置格局需要建立以航运设施为主,航空设施、信息港设施为辅的立体式的贸易基础设施。在全球价值链格局中,长三角地区制造业仍将是其主要链节,因而以国际自由贸易港区发展为龙头的长三角地区贸易发展是上海国际航运中心建设的重要基础支撑。

上海国际经济中心的建设不仅依赖制造能力,更依赖与制造有关的研发、设计服务和商业服务,特别是离岸服务和离岸服务外包,上海先进制造业的国际竞争能力的提升也有赖于这些服务贸易的发展,否则上海也难以提升制造业的国际竞争力。

3. 国际金融中心的作用

国际航运中心的发展需要金融业的支持。航运业是一个资金密集型行业,在基础设施建设、船舶制造、航运管理与交易等各个方面均需要巨大的资金投入。通过金融服务业的发展,为航运公司和港口企业提供充足的资金,充分发挥金融业在航运投资、融资、结算和海上保险中的作用。

上海国际金融中心的建设也为金融企业提供离岸服务或离岸服务外包来提高金融企业的运行效率,从而促进国际贸易中心的建设。离岸金融服务和离岸金融服务外包是外包服务中占比最大的行业,没有国际自由贸易港区发展所需要的金融离岸服务和离岸服务外包的支撑,上海就难以在全球金融分工条件下建成具有高效率的金融中心,国内的金融主体就不可能形成国际竞争力。

(三)国际金融中心建设的发展状况

近年来,上海在落实国际金融中心建设的国家战略部署下,上海的金融业发展取得了很大的成就。目前,上海已经拥有了强大的金融市场体系,如上海证券交易所的上市公司市值位列全球第四,2011年,上海金融市场交易额(未计外汇市场)为418万亿元,部分交易市场规模位居全球前列。中国唯一的黄金交易所也坐落于上海,且上海黄金交易所黄金现货交易额4.44万亿元,保持全球第一。

上海是中国的外资法人金融机构数量最多的城市,德意志银行在上海设立持牌的资金运营中心,中德证券公司总部、摩根士丹利华鑫证券、新湖期货、华泰财险、弘毅投资、房源资本等机构落户上海。

上海的橡胶期货交易合约位列世界第一;铜、铅、锌等金属期货交易量位列世界第二,仅次于伦敦金属交易所。上海股权托管交易中心在上海挂牌成立。

目前,在上海已经形成较为完备的金融产品交易市场,如表6-2所示。

表6-2　　　　　　　上海国际金融中心的主要交易市场和功能

主要市场	性质和内容	成立时间	地位和规模
上海证券交易所	资本市场,包括股票市场和债券市场	1990年	2012年年末,上海证券交易所的市场份额占全国的68.8%,是中国最大的证券交易所
中国外汇交易中心	外汇市场	1994年	全国交易中心总部
全国银行间同业拆借中心	货币市场	1996年	全国交易中心总部

续表

主要市场	性质和内容	成立时间	地位和规模
人民币债券交易中心（以短期债券交易为主）	货币市场	1997年	全国交易中心总部
上海期货交易所	黄金、白银、铜、铝、锌、铅、螺纹钢、线材、燃料油、天然橡胶十种期货合约	1999年	2012年,上海期货交易所成交金额占全国总成交金额的26.06%
上海黄金交易所	现货交易市场	2002年	中国唯一的黄金交易所
票据市场服务中心	为票据市场提供报价交易、票据查询、市场信息等功能服务	2003年	中国主要的票据报价系统
上海石油交易所	石油期货交易市场	2006年	中国唯一的石油期货交易市场
中国金融期货交易所	金融衍生品交易市场	2006年	中国唯一的金融期货交易市场

总体而言,上海已逐步形成金融市场体系较为完善、金融产品较为丰富的金融中心。

1. 金融业增加值发展状况

从1999~2011年数据资料来看,金融业增加值得到高速增长,1999年的金融业增加值500多亿元,到2011年已达到2 300多亿元,是1999年的4倍。但其"十五"期间的发展速度不够快,高速发展主要在2006年以后,平均环比增长率在20%以上,在2006~2007年,金融业增加值发展速度一度高达40%~50%。表明金融业的真正高速发展主要集中在"十一五"期间及以后。

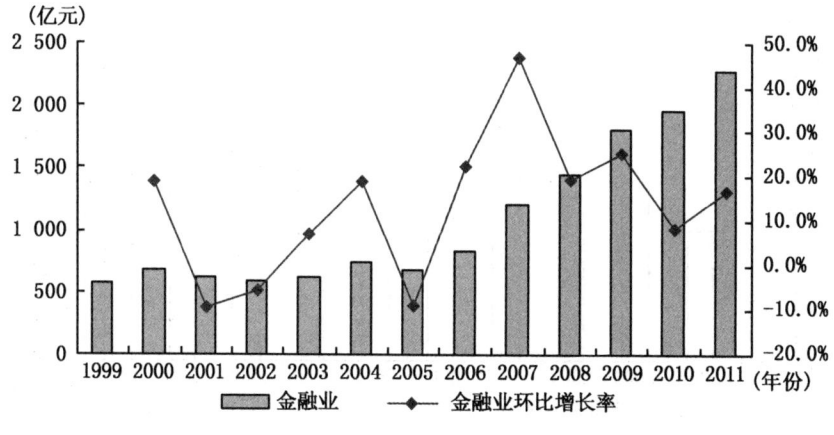

图6—1 1999—2011年上海金融业增加值变化情况

如图 6—1 所示,尽管金融业增加值在近十几年均保持着较高的增长速度,但金融业增加值占上海国民生产总值 GDP 的比重不高,如表 6—3 所示。1998~2011 年,金融业增加值占 GDP 的比重大多在 10% 左右或稍高一点,最高比值也只是在 2000 年达到了 14.4%。

表 6—3　　　　　1998~2011 年上海 GDP 和金融业增加值变化情况　　　　单位:亿元

年　份	1998	1999	2000	2001	2002	2003	2004
GDP	3 801.09	4 188.73	4 771.17	5 210.12	5 741.03	6 694.23	8 072.83
金融业增加值	512.21	577.56	685.03	619.99	584.67	624.74	741.68
占　比	13.5%	13.8%	14.4%	11.9%	10.2%	9.3%	9.2%
年　份	2005	2006	2007	2008	2009	2010	2011
GDP	9 247.66	10 572.24	12 494.01	14 069.87	15 046.45	17 165.98	19 195.69
金融业增加值	675.12	825.20	1 209.08	1 414.21	1 804.28	1 950.96	2 277.40
占　比	7.3%	7.8%	9.7%	10.1%	12.0%	11.4%	11.9%

2. 金融业从业人员发展状况

如图 6—2 所示,2001~2011 年,金融业从业人员一直保持较快的增长速度,从最初的 11.07 万人增长到如今的 28.41 万人,人数增加了两倍多。金融业从业人员占全市常住人口的比重也持续增长,但其占比仍然较低,目前仍低于 2%,与国际金融中心的标准 10% 相差很远。

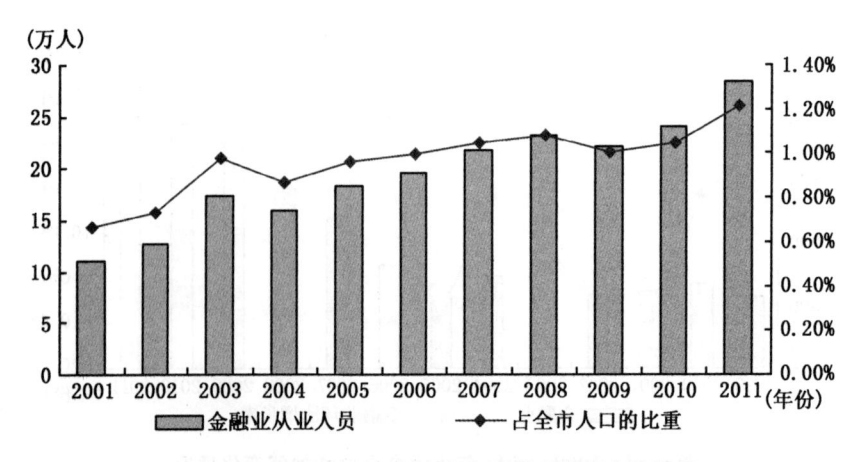

图 6—2　2001~2011 年上海金融从业人员变化情况

3. 金融机构存贷款余额、原保险费收支状况

如图 6-3 所示,2000 年金融机构存款余额为 9 349.83 亿元,而到 2011 年,金融机构存款余额则达到了 58 186.48 亿元,年均增长率达到 18.1%,部分年环比增长率达到 25%以上。如图 6-4 所示,2000 年金融机构贷款余额为 7 254.26 亿元,而到 2011 年,金融机构存款余额则达到了 37 196.79 亿元,年均增长率达到 16.0%,部分年环比增长率达到近 25%。

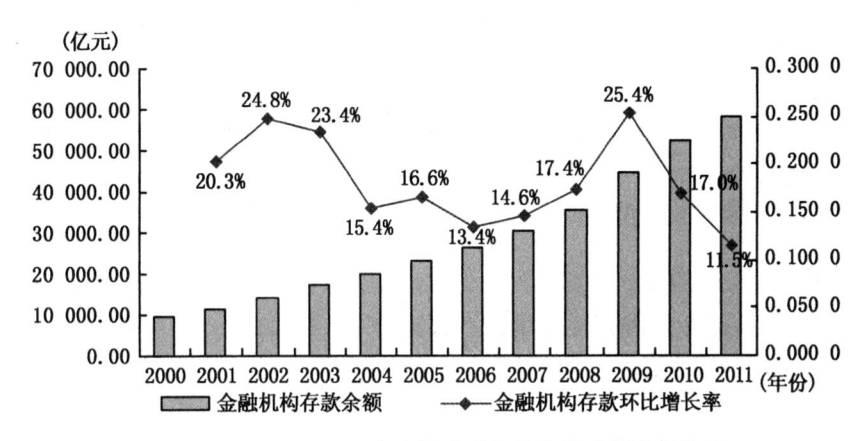

图 6-3 2000~2011 年上海金融机构存款余额变化情况

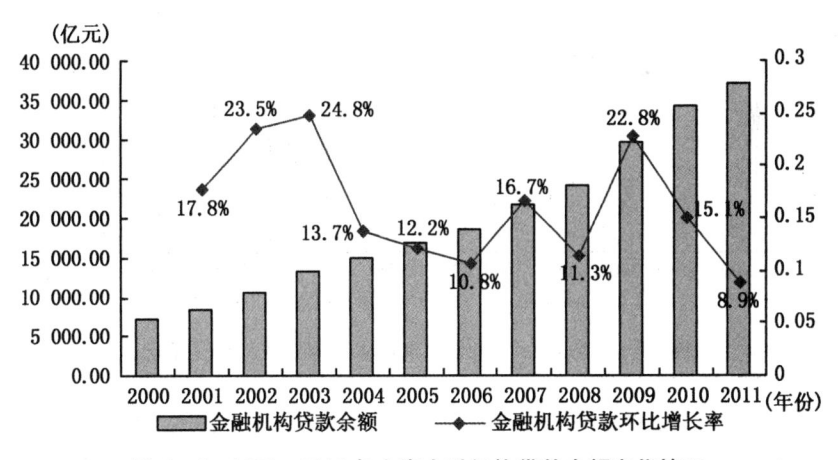

图 6-4 2000~2011 年上海金融机构贷款余额变化情况

金融机构存款余额的年均增长率略高于金融机构贷款余额的年均增长率,如图 6-5 所示,金融机构的存款余额与贷款余额的对比也显示,其差异逐渐增大,金融机构的存款余额一直高于金融机构的贷款余额,表明上海金融机构仍然有一定的资金可以提供到借贷市场或资本市场。

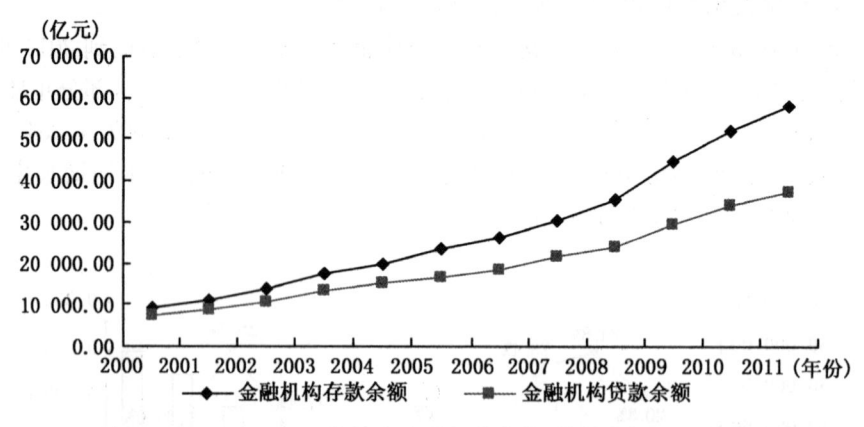

图 6—5 2000~2011 年上海金融机构存款、贷款余额对比情况

从上海原保险费收入情况(如图 6—6 所示)来看,2000~2011 年基本处于持续增长的过程,部分年份其环比增长率高达 40% 以上,从 2000 年的 127.23 亿元到 2011 年的 753.11 亿元,年均增长率达到了 17.5%。

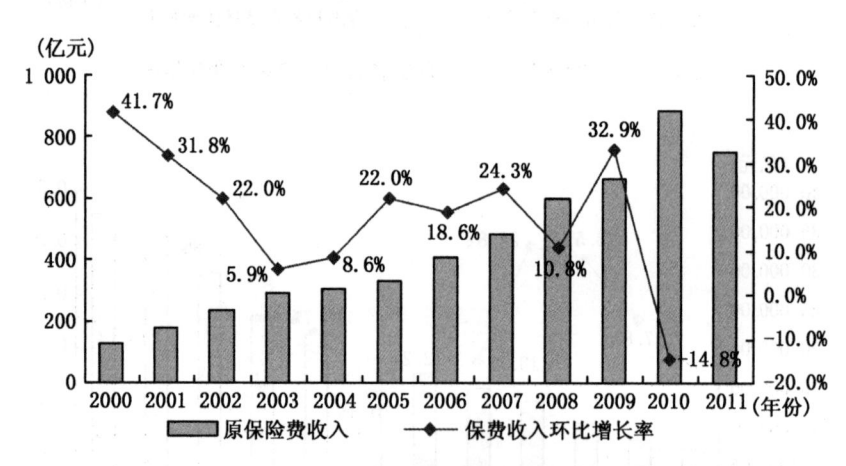

图 6—6 2000~2011 年上海原保险保费收入变化情况

从上海原保险赔付支出情况(如图 6—7 所示)来看,2000~2011 年基本处于持续增长的过程,部分年份其环比增长率高达 50% 以上,从 2000 年的 36.44 亿元到 2011 年的 260.71 亿元,年均增长率达到了 19.6%。

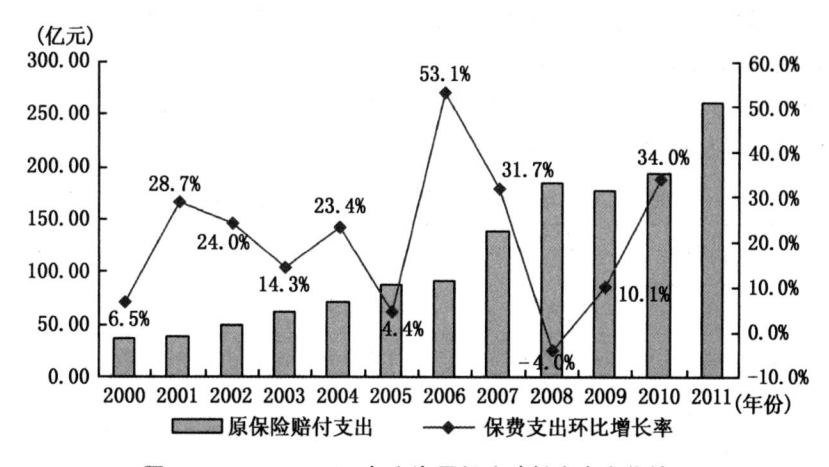

图 6—7 2000~2011年上海原保险赔付支出变化情况

4. 金融市场交易发展状况

经过近年的发展,上海已基本形成较为全面的金融交易市场体系,包括股票交易所、全国银行间货币与债券交易所、黄金交易所、钻石交易所、中国金融期货交易所等构成的交易市场。表 6—4 列出了 2005~2011 年,上海各交易所的市场成交市值变化情况,结果表明取得了较高的增长,其中中国金融期货交易所在 2010 年开始挂牌交易,其交易量达到了 410 698.77 亿元。

表 6—4　　　　2005~2011年上海各交易市场成交市值变化情况　　　单位:亿元

年份	上海证券交易所股票市价总值	全国银行间货币与债券市场	上海黄金交易所	上海钻石交易所	中国金融期货交易所
2005	23 096.13	232 104.37	180.99	1 168.43	—
2006	71 612.38	390 643.62	663.87	2 245.50	—
2007	269 838.87	712 948.82	2 514.80	3 324.65	—
2008	97 251.91	1 107 857.42	5 002.66	8 995.48	—
2009	184 655.23	1 375 659.38	6 556.39	11 030.63	—
2010	179 007.24	1 798 225.10	3 183.43	20 204.96	410 698.77
2011	148 376.22	1 966 399.84	1 030.10	44 411.23	437 658.55

全国银行间货币与债券交易包括同业拆借、回购交易、现券买卖和债券远期交易等品种。其交易量增长速度非常高,如表 6—5 所示,同业拆借在 2004 年的交易量为 6 728.07 亿元,到 2011 年则达到了 334 412.04 亿元,8 年间增长达到了 49.7倍;回购交易在 2004 年的交易量为 15 781.24 亿元,到 2011 年则达到了994 534.79 亿元,8 年间增长达到了 63 倍;现券买卖在 2004 年的交易量为 682.68亿元,到 2011 年则达到了 636 422.90 亿元,8 年间增长达到了 932 倍;债券远期交

易在2005年的交易量为180.99亿元,到2011年则达到了1 030.10亿元,8年间增长达到了5.7倍。这四个品种在2004年的累计交易量为23 191.99亿元,到2011年则达到了1 966 399.84亿元,8年间增长达到了84.8倍。因此,近8年全国银行间货币与债券交易市场得到了飞速的发展。

表6—5　　　　2004~2011年全国银行间货币与债券市场变化情况　　　　单位:亿元

年 份	同业拆借	回购交易	现券买卖	债券远期交易	合 计
2004	6 728.07	15 781.24	682.68	—	23 191.99
2005	12 783.09	159 007.15	60 133.14	180.99	232 104.37
2006	21 503.11	265 912.71	102 563.93	663.87	390 643.62
2007	6 728.07	447 924.95	156 043.39	2 514.80	712 948.82
2008	106 465.68	581 205.24	371 157.71	5 002.66	1 107 857.42
2009	193 504.97	702 898.67	472 699.35	6 556.39	1 375 659.38
2010	278 684.03	875 935.56	640 422.08	3 183.43	1 798 225.10
2011	334 412.04	994 534.79	636 422.90	1 030.10	1 966 399.84

图6—8显示了1996~2011年上海有价证券成交的变化情况,虽然成交量逐年有增有减,但总体情况是保持增长,其成交总额由1996年的2万多亿元,到2011年达到了46万多亿元,在2008年有价证券的环比增长率达到了3倍多。

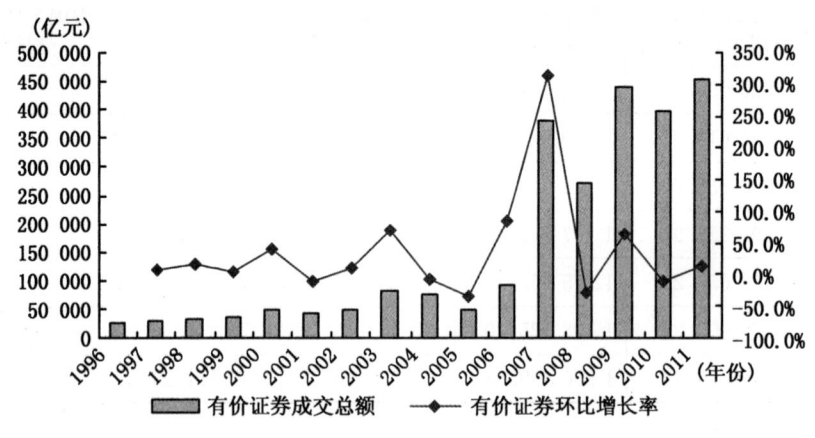

图6—8　1996~2011年上海有价证券成交总额变化情况

其中,股票成交总额也得到了快速增长,在1996年,股票成交额只有9 020亿元,到2011年则达到237 560亿元,在2009年达到最高时有346 512亿元,其最高环比增长速度达到4倍以上。

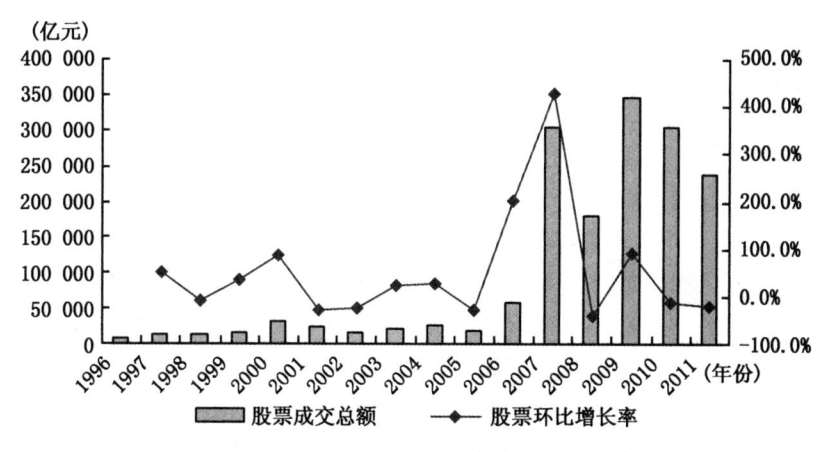

图 6—9　1996～2011 年上海股票成交总额变化情况

(四)航运中心建设的发展状况

在上海国际航运中心建设的持续深入推进下,上海现代航运服务体系建设和现代航运集疏运体系建设取得了较快的发展。到 2011 年,上海港完成货物吞吐量 72 758 万吨,同比增长 11.4%;集装箱吞吐量 3 174 万标准箱,其中水水中转量为 1 305 万标准箱,国际中转比率 4.6%。上海港已成为保持货物及集装箱吞吐量世界第一大港。

上海港口货物吞吐量在 2000 年为 20 440 万吨,2011 年则增加为 72 758 万吨,年均增长率为 12.2%。在 2006 年环比增长率最高,达到 21.3%,且环比增长率基本处于两位数的增长速率,如图 6—10 所示。

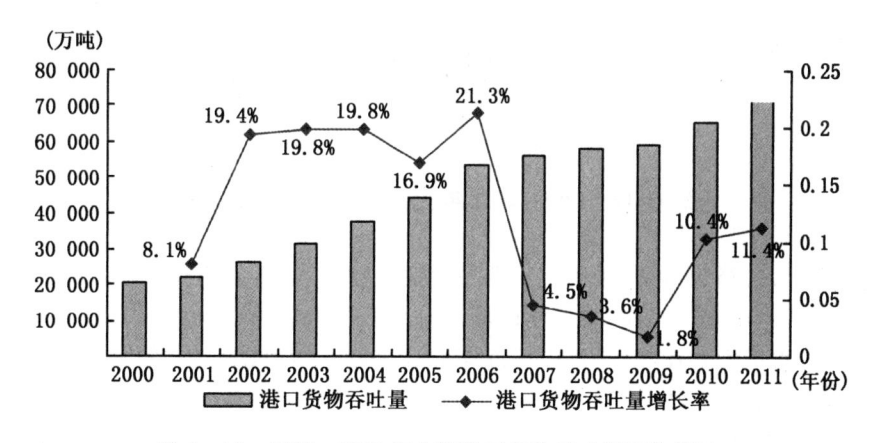

图 6—10　2000～2011 年上海港口货物吞吐量变化情况

上海港口货物吞吐量中,其中 2000 年内贸为 12 807 万吨,外贸为 7 633 万吨,外贸港口货物吞吐量远低于内贸港口货物吞吐量;而到 2011 年,内贸为 38 980 万吨,外贸则为 33 778 万吨,外贸、内贸港口货物吞吐量基本持平,如图 6—11 所示。

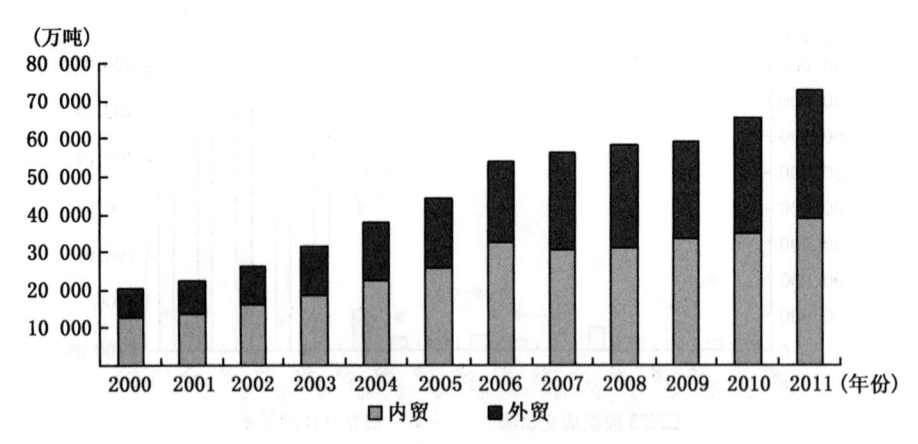

图 6—11 2000～2011 年上海港口货物吞吐量内贸、外贸对比情况

上海货物运输量在 1995 年为 22 531 万吨,到 2011 年则达到 93 318 万吨,1995～2011 年货物运输量基本上逐年递增,且年均增长率为 9.3%,如图 6—12 所示。

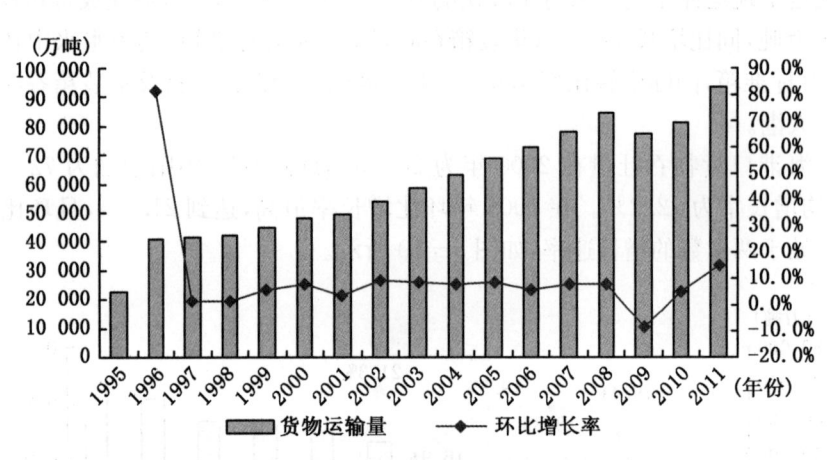

图 6—12 1995～2011 年上海货物运输量变化情况

在铁路、公路、水运和民用航空四种货物运输方式中,公路和水运占绝对主体,是最主要的运输方式。在 2005 年以前,公路运输稍高于水运,但是随着水运量的逐年提升,水运方式在 2005 年以后逐渐取代公路运输,成为运输量最多的一种运输方式,如图 6—13、图 6—14 所示。正是基于上海国际航运中心建设的推进,海运等水运量不断增加。

在港口货物吞吐量和货物运输量高速发展的同时,上海的航空枢纽辐射能力不断增强,2011 年浦东、虹桥机场完成飞机起降 57.4 万架次,旅客吞吐量 7 456 万人次,货邮吞吐量 356 万吨,其中浦东机场货邮吞吐量 310.9 万吨,保持世界货运第三大机场地位。

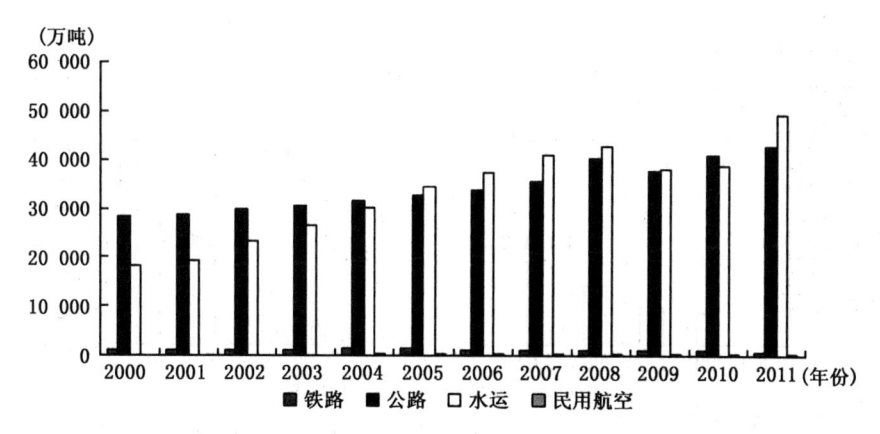

图 6—13　2000~2011 年上海货物运输量变化情况

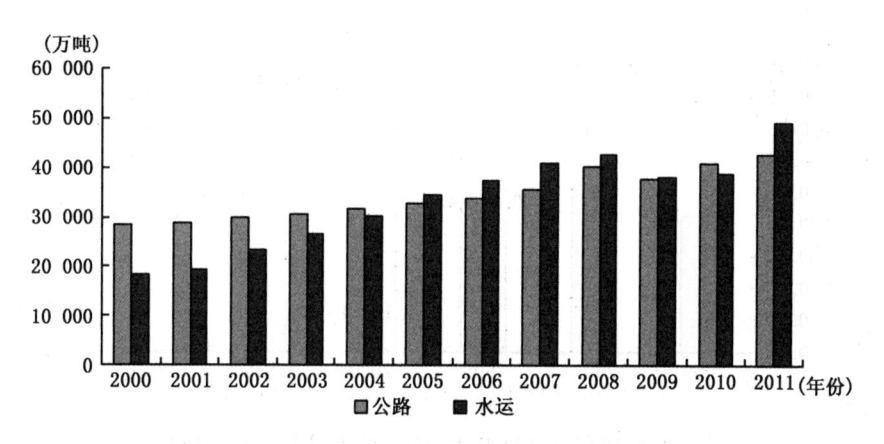

图 6—14　2000~2011 年上海货物运输量变化情况

同时,上海加快发展航运金融、船舶交易、信息服务、航运指数、口岸服务等重点领域,不断推动航运服务产业链向高端拓展,航运服务体系持续完善,国际航运中心的功能和地位进一步凸显。

(五)贸易中心建设的发展情况

随着改革开放的发展和上海"四个中心"建设的推进,上海国际贸易中心建设已具有良好基础,形成基本框架。

近年来,上海货物贸易总量不断提高,贸易结构进一步优化。上海货物贸易进出口总额在 2000 年为 547.1 亿美元,2011 年则增加为 4 374.36 亿美元,年均增长率为 18.9%。在 2002 年,环比增长率甚至达到 55%,且环比增长率基本处于两位数的增长速率,如图 6—15 所示。

上海关区进出口总额在 2006 年为 4 287.54 亿美元,2011 年则增加为 8 123.14 亿美元,年均增长率为 13.6%。在 2010 年,环比增长率甚至达到 32.8%,且环比增长率基本处于两位数的增长速率,如图 6—16 所示。

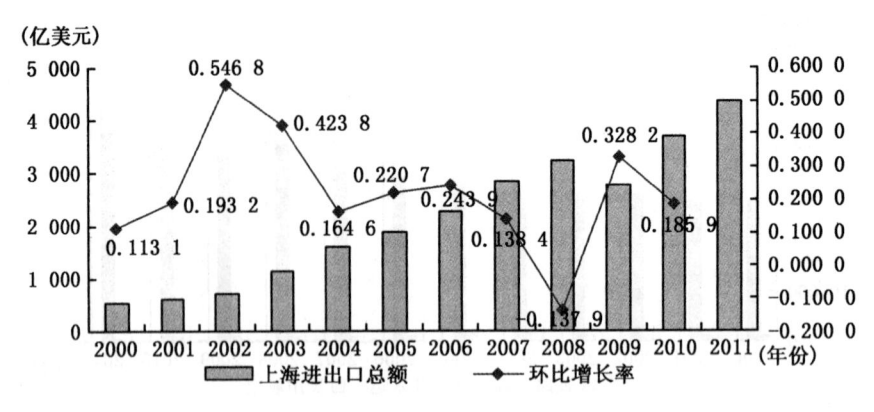

图 6—15　2000～2011 年上海货物贸易进出口总额变化情况

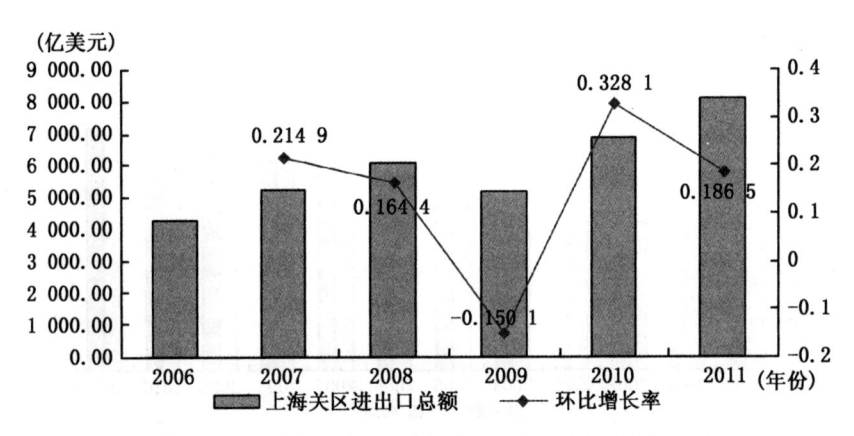

图 6—16　2006～2011 年上海关区进出口总额变化情况

（六）从统计规律看上海"四个中心"建设的内在联系

选取上海市生产总值、金融业增加值、港口货物吞吐量和进出口总额作为对上海国际经济中心、金融中心、航运中心和贸易中心发展情况的统计描述变量，选取 1995～2011 年的数据进行统计分析，如表 6—6 所示。

表 6—6　　　　　　　　　1995～2011 年上海市四个指标的情况

年　份	上海市生产总值 GDP(亿元)	金融业增加值 FV(亿元)	港口货物吞吐量 GT(万吨)	进出口总额 IX(亿美元)
1995	2 499.43	245.45	16 567.00	190.25
1996	2 957.55	378.83	16 401.00	222.63
1997	3 438.79	445.52	16 397.00	247.64
1998	3 801.09	512.21	16 387.00	313.44

续表

年 份	上海市生产总值 GDP(亿元)	金融业增加值 FV(亿元)	港口货物吞吐量 GT(万吨)	进出口总额 IX(亿美元)
1999	4 188.73	577.56	18 641.00	386.04
2000	4 771.17	685.03	20 440.00	547.10
2001	5 210.12	619.99	22 099.00	608.98
2002	5 741.03	584.67	26 384.00	726.64
2003	6 694.23	624.74	31 621.00	1 123.97
2004	8 072.83	741.68	37 897.00	1 600.26
2005	9 247.66	675.12	44 317.00	1 863.65
2006	10 572.24	825.20	53 748.00	2 274.89
2007	12 494.01	1 209.08	56 144.00	2 829.73
2008	14 069.87	1 414.21	58 170.10	3 221.38
2009	15 046.45	1 804.28	59 205.00	2 777.31
2010	17 165.98	1 950.96	65 339.00	3 688.69
2011	19 195.69	2 277.40	72 758.00	4 374.36

采取构建向量自回归模型的方法,对该模型进行脉冲响应分析和方差分析,通过提炼代表"四个中心"的各变量的影响情况,发现"四个中心"的影响作用机理。

1. 构建结构向量自回归 VAR 模型

为避免数据的剧烈波动,先对各时间系列:上海市生产总值 GDP、金融业增加值 FV、港口货物吞吐量 GT 和进出口总额 IX 进行对数化处理,得出新的时间序列,记为 LGDP、LFV、LGT、LIX 四个时间序列变量。四个变量的变化趋势如图 6-17 所示,显示具有较为明显的一致的共同趋势。

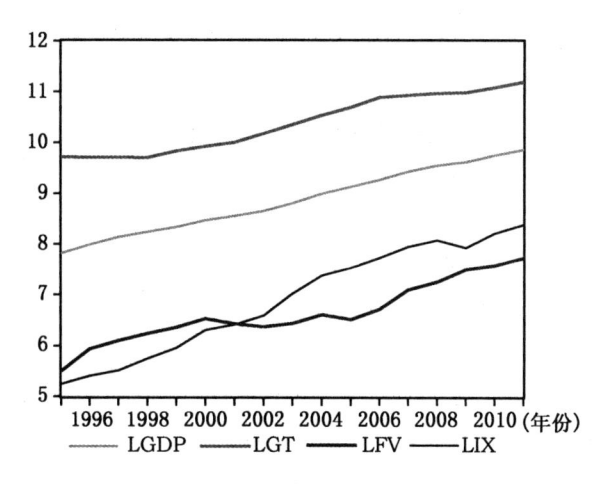

图 6-17 时间序列的变化趋势图

对 LGDP、LFV、LGT、LIX 四个时间序列变量分别进行 ADF 单位根检验，检验结果如表 6-7 所示，在 10% 的显著水平下接受原假设，即表明这四个变量序列是非平稳序列。

对 LGDP、LFV、LGT、LIX 四个时间序列变量进行二阶差分，对二阶差分后的时间序列变量分别进行 ADF 单位根检验，检验结果如表 6-7 所示，除 D(LGDP, 2) 在 5% 的显著水平下拒绝原假设，其余三个变量均在 1% 的显著水平下拒绝原假设，可认为这四个变量的二阶差分序列是平稳序列。

表 6-7　　　　　　　　时间序列的 ADF 单位根检验结果

序列	T 检验统计量值	1%临界值	5%临界值	10%临界值	概率值	检验形式
LGDP	−0.599 912	−3.920 350	−3.065 585	−2.673 459	0.844 8	含常数项，不含趋势项
LFV	−0.680 626	−3.920 350	−3.065 585	−2.673 459	0.824 6	含常数项，不含趋势项
LGT	−0.591 514	−3.959 148	−3.081 002	−2.681 330	0.845 1	含常数项，不含趋势项
LIX	−0.795 245	−3.920 350	−3.065 585	−2.673 459	0.793 1	含常数项，不含趋势项
D(LGDP,2)	−1.735 253	−2.771 926	−1.974 028	−1.602 922	0.078 4	不含常数项，不含趋势项
D(LFV,2)	−5.209 239	−4.004 425	−3.098 896	−2.690 439	0.001 2	含常数项，不含趋势项
D(LGT,2)	−4.251 495	−4.004 425	−3.098 896	−2.690 439	0.006 4	含常数项，不含趋势项
D(LIX,2)	−4.581 500	−4.057 910	−3.119 910	−2.701 103	0.004 1	含常数项，不含趋势项

LGDP、LFV、LGT、LIX 时间系列是非平稳系列，其二阶差分矩阵经平稳性检验显示是平稳序列。因此，可以对 LGDP、LFV、LGT、LIX 时间系列构建向量自回归模型，即 VAR 模型，回归模型的相关回归系数如表 6-8 所示。

表 6-8　　　　　　　　各变量间的向量自回归系数

	LGDP	LFV	LGT	LIX
LGDP(−1)	0.782 938 (0.841 62) [0.930 27]	−3.578 038 (2.903 13) [−1.232 47]	0.820 966 (1.793 64) [0.457 71]	4.233 378 (3.507 60) [1.206 92]
LGDP(−2)	0.324 130 (0.460 05) [0.704 55]	3.932 281 (1.586 93) [2.477 91]	0.074 345 (0.980 45) [0.075 83]	0.203 035 (1.917 35) [0.105 89]
LFV(−1)	0.025 812 (0.097 18) [0.265 61]	0.531 199 (0.335 22) [1.584 62]	−0.321 269 (0.207 11) [−1.551 20]	−0.279 772 (0.405 02) [−0.690 76]

续表

	LGDP	LFV	LGT	LIX
LFV(−2)	−0.098 187 (0.145 48) [−0.674 93]	−0.061 283 (0.501 82) [−0.122 12]	0.009 437 (0.310 04) [0.030 44]	−0.884 759 (0.606 30) [−1.459 27]
LGT(−1)	0.530 293 (0.310 78) [1.706 35]	0.867 980 (1.072 01) [0.809 67]	0.581 991 (0.662 32) [0.878 72]	0.664 581 (1.295 22) [0.513 10]
LGT(−2)	−0.354 456 (0.230 57) [−1.537 28]	0.976 789 (0.795 35) [1.228 12]	−0.389 584 (0.491 39) [−0.792 82]	−2.679 800 (0.960 95) [−2.788 69]
LIX(−1)	−0.076 572 (0.144 11) [−0.531 36]	0.186 547 (0.497 09) [0.375 28]	−0.001 660 (0.307 11) [−0.005 41]	−0.271 152 (0.600 59) [−0.451 48]
LIX(−2)	−0.052 751 (0.118 03) [−0.446 92]	−1.070 976 (0.407 15) [−2.630 44]	0.053 089 (0.251 55) [0.211 05]	0.210 440 (0.491 92) [0.427 79]
C	−1.286 967 (1.028 15) [−1.251 73]	−12.134 68 (3.546 57) [−3.421 53]	2.239 109 (2.191 17) [1.021 88]	−3.455 129 (4.285 00) [−0.806 33]
R-squared	0.999 149	0.987 895	0.995 589	0.994 697
Adj. R-squared	0.998 015	0.971 756	0.989 707	0.987 625
Sum sq. resids	0.003 950	0.047 001	0.017 941	0.068 610
S. E. equation	0.025 658	0.088 507	0.054 682	0.106 935
F-statistic	880.729 7	61.209 17	169.274 4	140.668 9
Log likelihood	40.531 54	21.958 27	29.181 45	19.121 15
Akaike AIC	−4.204 206	−1.727 770	−2.690 860	−1.349 487
Schwarz SC	−3.779 376	−1.302 940	−2.266 030	−0.924 657
Mean dependent	8.988 691	6.764 033	10.468 30	7.115 612
S. D. dependent	0.575 853	0.526 635	0.538 989	0.961 288
Determinant resid covariance (dof adj.)			4.91E−12	
Determinant resid covariance			1.26E−13	
Log likelihood			137.648 7	
Akaike information criterion			−13.553 16	
Schwarz criterion			−11.853 84	

VAR 模型为：

方程 1：
LGDP＝0.782 937 514 6×LGDP(－1)＋0.324 130 419 1×LGDP(－2)＋
　　　0.025 811 988 56×LFV(－1)－0.098 187 495 27×LFV(－2)＋
　　　0.530 293 310 3×LGT(－1)－0.354 455 833 7×LGT(－2)－
　　　0.076 572 105 08×LIX(－1)－0.052 750 949 38×LIX(－2)－
　　　1.286 966 993

方程 2：
LFV＝－3.578 037 833×LGDP(－1)＋3.932 281 127×LGDP(－2)＋
　　　0.531 198 636 6×LFV(－1)－0.061 282 859 42×LFV(－2)＋
　　　0.867 980 352 8×LGT(－1)＋0.976 789 039 6×LGT(－2)＋
　　　0.186 547 230 4×LIX(－1)－1.070 976 086×LIX(－2)－
　　　12.134 677 97

方程 3：
LGT＝0.820 966 020 9×LGDP(－1)＋0.074 345 387 66×LGDP(－2)－
　　　0.321 268 701 1×LFV(－1)＋0.009 437 496 733×LFV(－2)＋
　　　0.581 990 692 7×LGT(－1)－0.389 583 514 3×LGT(－2)－
　　　0.001 660 220 581×LIX(－1)＋0.053 088 894 89×LIX(－2)＋
　　　2.239 109 307

方程 4：
LIX＝4.233 378 484×LGDP(－1)＋0.203 035 271 2×LGDP(－2)－
　　　0.279 772 298 1×LFV(－1)－0.884 758 82×LFV(－2)＋
　　　0.664 580 558 7×LGT(－1)－2.679 799 544×LGT(－2)－
　　　0.271 151 982 2×LIX(－1)＋0.210 439 591 6×LIX(－2)－
　　　3.455 128 644

对 VAR 模型进行平稳性检验：

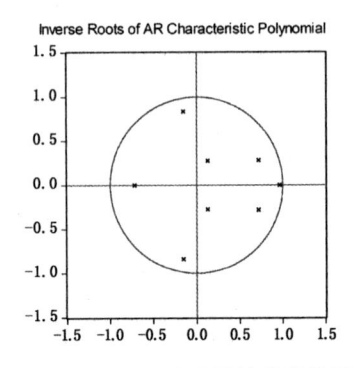

图 6—18　VAR 平稳性检验单位圆图

检验结果的单位圆图显示 VAR 模型中,不存在大于1的根,表明该模型中四个变量所构成的时间序列是平稳系统,因此所构建的向量自回归模型是平稳的。

2. 格兰杰因果检验分析

对于由四个变量构成的 VAR 模型,采取格兰杰因果检验方法,检验各内生变量对于目标变量是否可以看作是外生变量。检验结果如表6—9所示。

表6—9　　　　　VAR 模型中所有变量的联合显著性检验

	因变量	原假设:排除的自变量	卡方统计量	相伴概率
方程1	LGDP	LFV	0.602 191	0.740 0
		LGT	5.404 076	0.067 1
		LIX	1.378 706	0.501 9
		ALL	14.782 10	0.022 0
方程2	LFV	LGDP	6.814 012	0.033 1
		LGT	2.117 279	0.346 9
		LIX	10.048 84	0.006 6
		ALL	22.119 89	0.001 2
方程3	LGT	LGDP	0.560 631	0.755 5
		LGT	2.491 485	0.287 7
		LIX	0.075 004	0.963 2
		ALL	7.975 370	0.239 9
方程4	LIX	LGDP	3.489 727	0.174 7
		LFV	2.336 347	0.310 9
		LGT	8.113 508	0.017 3
		ALL	14.962 76	0.020 5

联合显著性检验表明,方程1、2、4 的关于排除其他三个变量的原假设被拒绝,即表明其他三个变量不是解释变量的原因的假设被拒绝,因此至少说明方程1、2、4 的回归模型是有效的。

为了进一步说明变量之间的因果关系,对四个变量 LGDP、LFV、LGT、LIX,采用格兰杰因果检验方法,逐一检验两个变量间的格兰杰因果关系,检验结果如表6—10所示。

表 6-10　　　　　　　四个变量之间的格兰杰因果检验

序号	原假设	F 统计量	相伴概率
1	LFV 不是 LGDP 的格兰杰成因	2.604 87	0.122 85
	LGDP 不是 LFV 的格兰杰成因	2.729 26	0.113 28
2	LGT 不是 LGDP 的格兰杰成因	7.137 94	0.011 86*
	LGDP 不是 LGT 的格兰杰成因	1.982 97	0.188 21
3	LIX 不是 LGDP 的格兰杰成因	0.702 30	0.518 32
	LGDP 不是 LIX 的格兰杰成因	0.759 36	0.493 15
4	LGT 不是 LFV 的格兰杰成因	2.072 52	0.176 60
	LFV 不是 LGT 的格兰杰成因	4.243 37	0.046 31*
5	LIX 不是 LFV 的格兰杰成因	1.093 61	0.371 94
	LFV 不是 LIX 的格兰杰成因	0.788 63	0.480 81
6	LIX 不是 LGT 的格兰杰成因	3.047 99	0.092 56*
	LGT 不是 LIX 的格兰杰成因	3.906 10	0.055 77*

检验结果表明，对标"*"号的四个假设检验，有理由认为存在格兰杰因果关系。得到四个变量之间的格兰杰因果关系结果，认为所构建的向量自回归存在合理性与有效性，因此基于所构建的模型结果，用脉冲响应函数分析和方差分析，揭示四个变量之间的影响机理。

3. 脉冲响应函数分析

脉冲响应函数分析是为了分析这四个变量彼此间带给对方的内生影响情况。

图 6-19 是描述分别假定给 LFV、LGT、LIX 的一个正的冲击，LGDP 的响应情况。从图 6-19 可以看出，在一个正的冲击的影响下，在 1~10 的期间内，从长期来看，LGT 对 LGDP 的影响最大，LFV 的影响也很大，而 LIX 对 LGDP 的影响很小。

可以判断，LGT 即港口货物吞吐量的变动，LFV 即金融业增加值的变动，对 LGDP 即经济总量的影响较大，而 LIX 即进出口总额的变动，对经济总量的影响较小。表明国际航运中心建设所形成的国际航运经济、国际金融中心建设服务于经济建设，对上海国际经济中心建设的影响较大。

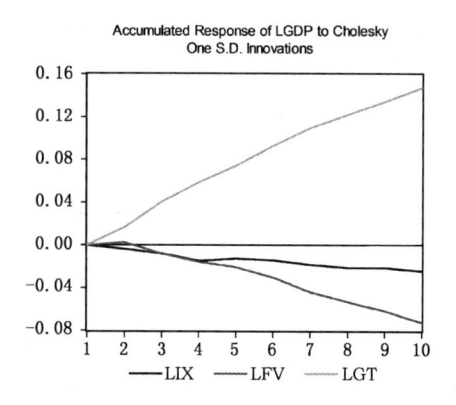

图 6-19　LGDP 分别对 LFV、LGT、LIX 的响应情况

图 6-20 是描述分别给 LGDP、LFV、LGT、LIX 的一个正的冲击,导致 LGDP、LFV、LGT、LIX 的响应情况。从图 6-20(a)可以看出,给 LGDP、LFV、LGT、LIX 一个正的冲击的影响下,对 LGDP 的影响结果:在 1~10 的期间内,从长期来看,除对自身 LGDP 的反应大外,LFV、LGT、LIX 三个变量中对 LGDP 影响较大的是 LFV 和 LGT,即金融业增加值和港口货物吞吐量对国民生产总值的影响较大。

从图 6-20(b)可以看出,给 LGDP、LFV、LGT、LIX 一个正的冲击的影响下,对 LFV 的影响结果:在 1~10 的期间内,从长期来看,LGT 对 LFV 的影响最大,即港口货物吞吐量对金融业增加值的影响最大。

从图 6-20(c)可以看出,给 LGDP、LFV、LGT、LIX 一个正的冲击的影响下,对 LGT 的影响结果:在 1~10 的期间内,从长期来看,除 LGDP 对 LGT 的影响非常大外,LFV 对 LGT 的影响也很大,表明港口货物吞吐量除受到国民生产总值的影响外,金融业增加值的变化对其影响也很大。

从图 6-20(d)可以看出,给 LGDP、LFV、LGT、LIX 一个正的冲击的影响下,对 LIX 的影响结果:在 1~10 的期间内,从长期来看,除 LGDP 对 LIX 的影响非常大外,LFV 对 LGT 的影响也很大,表明进出口总额除受到国民生产总值的影响外,金融业增加值的变化对其影响也很大。

从以上分析结果可以看出,国民生产总值受金融业增加值、港口货物吞吐量和进出口总额的影响均比较大,也对金融业增加值、港口货物吞吐量和进出口总额有较强的影响,也即说明国际金融中心、国际航运中心和国际贸易中心的建设都将有力促进国际经济中心的建设,而国际经济中心的建设也会促进并带动国际金融中心、国际航运中心和国际贸易中心的建设。而金融业增加值对港口货物吞吐量和进出口总额的影响均比较大;港口货物吞吐量对金融业增加值的影响较大,但对进出口总额的作用不明显;进出口总额对金融业增加值和港口货物吞吐量的作用不够明显。可以认为,国际金融中心的建设在促进国际航运中心和国际贸易中心建设方面发挥了较为核心的作用,而国际贸易中心建设的促进作用则仍然没有发挥出来。

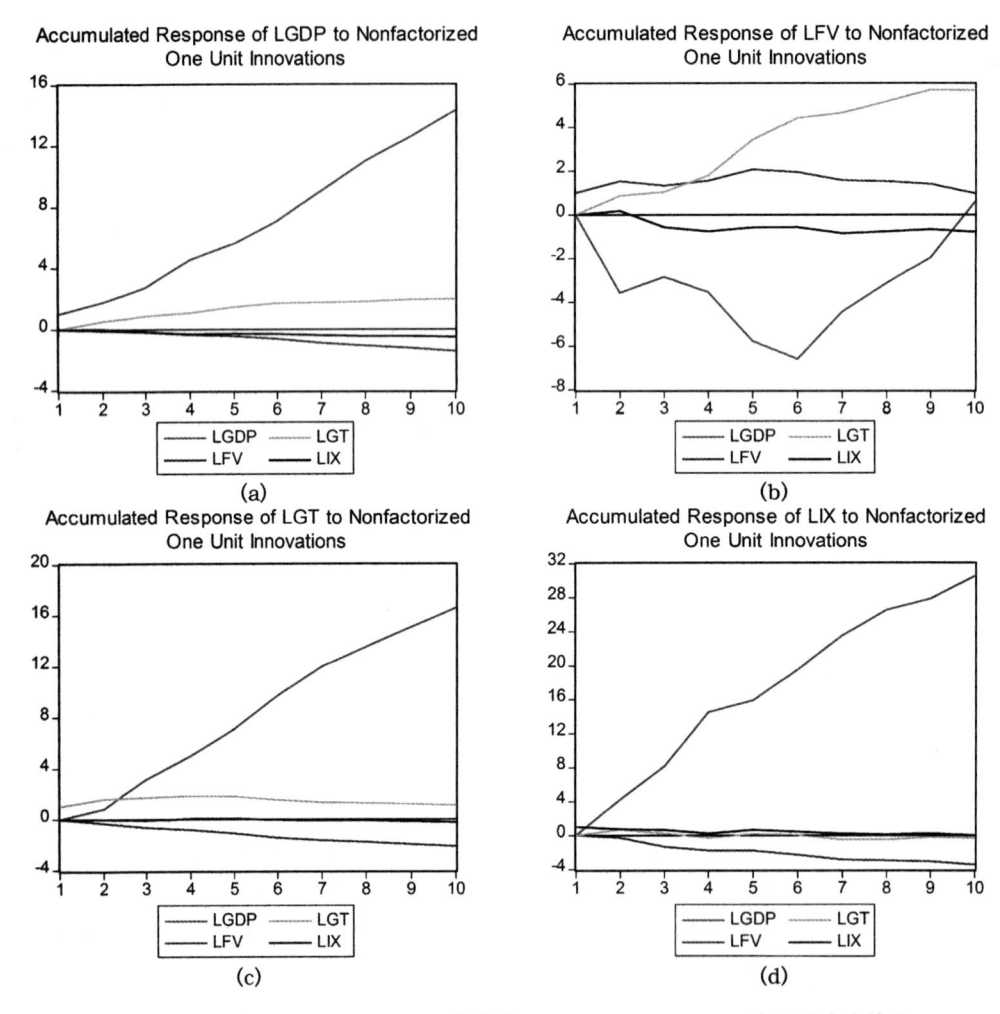

图 6—20 LGDP、LFV、LGT、LIX 分别对 LGDP、LFV、LGT、LIX 的相互响应情况

4. 方差分解分析

方差分解是通过分析每一个结构冲击对内生变量变化的贡献度，从而评价不同结构冲击的重要性。

由反映四个中心建设情况的四个变量：经济中心变量 LGDP、金融中心变量 LFV、航运中心变量 LGT 和贸易中心变量 LIX，构建的结构向量自回归模型，描述了这四个变量之间的相互关系。对该结构向量自回归模型进行方差分解分析，解释每一个自变量对因变量的解释程度，对因变量解释程度越大，或者说在该模型中的方差分解影响越大的变量，表明其对因变量的作用效果越强。其对因变量的作用效果越强，则表明该变量在这四个变量中所发挥的核心、引领作用越强。

方差分解采取分析四个变量对其中任意一个变量的解释程度进行分解，采取 Cholesk 方法，追踪期选择为 10 期，以合成图和表两种表示方法显示方差分析结果。结果如图 6-21 所示。其中的四个分图,是通过方差分解结果,分别描述 LGDP、LFV、LGT、LIX 对 LGDP 的解释程度。

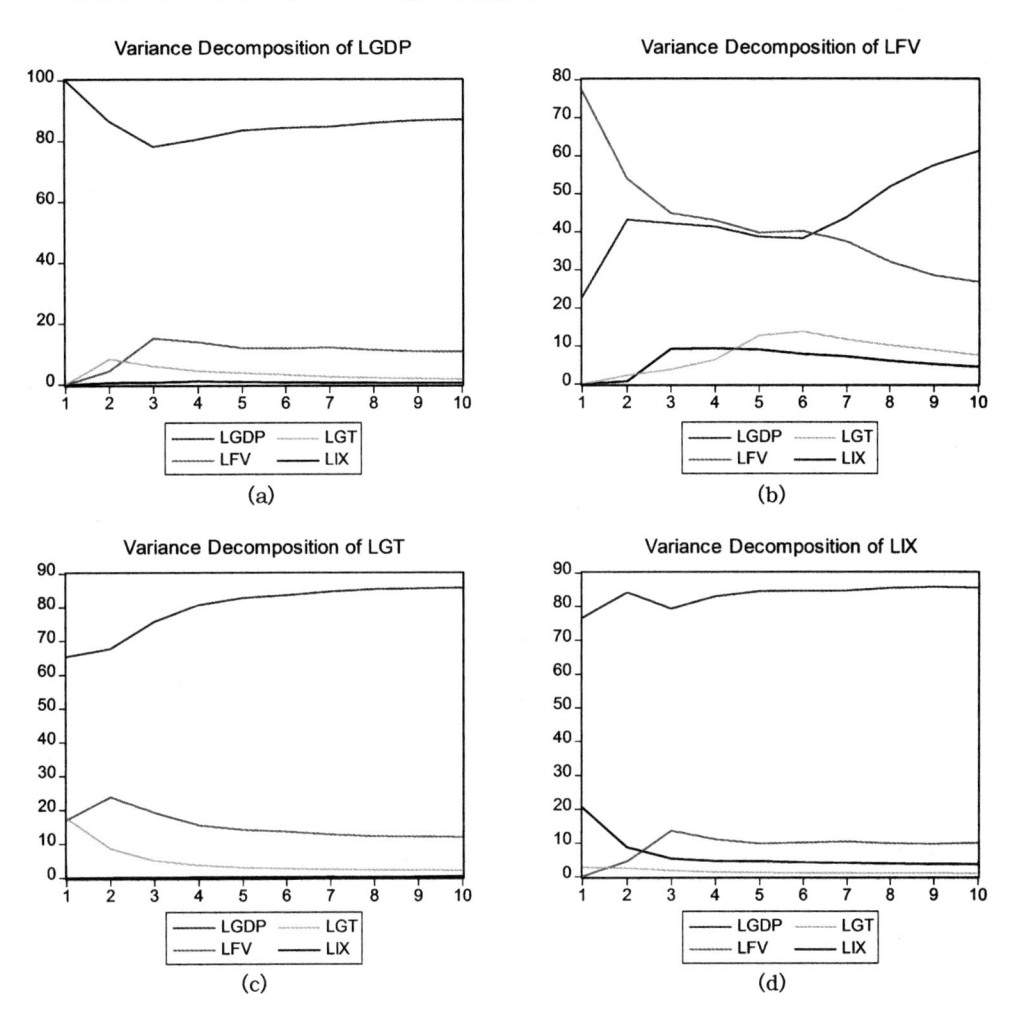

图 6-21　LGDP、LFV、LGT、LIX 分别对 LGDP、LFV、LGT、LIX 的方差分解情况

从图 6-21(a)可以看出,方差分解图表明 LGDP、LFV、LGT、LIX 对变量 LGDP 的解释程度。从 1～10 期看,LFV 对 LGDP 的解释贡献远高于 LGT 和 LIX,LFV 对 LGDP 的解释在第 1、2 期不够明显,在第 3～10 期的解释程度就比较稳定。表 6-11 的数据显示,在第 3～10 期对 LGDP 的解释约在 11% 左右,LGT 的解释贡献只有 2%～3%,而 LIX 的解释贡献则低于 1%。

表 6-11　自变量 LGDP、LFV、LGT、LIX 解释 LGDP 的方差分解

时　期	LGDP	LFV	LGT	LIX
1	100.000 0	0.000 000	0.000 000	0.000 000

续表

时期	LGDP	LFV	LGT	LIX
2	86.579 81	4.445 697	8.348 200	0.626 290
3	78.179 53	15.095 87	6.017 782	0.706 816
4	80.601 48	13.854 72	4.428 317	1.115 484
5	83.508 44	11.890 99	3.756 064	0.844 515
6	84.358 19	11.838 92	3.146 448	0.656 438
7	84.749 59	12.098 22	2.529 912	0.622 288
8	85.975 46	11.312 90	2.152 458	0.559 177
9	86.774 28	10.812 94	1.923 241	0.489 544
10	87.012 11	10.779 74	1.733 088	0.475 066

从图6-21(b)可以看出,方差分解图表明LGDP、LFV、LGT、LIX对变量LGT的解释程度。从第1～10期看,LFV对LFV自身的解释贡献远高于LGT和LIX对LFV的解释。

在第1、2期,LFV对自身的解释贡献较大,为77.164 40%和53.923 77%,在第3～10期的解释贡献稳定在40%～30%左右(见表6-12)。而LGT和LIX对LFV的解释贡献在第3～10期比较低,在第3～10期对LGDP的解释约在11%左右,LGT的解释贡献约10%左右,而LIX的解释贡献则约为8%左右,明显低于LFV对其的解释贡献。

表6-12 自变量LGDP、LFV、LGT、LIX解释LGT的方差分解

时期	LGDP	LFV	LGT	LIX
1	22.835 60	77.164 40	0.000 000	0.000 000
2	43.134 23	53.923 77	2.265 026	0.676 971
3	42.205 20	44.848 90	3.777 801	9.168 098
4	41.316 99	43.032 27	6.347 237	9.303 506
5	38.625 21	39.745 60	12.631 25	8.997 946
6	38.260 90	40.185 75	13.685 53	7.867 819
7	43.778 85	37.446 02	11.610 00	7.165 134
8	51.741 48	32.136 74	10.081 96	6.039 823
9	57.495 06	28.503 16	8.833 619	5.168 160
10	61.238 56	26.802 81	7.498 080	4.460 553

从图6－21(c)可以看出,方差分解图表明 LGDP、LFV、LGT、LIX 对变量 LGT 的解释程度。从1~10期看,LFV 对 LGT 的解释贡献高于 LGT 和 LIX 对 LGT 的解释。

在第1期,LFV 和 LGT 对 LGT 的解释贡献基本一致,分别为17.060 51%和17.585 10%。在第2~10期,LFV 对 LGT 的解释就远高于 LGT 和 LIX 对 LGT 的解释贡献。如表6－13列示,LFV 对 LGT 的解释从23.800 13%缓慢下降,但到最低的第10期也有11.941 89%,而 LGT 对 LGT 的解释贡献在第2期后,最高只有8.542 860%,并且逐步下降。LIX 对 LGT 的解释贡献均低于1%。

表6－13　　自变量 LGDP、LFV 、LGT、LIX 解释 LGT 的方差分解

时　期	LGDP	LFV	LGT	LIX
1	65.354 39	17.060 51	17.585 10	0.000 000
2	67.656 94	23.800 13	8.542 860	7.84E-05
3	75.642 83	19.218 03	5.057 582	0.081 555
4	80.670 65	15.456 30	3.668 537	0.204 514
5	82.744 72	14.139 31	2.950 084	0.165 892
6	83.580 47	13.592 86	2.618 268	0.208 397
7	84.639 87	12.729 91	2.415 520	0.214 701
8	85.313 52	12.211 20	2.273 159	0.202 131
9	85.526 49	12.078 43	2.172 490	0.222 592
10	85.701 69	11.941 89	2.098 018	0.258 401

从图6－21(d)可以看出,方差分解图表明 LGDP、LFV、LGT、LIX 对变量 LIX 的解释程度。在第1期,LFV 对 LIX 的解释贡献很低,LIX 和 LGT 对 LIX 的解释贡献较大,分别为20.525 80%和2.857 238%。但是从第2~10期,LFV 对 LIX 的解释贡献上升较快,大多在10%左右,而 LGT 对 LIX 的解释贡献大多在1%~2%之间,LIX 对 LIX 本身的解释贡献大多在3%~5%之间,低于 LFV 对 LIX 的解释贡献(见表6－14)。

表6－14　　自变量 LGDP、LFV 、LGT、LIX 解释 LIX 的方差分解

时　期	LGDP	LFV	LGT	LIX
1	76.605 76	0.011 198	2.857 238	20.525 80
2	84.106 24	4.613 941	2.540 213	8.739 605
3	79.282 54	13.653 33	1.716 581	5.347 548
4	82.910 20	11.096 77	1.314 577	4.678 453
5	84.429 09	9.800 450	1.139 383	4.631 074

续表

时 期	LGDP	LFV	LGT	LIX
6	84.603 82	10.134 29	1.015 026	4.246 864
7	84.563 22	10.407 68	1.008 752	4.020 348
8	85.374 41	9.868 647	0.952 587	3.804 352
9	85.674 39	9.711 319	0.941 348	3.672 938
10	85.500 30	9.969 615	0.904 699	3.625 390

当然,在图6—21以及表6—11、表6—12、表6—13、表6—14所反映的方差分解的结果中,变量LGDP对LGDP、LFV、LGT、LIX的解释程度一直占有最主要的贡献。在LGDP变量外,绝大部分时期显示的LFV对LGDP、LFV、LGT、LIX的解释贡献是非常大的,其次是LGT,而LIX对这些变量的解释贡献相对较小。

从向量自回归模型的方差分解所揭示的规律,可以认为:如果用变量LGDP、LFV、LGT和LIX来反映上海"四个中心"的建设情况,以及综合脉冲响应函数分析和方差分解分析情况,从统计学的角度看,金融业增加值对上海市国民生产总值、港口吞吐量和进出口总额产生较大的影响,而港口吞吐量所发挥的作用相对弱小一些,进出口总额所产生的作用则比较小。也即可以理解为金融中心相对于航运中心和贸易中心而言,发挥更大的引领作用,扮演了更核心的地位,航运中心扮演的作用次于金融中心的地位,而贸易中心的地位体现相对轻微一些。

LGDP对四个变量的解释贡献最大,从方差分解的结果发现,金融中心、航运中心和贸易中心发展情况对经济中心的发展有较强的解释作用,可以理解为经济中心的建设是与其他三个中心息息相关的,金融中心、航运中心、贸易中心的建设与发展,会持续推动经济中心的形成,而经济中心的建设与发展,也会促进和带动金融中心、航运中心、贸易中心的建设与发展。

(七)"四个中心"的逻辑关系

上海"四个中心"建设从初步提出到逐步确立为国家发展战略,在这一发展过程中,"四个中心"建设已取得了一系列标志性成果。"四个中心"的建设发展过程,以及发展过程中各中心之间的作用机理显示,"四个中心"是相互促进、相互支撑发展的。

在"四个中心"建设发展的近十几年,有关经济中心、金融中心、航运中心、贸易中心的相关指标,基本保持10%以上的年均增长率,经济总量如GDP、金融业增加值、金融市场的交易量、港口货物吞吐量、进出口总额等,均取得了较高的成就,部分指标已处于世界前列。

"四个中心"的作用机理以及建设过程中的统计规律表明,在"四个中心"建设过程中,国际经济中心受其他"三个中心"发展的影响很大,当金融中心、航运中心、贸易中心快速发展时,可以从多个方面推动国际经济中心的建设、发展;同样,当以新兴产业、国际先进制造业和现代服务业为主体的国际经济中心建设取得成绩时，也会带动金融中心、航运中心和贸易中心的发展。因此，"四个中心"的发展，是以"经济中心"发展为目标的经济、金融、航运、贸易的全面发展。而在发展"四个中心"的过程中，金融中心的建设，金融服务于实体经济、推动航运产业以及服务贸易等方面的发展，起到了关键的核心作用，金融业的发展，推动航运中心和贸易中心的建设发展。

"四个中心"的建设发展，是以经济中心的发展为目标，金融中心建设发展为核心的相互协调、相互促进的全面发展。

三、发挥金融中心在"四个中心"中的核心地位尚需努力的地方

（一）国际金融中心建设的难点

1. 人民币还未成为真正的国际化货币

世界金融发展史表明，大国的兴衰与其金融地位的浮沉紧密相连，本币国际化是大国金融中心形成的重要推手。英镑和美元先后作为世界中心货币登上历史舞台，伦敦、纽约也相应成长为国际金融中心；东京国际金融中心的崛起，也是与日元的国际化过程基本同步。

从国际金融中心形成和本币国际化之间的相互作用机理来看，本币发挥计价、结算和储备货币功能，衍生出的支付清算、资产保值增值等需求，是金融中心形成发展的重要"需求拉力"；而伴随货币国际化的资本账户开放、货币可自由兑换，产生的金融机构集聚和金融市场体系发展效应，则成为国际金融中心形成的"供给推力"。[①] 因此，人民币的国际化进程，将伴随上海国际金融中心建设的全过程，是国际金融中心形成的重要力量。

人民币国际化，主要表现是人民币呈现出三种形态：一是交易货币，即国际贸易结算使用人民币进行结算。二是投资货币，就是在国际投资市场，可以用人民币进行投资，包括进行定价。三是储备货币，即国家政府、官方把人民币作为储备货币。

人民币的国际化，将对贸易投资、金融机构、金融市场和金融创新等领域的发展起到巨大的促进作用，加速上海成长为具有全球影响的国际金融中心的进程。一是跨境人民币业务的开展，极大地便利了贸易和投资、降低了汇率风险，很好地契合了实体经济外向型发展的需要，将进一步吸引国内外企业在上海集聚，夯实金融中心发展的客户基础；二是人民币加快走向国际，为上海地区金融机构综合服务水平提升和国际化发展提供了战略性的机遇，有利于其综合实力的提升；三是人民币国际化相关业务领域的拓展，将促进上海金融市场体系不断发展完善，吸引更多的境外市场参与者，上海金融市场的国际化程度也会不断提高；四是人民币发展成

---

① 胡怀邦：《全力服务上海"两个中心"建设》，《中国金融》，2009年第12期。

为计价、结算乃至储备货币,必将产生大量的清算、投资、保值等需求。[1]

因此,我国政府审时度势,于2009年7月适时推出了跨境贸易人民币结算试点,迈出了人民币国际化的重要一步。但是,离真正的人民币国际化仍存在很大的差距,主要表现在以下几个方面:

(1)作为交易货币,人民币跨境贸易结算国内结算地范围已经扩大至全国各省(市)、自治区,境外结算地扩大至所有国家和地区。

(2)作为投资货币,中央银行2011年公布了《关于明确跨境人民币业务相关问题的通知》,正式明确了外商直接投资人民币结算业务的试点办法,之后又发布了《基金管理公司、证券公司人民币合格境外机构投资者境内证券投资试点办法》,允许符合条件的基金公司、证券公司香港子公司作为试点机构开展 RQFII 业务。

(3)作为储备货币,目前,已有尼日利亚、马来西亚、韩国、柬埔寨、白俄罗斯、俄罗斯和菲律宾等国将人民币作为储备货币,而且范围还在不断扩大。

但是,人民币还没有成为国际上普遍认可的计价、结算及储备货币,所限范围还比较小,离成为真正的国际化货币还有一定距离。因此,这对贸易投资、金融机构、金融市场的发展都造成很大的影响,也是建设上海国际金融中心的重要阻力。

2. 金融机构的集聚力度不够

国际金融中心应该集聚国内外大量的金融机构,尤其是一些总部机构入驻。但目前,上海在集聚金融机构方面的力度还不够。

在外资金融机构方面,上海与国际金融中心城市的差距比较明显。尽管目前上海集聚了近900家金融机构,但外资法人金融机构数量偏少,难以形成全球资金集聚效应。例如,纽约外资法人银行为321家;伦敦金融城拥有287家外国银行,全球500强中75%的公司在伦敦设立子公司;我国香港、新加坡、东京也分别集聚了132家、105家和66家外资法人银行。相比之下,目前上海仅拥有17家外资法人银行,仅相当于纽约的1/19、伦敦的1/17、我国香港的1/8。外资法人银行较少,将难以实现全球资金的集聚和调配。因此,吸引外资金融机构入驻上海,从而带来国外资本、金融人才等要素的集聚,是建设上海国际金融中心的内在需要。

国内相比于北京而言,上海的总部金融机构极少。中国的大型金融机构的总部大多不在上海。由于上海缺乏总部,因此总部经济效应不如北京,即使是中资机构,除交通银行、浦东发展银行等几个较小的上海银行外,四大国有银行及农业银行、进出口银行这两大政策性银行和招商银行、中信银行、民生银行等其他多家全国性股份制银行总部都不在上海,人寿、人保、再保险、证券登记结算公司、国债登记结算公司、人民银行和三大金融监管机构的总部也都不在上海。由于缺乏总部,上海金融机构在政策自主、资金运用方面都受到很大限制。

3. 上海金融市场体系的广度、深度还不够

上海国际金融中心建设的最大优势就是金融市场体系齐全,目前上海拥有包

---

[1] 胡怀邦:《全力服务上海"两个中心"建设》,《中国金融》,2009年第12期。

括股票、货币、债券、期货、外汇和黄金等金融基础要素市场,基础要素的齐备性已基本可以达到伦敦、纽约的水平。但上海金融市场的广度、深度、弹性仍然不足。

例如,上海债券市场的发展虽然取得了很大的成绩,但与发达国家相比,上海债券市场相对初级,市场规模、开放程度、监管水平都有待提高。其中,国债和地方政府债券是多层次金融市场的基石,对金融产品定价和提供市场流动性起重要作用。当前中国地方政府债券发展缓慢,应积极推广发行。尤其是债券市场的对外开放不够。国际化程度是衡量债券市场全球影响力的主要指标之一。应该允许更多类型的外国政府、金融机构、非金融企业与国际多边机构等发行人民币债券,并根据金融监管的风险管控能力,有序放开人民币债券资金在用途、购汇等方向的限制,逐步提高上海债券市场全球融资能力;还应该在亚洲债券基金、合格的境外机构投资者(QFII)和境外人民币清算行三类机构在境内投资债券市场的基础上,逐步扩大债券市场准入范围,积极吸引国外央行、主权投资基金等长期投资者进入债券市场,提高上海债券市场在全球金融市场的投资地位。

在完善股票市场方面,从市值和交易量来看,上海证券交易所已经成为中国最重要的股票市场。但相对于西方成熟的股票市场,中国的股票市场存在发行、监管等多层次的问题,资源配置功能远未充分发挥。

完善股票市场体系建设,应做好以下工作:(1)继续推进主板市场建设,不断完善和提高主板市场功能。就上市公司而言,要大力优化上市公司结构,推动上市公司并购重组,进一步提高市场配置资源的效率。(2)完善中小投资者保护机制。金融市场的不断深化离不开广大中小投资者的深度参与,加强对中小投资者的保护是金融市场赖以长期发展的根本。加强对中小投资者的保护也是形成公平、公开、公正市场环境的体现。有必要加大对证券违法违规行为的惩戒和震慑力度,提高违法违规的机会成本,从源头上遏制市场参与者违法违规行为。(3)适时推出国际板。国际板的推出可以为红筹股企业回归中国内地开辟新的渠道,也为海外优质企业到中国内地上市提供可能。同人民币债券一样,推出国际板,允许海外企业发行人民币计价的股票,也会促进人民币国际影响力的提升。(4)积极推动代办股份转让试点扩大方案,加快上海股权托管交易中心的建设和运作,加快与统一的全国场外市场相衔接,为多层次资本市场培育输送上市资源。大力发展股权投资业。股权投资尤其是风险投资和创业投资是一种新型的高端服务业,以支持创新、创业、创造为主要目的,其独特的运作模式使其成为创新经济发展的重要引擎。通过风险投资,促进高新技术成果市场化、产业化,有利于提高科技进步对经济的贡献率;通过创业投资,扶持创业期、成长期企业发展,有利于拓宽科技型中小企业融资渠道,促进科技型中小企业成长。加快股权投资业发展的措施可以有:一是放宽股权基金准入门槛,拓宽创投企业资本来源。由于缺乏政策和法律依据,商业银行和保险公司等机构投资者尚不能直接或间接从事创业投资活动,股权基金仅限于向具有闲置资金的实业或个人募集资金。对此必须积极研究,推动体制创新,应允许商业银行、养老基金、保险公司等机构投资者将一定比例的资金投资于符合条件的备案股权基金,并藉此实现金融机构资产配置多元化。同时应允许并鼓励民间资本以机构投资者的身份进入股权基金行业。此外，还可允许国外资本参与投资，以促进本土股权基金发展。二是大力发展高新技术产业，拓展股权投资项目市场。高新技术领域应是股权投资的主要对象，同时股权投资也是高新技术成果商品化和产业化的孵化器和助推器。必须大力加强科技创新和开发，不断提高科研水平，增强科技国际竞争力，为创业投资提供大量可供筛选的、具有较高水平的科研成果。三是进一步完善股权投资基金退出平台。积极引导、鼓励股权投资企业在二板市场进行IPO；发展产权交易市场，充分发挥产权交易市场在促进股权投资基金投资与项目退出中的作用，促进股权投资基金行业的发展。

4. 需要进一步完善法制环境，弥补部分金融立法的空白

以国际金融中心的建设为例，从国际经验和世界范围内国际金融中心发展的历史过程来看，无论是历史悠久的伦敦、纽约，还是新兴起的新加坡、迪拜，都有一个共同特征，就是都具备非常良好的法制环境。

截至目前，我国在金融领域的中央层级的立法数量并不算少，现行有效的法律共9件，行政法规35件，还有大量的司法解释；监管部门制定的规章共209件，包括人民银行、银监会、保监会、证监会、财政部等有关金融方面的规章；金融方面的部门规范性文件共2 700件。要发挥好国家、地方金融立法的作用，推动制定既切合我国实际又符合国际惯例的金融法律制度，促进公平、公正和高效解决金融纠纷，加强金融消费者和投资者合法权益的保护，建立健全地方政府部门与司法部门、金融管理部门之间的金融法制沟通协调机制。

对于国际金融中心的建设目标而言，仍存在一些金融立法的空白。如金融衍生产品、金融机构的市场退出、金融业务的综合经营、金融控股公司等方面都还存在着一些法律空白。部分已有的法律法规和规章，已严重落后于市场实践而亟需修改。

（二）发挥金融中心在国际航运中心建设中的引领作用的主要做法

航运业是资金密集型行业，在基础设施建设、船舶制造、航运管理与交易等各方面均需要巨大的资金投入，同时，货物贸易的背后实际是国际间资金流动的过程。因此，航运与金融与生俱来就有着密不可分的关系，而且金融服务业对航运业的发展起到十分重要的支撑作用。

因此，航运金融的发展，是发挥金融中心在国际航运中心建设中的核心引领作用，并最终促进国际航运中心发展的核心与关键。

国际航运中心建设的"十二五"规划也提出，到"十二五"期末，要基本形成体系健全、功能完备、服务优质，具有与国际航运中心相匹配的支撑能力和较强全球资源配置能力的现代航运金融服务体系。国际航运结算的便利化水平有较大提高，航运融资的创新能力和多样化程度达到或接近国际先进水平，航运融资、航运保险和航运衍生品交易规模在国际市场上的占比和影响力显著提高。

因此，在发挥金融中心的核心引领作用中，首先应该侧重航运金融的发展，即以船舶融资、资金结算、航运价格衍生产品等业务为基础的航运金融的发展。

1. 完善航运金融服务功能体系

引进和培育一批在航运方面具有较强专业能力的商业银行、保险公司、租赁公司和基金管理公司，形成较为完整的航运金融机构布局；鼓励金融机构完善海外分支机构和代理网络，逐步形成与上海国际航运中心要求相匹配的服务能力。培养经纪、公估、法律、会计、船舶检验等为航运金融提供专业外包服务的服务机构。深化上海综合保税区内企业外汇管理试点改革，不断满足企业离岸金融业务需求，探索结算、融资方式创新，提高航运企业跨境资金运用和流动的便利化水平。

2. 完善航运金融工具

我国目前的航运金融体系较为单一，银行承担了主要的航运融资功能，从国际航运金融市场的发展特点来看，以投资基金模式运营的私人股权资本正逐渐成为航运金融市场的一个发展主力，因此建设上海国际航运中心应充分认识到这个趋势。

引导金融机构加大对造船、航运等企业的信贷支持力度，开展船舶抵押贷款、融资租赁等传统的航运融资业务。鼓励金融机构开发符合市场需求的航运融资产品，拓宽外资融资、直接融资、私募股权投资等多个渠道，开展信贷、租赁、信托、资产证券化等组合创新，为航运服务业和航运制造业提供结构性的融资安排和专业化的融资服务。借鉴国外航运基金或海运信托创新模式，引导航运相关企业、金融机构等共同组建航运产业基金、船舶产业基金、石油海上储备产业基金，支持航运企业开辟新的融资途径。支持在沪金融租赁公司进入银行间市场拆借资金和发行债券。

3. 加快发展航运保险业务

大力发展船舶保险、海上货运险、保赔保险等传统保险业务，积极培育航运再保险市场。扶持国内保险公司开拓海外服务网络。完善航运保险相关地方性法规，贯彻实施各项优惠政策，鼓励海上货运险本地投保。加强航运保险信息化建设，形成具有影响力的航运保险定价机制。设立保赔协会或吸引国内外船东保赔协会在沪设立机构。成立承保人协会，制定由海上保险人使用的保险条款。利用税收导向政策，将航运保险业务纳入拟设立的保险交易所的交易范畴，促进航运保险市场发展。

4. 探索发展航运指数衍生品市场

从衍生金融产品的角度，上海航运交易所应尽快推出我国自己的航运交易指数，开展运费远期合约（FFA）交易，填补我国在FFA交易中的弱势地位，建立结算市场。开展衍生品交易所交易制度的创新，是世界各国航运交易所进行产品竞争的关键。

配合国家有关部门，支持上海航运交易所开展运价备案工作，采取有效措施，加强对运价备案的监管和检查，提高报备数据的及时性、全面性和真实性。支持上海航运交易所进一步完善运价指数体系，探索发展航运指数衍生品市场。支持相关机构研究、开发新造船舶、二手船舶交易指数，促进市场健康发展。

运费衍生品交易的繁荣还来自于交易所制度的创新。交易所提供场外"店头产品"的结算服务,把对手风险(违约风险)转嫁给交易所,也是当前推动海运衍生品场内交易繁荣的因素之一。因此,我国交易所除了开展场内合约的交易和结算,也可以借鉴给"店头产品"提供结算服务或者电子交易服务,来顺应交易所革新的潮流,同时在适当时机推出符合我国国情的海运衍生品。

(三)发挥金融中心在国际贸易中心建设中的引领作用的主要做法

国际贸易的发展,需要各层次的资金及金融机构为其提供资金融通、资金担保和贸易结算等服务,因此提升金融的服务水平与服务能级,对于促进国际贸易中心的建设与发展,具有重要的意义。

1. 进一步推进并完善跨境人民币贸易结算

开展跨境贸易人民币结算,对于推动我国与周边国家和地区经贸关系发展、规避汇率风险、改善贸易条件、保持对外贸易稳定增长具有十分重要的意义。推动并完善跨境人民币贸易结算可以从以下三方面着手:

一是增加用于贸易结算的人民币供应量。目前我国境外人民币供应的主要方式是货币互换。从2008年年底以来,我国相继与印度尼西亚、俄罗斯、马来西亚、巴西、我国香港、阿根廷签署了双边货币互换协议。随着跨境贸易人民币结算的深入发展,这些资金远远不能满足结算规模的需求。因此,必须扩大人民币互换协议的规模,由近及远地推进与其他国家的货币互换。在货币互换的方式之外,还可以通过一些其他办法来增加人民币在贸易结算中的供应量,如允许境外银行为我国企业提供人民币贸易融资、允许境外合格机构在我国发行人民币债券、逐步放松人民币与港元的兑换限制等。

二是提高贸易对手对人民币的接受程度。要提高境外交易对手对人民币的接受程度,就需提高人民币的可兑换程度,这就要求有一个成熟的金融市场体系为之提供完善的服务。我国目前缺乏成熟的离岸人民币清算中心、成熟的人民币远期汇率市场以及对外国投资者开放的人民币金融产品市场。只有建立了成熟的金融市场,才能提供更多以人民币计价的金融产品,稳定推进人民币的国际化。与此同时,扩大人民币计价结算范围,活跃跨境贸易,利用货币互换提供的流动性来吸引跨境贸易对手选择人民币结算。对大宗原材料进口交易以人民币计价结算给予优惠政策。简化相关手续,加大宣传力度,鼓励企业使用人民币对外直接投资。

三是完善国内清算体系。调整我国商业现行的国际结算系统,不断完善商业银行本币结算代理行方式。我国商业银行的系统按本、外币分为两大系统,国际结算属于国际业务系统,不能做本币业务。人民币作为跨境结算,需要对现行的系统进行调整以便适应业务开展需要。还可以鼓励与境外银行建立代理关系,为人民币提供存放、结算服务机制和渠道,引导人民币通过银行体系参与国际贸易;另外,加快推进上海国际金融中心建设,尽早将上海建成人民币清算和交易中心。这将为境外拥有人民币的企业和个人提供更多资本项目下以人民币计价的金融投资工具,从而强有力地推动跨境贸易人民币结算的开展。

2. 推动离岸金融服务与离岸贸易的结合

"十二五"期间,上海要加快推进离岸贸易和离岸金融功能的培育和发展,促进国际贸易中心的功能升级并实现与国际金融中心功能的交互提升。一是加快集聚贸易核心资源,促进贸易商的大规模集聚(包括具有离岸业务需求的企业和从事离岸业务的离岸公司),特别是要集聚具有贸易资源控制能力的跨国公司总部以及营运总部、资金管理总部、营销总部、订单中心、决策中心、利润中心等总部性机构。二是加快推进离岸金融业务及高端金融服务产品的创新发展,进一步推广保单融资、订单融资、货权质押融资等,积极开展离岸出口押汇、套期保值、离岸账户资金托管、离岸杠杆融资、离岸担保、跨国企业存贷款资金管理、期货保税交割、离岸再保险等离岸金融业务。三是不断完善离岸国际贸易和离岸金融示范区的政策与制度环境,积极、择机争取国家监管部门的政策支持,逐步建立完善适应离岸贸易发展的宽松可控的外汇资金结算便利制度和具有吸引力、竞争力的税收制度等。

四、融合发展的上海"四个中心"建设

(一)上海"四个中心"融合发展的总体概况

在落实建成"国际经济、金融、贸易、航运中心"的国家战略目标以及建设社会主义现代化国际大都市的构想下,上海市委、市政府在国家各部委的大力支持和指导下,充分贯彻落实国务院《关于推进上海加快发展现代服务业和先进制造业建设国际金融中心和国际航运中心的意见》,依托"两个中心"的部际协调,"四个中心"建设取得重大进展。

1. 上海国际经济中心建设的总体概况

上海综合经济实力明显提高,经济质量效益不断提升。[①] 2008~2012年,上海经济总量从1.4万亿元增长到2.01万亿元,2008年、2009年先后超越新加坡和我国香港,2011年超过东京、首尔,排在世界大城市第11位。按常住人口计算,上海人均生产总值2009年首破1万美元大关,2012年达到1.37万美元,达到国际中上等富裕国家地区水平。

产业结构调整升级加快,服务业引领发展态势。第三产业比重持续提高,2011年第三产业增加值占生产总值比重达到58%,高端和新兴服务业成为重要增长点。2011年上海战略性新兴产业总产出突破1万亿元,上海全社会研发投入占GDP的比例由2008年的2.5%提高到2011年的3.11%,每百万人口发明专利授权数达到390件,在全国名列前茅。

2. 上海国际金融中心建设的总体概况

2011年,上海市金融市场交易额(未计外汇市场)为418万亿元,部分交易市场规模位居全球前列,如上海证券市场股票交易额排名亚洲第二,全球第四;全国

[①] 上海市发展和改革委员会、上海市发展改革研究院:《2011/2012年上海国际经济、金融、贸易、航运中心发展报告》,上海人民出版社2012年版。

银行间同业拆借中心年末债券托管余额位居全球第五;上海期货交易所成交合约数量居全球商品期货和期权交易所第二位,成为全球三大有色金属的定价中心之一;上海黄金交易所黄金现货交易额4.44万亿元,位居全球第一。银行间市场首批非金融企业非公开定向债务融资工具130亿元成功发行。铅期货在上海期货交易所上市交易。上海股权托管交易中心正式挂牌。

截至2011年年末,跨境贸易人民币结算金额累计超过4 000亿元;人民币对外汇期权在外汇交易中心推出,我国人民币对外汇期权交易正式进入实质性操作阶段。上海银行业金融机构资产总额达到8.07万亿元,本外币各项存款余额5.67万亿元,本外币各项贷款余额3.74万亿元。

营运中心和外资银行等金融机构逐步向上海集中。目前在上海设立的专业化运营中心有16家,包括资金交易中心、信用卡中心、票据中心、私人银行、贵金属部等,加强了上海的资金集聚能力、专业服务能力以及辐射全国的能力。累计有25个国家和地区的银行在上海设立机构,共计外资法人银行22家、各类外资银行分行78家(含法人分行)、同城支行97家、外资银行代表处89家,机构数量占全国一半以上,资产规模占全国48.8%,从业人员占全国40%。非银行金融机构等新金融业态发展迅速,包括农银金融租赁公司、交银金融租赁公司、招银金融租赁公司等在内的非银行金融机构数量达到31家,已经具有国内门类最为齐全的非银行金融机构。

截至2011年年末,上海证券交易所共有931家上市公司,股票市值15万亿元,是全球规模最大的新兴市场,已跻身全球主要交易所行列。

在保险行业,截至2011年年末,上海共有115家保险公司和5家保险资产管理公司,共有保险专业中介机构310家,形成了较为完备的保险行业服务体系。2011年上海市原保险保费收入累计753.1亿元,上海保险赔付支出累计260.7亿元。

3. 上海国际航运中心建设的总体概况

上海在加快发展航运金融、船舶交易、信息服务、航运指数、口岸服务等重点领域,不断推动航运服务产业链向高端拓展,航运服务体系持续完善,国际航运中心的功能和地位进一步凸显。

航运金融得到了快速发展。交通银行等金融机构相继成立航运金融研究中心,中国人民财产保险股份有限公司、中国太平洋财产保险股份有限公司获批在上海试点设立航运保险运营中心,加大对航运金融业务的关注和投入。上海综合保税区2011年新设7家融资租赁母公司和10家SPV项目子公司,累计引进融资租赁母公司和单机单船项目子公司20余家,租赁标的物涵盖26架民航客机、6架直升机和3艘船舶,涉及的租赁资产规模超过10亿美元。上海航交所推出上海至欧洲、美西两条航线集装箱运价指数衍生品以及中国沿海煤炭运价衍生品,为航运企业提供保值避险、价格发现的交易平台。截至2011年年末,集装箱运价衍生品交易市场单边成交量895万手,单边总成交金额约705亿元。国际航运保险业务免征营业税政策使海上保险业务加速集聚,截至2011年年末,上海地区船舶保险费收入20.85亿元,占全国的37.32%;货运险保费收入13.60亿元,占全国的13.90%。保险机构积极尝试航运保险业务新品种,中国人保航保中心正式开始"无船承运业务经营者保证金责任保险"咨询受理和业务办理。另外,我国期货保税交割试点正式进入了市场运作阶段,2011年3月,洋山保税港区生成首票保税仓单;2011年8月,相继完成交割、通关等环节试点操作,顺利完成从生成保税仓单、进行期货交割直至进出口申报验收的整个海关监管业务流程。

航运交易发展迅速。2011年,上海航交所共完成船舶交易285艘次,船舶交易总价值高达20亿元。上海航交所在中国沿海(散货)运价指数(CBFI)基础上,正式对外试运行中国沿海煤炭运价指数(CBCFI),每日发布沿海煤炭货种的分航线分航型市场运价和即期市场综合运价指数。

4. 上海国际贸易中心建设的总体概况

在发布《关于加快推进上海国际贸易中心建设的意见》《上海建设国际贸易中心"十二五"规划》的基础上,上海专门成立了上海市国际贸易中心建设工作推进小组,深化商务部与上海市部市合作机制。

一批国家级的功能性项目相继落实。如2011年,上海就国家会展项目与商务部签署部市合作框架协议,国家会展项目被列为部市合作重点推进项目。"中国博览会会展综合体"正式开工建设,商务部、科技部、国家知识产权局和上海市政府共同组建了"上海市国际技术进出口促进中心",外高桥保税区被授为全国首个"国家进口贸易促进创新示范区"。

贸易总量不断提高,结构进一步优化。2011年,上海关区进出口总额8 123.1亿美元,上海货物贸易进出口总额4 374.4亿美元,总量仅次于广东、江苏,居全国第三;上海社会消费品零售总额6 814.8亿元,上海服务贸易总额1 292.7亿美元。

对外经济合作交流进一步增强。2011年,外商直接投资合同金额达到201.03亿美元,实到金额126亿美元。承担国家援外工程和物资项目34个,项目总额16.7亿元。外商累计在沪设立投资性公司240家、跨国公司地区总部353家、研发中心334家。跨国公司地区总部和投资性公司数量居全国第一,外资研发中心数量列全国第二。

贸易便利化程度进一步提高。2010年起开展国际贸易结算中心外汇管理试点,截至2011年,试点企业扩大到20家,跨境贸易人民币结算金额累计超过3 000亿元。优化行政审批流程,大力推进分类通关改革、保税仓库分拨、商品预检验、报关"一单两报"等创新试点,"一门式"口岸通关服务中心协调机制建立。推广国际服务外包业务保税监管模式。

5. 上海"四个中心"的建设规划思路

经过"十一五"期间、"十二五"前两年的建设发展,上海经济总量、市场规模、金融市场的交易规模等得到了很大规模的提升,公司总部、金融机构总部等机构资源进一步向上海集聚,在国际经济、金融、航运、贸易中心的建设过程中,上海已取得了非常大的成功。

为了进一步推动上海国际经济、金融、航运、贸易中心的建设，促进"四个中心"的融合发展，上海市政府在落实国务院政策，并加强与各部委的商议合作的基础上，进一步提出了国际金融、航运、贸易中心的发展思路。

国际金融中心建设的总体思路是："一个核心、两个重点"。"一个核心"就是要以金融市场体系建设为核心，不断拓展金融市场广度和深度，丰富金融市场产品和工具，优化金融市场参与者结构，推进金融市场对外开放，健全金融市场运行机制，建设比较发达的多功能、多层次金融市场体系。"两个重点"就是要以先行先试和环境营造为重点，以浦东综合配套改革试点为契机，充分发挥比较优势，着力推进金融改革开放创新先行先试，在全国发挥带动示范效应；以完善金融制度建设为主要内容，切实加强政府服务，着力营造良好的金融发展环境，增强金融发展的可持续能力。

国际航运中心建设的总体思路是："两大体系"。一是优化现代航运集疏运体系，整合长三角港口资源，加快洋山深水港区等基础设施建设，扩大港口吞吐能力；推进内河航道、铁路和空港设施建设；充分利用长江黄金水道，推动洋山深水港区的江海直达，大力发展水水中转。二是加快发展航运服务体系，加快发展航运金融、船舶融资、航运保险等高端服务，探索通过股权投资基金方式为航运业提供融资服务，大力发展船舶交易、船舶管理、航运经纪、航运咨询、船舶技术等各类航运服务机构，拓展航运服务产业链，延伸发展现代物流等关联产业。

国际贸易中心建设的总体思路是："一个提高、两个转变"。"一个提高"就是全面提高贸易便利化程度，促进贸易要素顺畅流通，提高贸易服务效率。"两个转变"：一是实现由单纯口岸贸易向口岸贸易、服务贸易、离岸贸易转变，加快拓展全球贸易功能；二是实现由传统商贸中心向国际"购物天堂"转变，加快提升服务能级。

（二）上海"四个中心"融合发展的趋势

上海国际经济中心建设的重点是发展现代服务业和先进制造业，在现有较大的经济总量、较高的全球经济影响力的基础上，着力发展七大战略性新兴产业及以数字化、智能化、网络化为特征的国际先进制造业和现代服务业。

金融中心与航运中心相伴而生的发展历史已经证明，金融中心发展助推航运中心的形成，航运中心发展则离不开金融中心的支持。上海在2009年发布上海建设国际金融中心和国际航运中心的文件中，将国际金融中心和国际航运中心放在"四个中心"建设的首要位置，强调和突出建设国际金融中心和航运中心的重要性，明确"双中心"建设加快发展现代服务业和先进制造业。

在持续完善上海综合保税区建设，深化推动"三港"、"三区"联动发展基础上，建设中国（上海）自由贸易试验区，搭建我国参与国际竞争的战略平台，促进全球商品贸易和资本往来，建立全球商品信息网络，有选择地发展大宗化、多元化、规模化的商品交易，以全面发展商品交易服务功能为突破口，形成经济、贸易、金融和航运服务"四位一体",有机推进为相关交易服务的物流、信息等功能建设。

国际金融中心建设与国际航运中心、贸易中心的建设有着密切的联系。世界著名的五大国际金融中心——纽约、伦敦、东京、中国香港、新加坡,无一不是国际航运和贸易中心。同时,航运金融和贸易金融本身也是金融发展重要的支撑点和成长点。国际航运中心的建设必须以相当规模的国际贸易为支撑,全球价值链的产业配置格局需要建立以航运设施为主,航空设施、信息港设施为辅的立体式的贸易基础设施。国际金融中心需要为金融企业提供离岸服务或离岸服务外包来提高金融企业的运行效率。国际经济中心的建设不仅依赖制造能力,更是依赖与制造有关的研发、设计服务和商业服务,而且上海先进制造业的国际竞争能力的提升也有赖于这些服务贸易的发展。

与国际贸易和航运中心的建设相适应,上海应大力发展航运金融和贸易金融:应大力发展多元化、多层级的船舶融资和贸易融资市场;应积极发展海上保险及再保险市场;应利用上海证券交易所、上海期货交易所和中国金融期货交易所等多层次资本市场,积极探索建立和发展船舶融资证券化、保险风险证券化市场,推出航运燃油期货、运费指数期货、汇率和利率衍生品等新的金融产品;应支持航运企业、贸易企业和金融机构组建航运和贸易产业投资基金等。

在以建设国际先进制造业和现代服务业中心的国际经济中心建设为目标的基础上,推动上海国际金融中心、航运中心和贸易中心的建设,更好地服务国际经济中心建设。以经济中心建设为目标,推动国际金融中心、航运中心和贸易中心的建设;以国际金融中心、航运中心和贸易中心的建设为手段和措施,服务并推动经济中心建设。在"十二五"时期到2020年,全面推动"四个中心"的融合发展,真正实现把上海建设成为现代化国际大都市和国际经济、金融、贸易、航运中心的目标。

参考文献

1. Davis, E. P. *International Financial Centers: An Industrial Analysis*. London: Bank of England Discussion Paper, No. 51, September. Reprinted in: R. Roberts (eds. ,1994): International Financial Centers vol. 1, Aldershot: Elgar,1990.

2. Gehrig, T. Cities and the Geography of Financial Centers. Center for Economic Policy Research, Discussion Paper, No. 1894. Washington, DC,1998.

3. Goldberg, M. A. , Helsley, R. , Levi, M. The Prerequisites for an International Financial Center. In International Banking and Financial Centers, edited by Y. S. Park and M. Essayyad. Boston: Kluwer,1988.

4. Kindleberger, C. P. *The Formation of Financial Centers: A Study in Comparative Economic History*. Princeton: Princeton University Press,1974.

5. Park, Y. S. A Comparison of Hong Kong and Singapore as Asian Financial Centers. In Phillip D. Grub, Tan Chwee Huat, Kwan Kuen-Chor and George H. Rott (eds.), East Asia Dimensions of International Business, Sydney: Prentice Hall of Australia Pty. Ltd. ,1982.

6. Porteus, D. The Development of Financial Centers: Location, Information Externalities and Path Dependence, In Martin Red Money and the Space Economy Wiley, Chichester,1999.

7. Bodie, Z. & R. C. Merton. Pension Reform and Privatization in International Perspeetive: The Case of Israel. Harvard University Working Paper No. 92,1992.

8. Robert C. Merton. A Functional Perspective of Financial Intermediation. *FinancialManagement*,1995(24).

9. Banji Oyelaran Oyeyinka. Systems of Innovation and Underdevelopment: An Institutional Perspective. United Nations University Working Paper,2005(6).

10. Hugh T. Patrick. Financial Markets and Growth in Underdeveloped Countries. *Economic Development and Cultural Change*,1966(14).

11. Dietrich, J. Kimball. Financial Services and Financial Institutions Pren-

tice all Inc, New Jersey, USA, 1996.

12. Arnold, P. J. Global Financial Crisis: The Challenge to Accounting Research. *Accounting, Organizations and Society*, 2009, 34(6—7).

13. Arturo Galindo, Liliana Rojas-Suarez. Provisioning Requirements in Latin America: Where does the Region Stand? Inter-American Development Bank, POLICY BRIEF, 2011, No. 119.

14. GuoXiang Song (a). Improving Bank Capital Regulation in the Height of Market Competition. 2013, 1.

15. GuoXiang Song (b). The Cyclical Effects of Accounting Rules on Basel Ⅱ Liquidity Regulation. 2013, 3.

16. GuoXiang Song. Can Accounting Rules be Made Neutral for Bank Capital Regulation? *Journal of Governance and Regulation*, 2012.

17. Haocong Ren. Countercyclical Financial Regulation. The World Bank Policy Research Working Paper 5823, 2011.

18. Huang, Zhou, and Zhu. Risk of a Heterogeneous Portfolio of Banks during Financial Crisis. 2010.

19. IASB, FASB, Information for Observers. Spanish Provisions under IFRS (Agenda paper 7C), 2009.

20. Lamont Black, Ricardo Correa, Xin Huang, Hao Zhou. The Systemic Risk of European Banks during the Financial and Sovereign Debt Crises, 2012.

21. Lindiwe Bakoro, Philip De Jager & Shaun Pasons. Commentary: How is Accounting Information Used by The South African Bank Regulator? 2012.

22. Magnan, M. L. Fair Value Accounting and the Financial Crisis: Messenger or Contributor? *Accounting Perspectives*, 2009, 8(3).

23. Marianne Ojo. Harmonising Basel Ⅲ and the Dodd Frank Act Through International Accounting Standards—Reasons Why International Accounting Standards Should Serve as "Thermostats". 2011.

24. Phillip De Jager. How and Why is Neutral Fair Value Accounting Hindered in Banks: A South African Case Study. 2012.

25. Santiago Fernández de Lis and Alicia Garcia Herrero. Dynamic Provisioning: A Buffer Rather Than a Countercyclical Tool? BBVA, research working paper, October 22, 2012.

26. Shaffer, S. Fair Value Accounting: Villain or Innocent Victim: Exploring the Links between Fair Value Accounting, Bank Regulatory Capital and the Recent Financial Crisis, 2010.

27. Torsten Wezel. Dynamic Loan Loss Provisions in Uruguay: Properties, Shock Absorption Capacity and Simulations Using Alternative Formulas. IMF

Working Paper，2010.

28. 兹维·博迪、罗伯特·C.莫顿:《金融学》(中译本),中国人民大学出版社2000年版。

29. 黄解宇、杨再斌:《金融集聚论:金融中心形成的理论与实践解析》,中国社会科学出版社2006年版。

30. [美]雷蒙德·W.戈德史密斯著,周朔等译:《金融结构与金融发展》,上海三联书店、上海人民出版社1995年版。

31. 潘英丽:《论金融中心形成的微观基础——金融机构的空间聚集》,《上海财经大学学报》,2003年第2期。

32. 王力、黄育华:《国际金融中心研究》,中国财政经济出版社2004年版。

33. 吴景平:《上海金融中心地位的变迁》,复旦大学出版社2005年版。

34. 李豫:《金融危机下的新加坡国际金融中心》,企业管理出版社2010年版。

35. 赵立平、邵挺:《金融生态环境概览》,上海财经大学出版社2008年版。

36. 洪葭管:《中国金融史十六讲》,上海人民出版社2009年版。

37. 吴弘:《上海国际金融中心建设的法制环境》,北京大学出版社2010年版。

38. 张学森:《上海国际金融中心建设的法治环境优化》,《社会科学家》,2012年第3期。

39. 张学森:《金融消费者保护法律机制研究——以上海国际金融中心建设为视角》,《中国经贸导刊》,2012年第6期。

40. 张学森:《我国融资性担保业的法律规制及其完善研究》,《前沿》,2012年第13期。

41. 王志平:《上海发展现代服务业的途径与策略》,上海人民出版社2011年版。

42. 陈虎城:《上海和香港建设国际金融中心的比较分析》,《开放导报》,2010年第10期。

43. 钟胜利:《商业银行贸易融资创新探讨》,《武汉金融》,2006年第9期。

44. 甘爱萍等:《航运金融学》,上海人民出版社2010年版。

45. 庄毓敏:《商业银行业务与经营》(第三版),中国人民大学出版社2011年版。

46. 尹优平:《现代服务业发展的金融支持策略》,《中国金融》,2012年第5期。

47. 郭田勇、史琦:《以金融创新助推现代服务业发展》,《投资北京》,2012年第5期。

48. 中国人民银行上海总部课题组:《金融支持上海经济转型问题研究》,《上海金融》,2011年第5期。

49. 沈立强:《上海现代服务业与商业银行经营转型目标路径研究》,《上海金融》,2011年第9期。

50. 吴大器、邵丽丽:《构建与上海国际金融中心相匹配的会计生态系统》,《金融理论与实践》,2010年第9期。

51. 吴大器、邵丽丽:《初论会计生态系统》,《上海金融学院学报》,2010年第10期。

52. 顾文贤、吴大器:《二论会计生态系统》,《上海金融学院学报》,2013年第3期。

53. 郁佳敏:《高新技术项目风险投资保险及风险模型》,《南方金融》,2012年第8期。

54. 吴洁:《国际投资方式:基于市场信息的分析》,《安徽师范大学学报》,2011年第11期。

55. 杨建文、潘正彦:《2012年上海金融发展报告》,上海社会科学院出版社2012年版。

56. 肖林、马海倩:《"十二五"时期加快建设上海国际经济金融、贸易、航运中心思路研究》,《科学发展》,2010年第3期。

57. 王飞、程树高:《国际金融中心与国际航运中心关系探析——兼论上海"两个中心"联动发展》,《浙江金融》,2010年第1期。

58. 冯德连、葛文静:《国际金融中心成长机制新说:轮式模型》,《财贸研究》,2004年第1期。

59. 黄运成、杨再斌:《关于上海建设国际金融中心的基本设想》,《管理世界》,2003年第11期。

60. 李扬:《中国城市金融生态环境评价》,人民出版社2005年版。

61. 周小川:《完善法律制度,改进金融生态》,《金融时报》,2004年12月7日。

62. 徐诺金:《论我国的金融生态问题》,《金融研究》,2005年第2期。

63. 张燕玲:《从贸易金融领域看新资本协议及其改革方案》,《中国金融》,2010年第12期。

64. 王启杰:《探析我国贸易金融业务的发展》,《中国外汇》,2011年第1期。

65. 钱虹、郝萌:《农业银行金融同业合作问题研究》,《中国农业银行武汉培训学院学报》,2009年第2期。

66. 吕晨:《国际银保合作模式分析及对我国的启示》,《中国保险》,2008年第1期。

67. 黄复兴:《上海中小企业金融服务研究》,《上海经济研究》,2009年第11期。

68. 计小青、曹啸:《航运金融市场的需求特征及其对上海国际航运中心建设的启示》,《上海金融》,2011年第5期。

69. 熊泽森:《中小企业信贷融资制度创新研究》,中国金融出版社2010年版。

70. 林兰:《上海浦东新区国际航运中心核心功能区建设比较研究》,《上海经济研究》,2010年第3期。

71. 王列辉:《高端航运服务业的不同模式及对上海的启示》,《上海经济研究》,2009 年第 9 期。

72. 戴勇:《国际航运金融业务的发展与借鉴》,《上海经济研究》,2010 年第 1 期。

73. 黄有方:《上海国际航运中心建设的再认识》,《上海海事大学学报》,2009 年第 6 期。

74. 周光友、罗素梅:《国际金融中心形成模式的比较及启示》,《现代经济探讨》,2011 年第 1 期。

75. 韩汉君、闫彦明:《浦东之路:金融发展经验与展望》,上海人民出版社 2010 年版。

76. 薛波:《国际金融中心研究的初步发展和"理论衰落"》,《上海经济研究》,2007 年第 1 期。

77. 白饮先:《金融结构、金融功能演进与金融发展理论的研究历程》,《经济评论》,2005 年第 3 期。

78. 徐良平、黄俊青:《金融与经济关系研究的功能范式:一个初步分析框架》,《经济评论》,2004 年第 1 期。

79. 徐冬根:《上海国际金融中心法制环境建设研究》,法律出版社 2007 年版。

后 记

本书是上海金融学院"十二五"内涵建设项目"卓越金融人才培养的产学研合作教育研究系列课题"的主要成果,作者即为各个课题组的主要成员,分别是:第一章主要执笔人张毅强、吴大器、张学森;第二章主要执笔人张学森、吴大器、储峥;第三章主要执笔人郭湖滨、吴大器、张学森;第四章主要执笔人吴大器、邵丽丽;第五章主要执笔人郁佳敏、吴大器、张学森;第六章主要执笔人殷林森、吴大器、张学森。本书整体策划:吴大器、张学森;统稿审稿:吴大器、张学森;定稿:吴大器。

作为系列课题的研究成果,本书具有一定的专题性、前沿性和创新性,但在整体上的系统性方面,可能存在不足,敬请读者批评指正。

作　者

2014 年 7 月